浙江省哲学社会科学规划常规课题(24NDJC133YB)阶段性成果
浙江省文化产业创新发展研究院成果

手机人:手机对人的反向驯化

厉国刚 著

浙江工商大学出版社
ZHEJIANG GONGSHANG UNIVERSITY PRESS
·杭州·

图书在版编目(CIP)数据

手机人：手机对人的反向驯化 / 厉国刚著. — 杭州：浙江工商大学出版社，2024.4(2024.9 重印)

ISBN 978-7-5178-5929-1

Ⅰ. ①手… Ⅱ. ①厉… Ⅲ. ①移动电话机—影响—个人社会学—研究 Ⅳ. ①C912.1

中国国家版本馆 CIP 数据核字(2023)第 253960 号

手机人：手机对人的反向驯化

SHOUJI REN: SHOUJI DUI REN DE FANXIANG XUNHUA

厉国刚 著

责任编辑	黄拉拉
责任校对	都青青
封面设计	蔡思婕
责任印制	包建辉
出版发行	浙江工商大学出版社 (杭州市教工路 198 号　邮政编码 310012) (E-mail:zjgsupress@163.com) (网址:http://www.zjgsupress.com) 电话:0571-88904980,88831806(传真)
排　　版	杭州朝曦图文设计有限公司
印　　刷	广东虎彩云印刷有限公司绍兴分公司
开　　本	710 mm×1000 mm　1/16
印　　张	17
字　　数	250 千
版 印 次	2024 年 4 月第 1 版　2024 年 9 月第 2 次印刷
书　　号	ISBN 978-7-5178-5929-1
定　　价	58.00 元

前言

相信很多人都有类似的体验：本来想静下心来好好看看书、写写稿，或者做些别的事，但只要手机在身边，就很难不被打扰。每隔一小段时间，手机就可能会"嘀嘀"地响，你会收到各种各样的消息，要求你做这样那样的事情，或者可能有人直接来电，迫使你不得不去接听和回应，让你很难置身于自己的世界中。因此，只要手机在身边，就会搅得你心神不宁。

但要是手机不在身边，你又会忐忑不安。早上出门，你可能会遇到各种情况：忘了带手机；带了手机，却被要求关机；手机没电并且没带充电器；找不到充电的地方；等等。要是手机没法使用，你会觉得非常焦虑。你焦虑，是因为你怕错过重要且紧急的电话或者信息。但是，绝大多数时候，即便一整天不带手机或不看手机，也耽误不了什么大事情。只是这种可能会错失什么的心理，一直在撕咬你的内心。就像群里有人发微信红包，要是没赶上，你就觉得"仿佛错过了一个亿"。与几块钱甚至几毛钱擦肩而过都会给你带来心理的不舒适，更不用说一整天见不到手机，给人带来的"心理创伤"了。

手机在手，不管有事或没事，我们都会拿起来看看。我们对待手机就像是对待宝贝一样，爱不释手。手机人的症状在这个时代日益严重。

很多家长还曾有这样的体验：在孩子的成长过程中，家长为了不让孩子玩手机而花费了相当一部分时间与他斗智斗勇。

学龄前的孩童受到家里人的影响，很小就对手机产生了浓厚的兴趣。看到父母在看手机，他也要凑过去看。看到父母在刷抖音、玩游戏，他也会拿起手机玩。有些父母甚至主动把手机递给孩童，让他看各种动漫视频、听故事类音频，或者看各种学拼音、学汉字、学英语等教育类视频。很多父母为了不让孩童缠着自己，会让孩童用手机自主学习或者娱乐，从而腾出点时间做些别的事情。在主动或者被动的"电子保姆""电子教师""电子家长"的调教之下，孩童对手机产生强烈的依赖感。

到了中小学,由于孩子的技能和认知得到了一定的发展,他们对信息和娱乐的需求进一步增加。很多孩子可能会早早地陷入手机无法自拔。就如笔者一位同事的儿子,迷上了手机游戏。放学一回家,他就会马上拿起手机玩游戏,结果总是到很晚才能完成作业。周末和节假日,他则借着到同学家里去玩的机会,和同学一起玩游戏。一开始,家长没有发现,还以为学校作业太多、太难。后来,家长知道了原因,就经常对他进行口头教育,要求他不再玩游戏。但是他口头上答应得好好的,行动上却毫无改变,甚至和同学拉了一个群,一起组团玩游戏。

由于学校经常将各种作业、通知发在群里,以及要求学生在手机上完成作业打卡、运动打卡等,很多时候家长也不得不给他手机,这就很难完全杜绝他玩游戏。后来,随着"双减"政策出台,以及对青少年玩游戏的时间做了限制,家长以为情况会有所好转,但事实并非如此,他照样可以通过各种渠道玩游戏。而群里的打卡作业虽有所减少,却没有彻底消失。

考虑到小升初的临近,以及一次次失败的教育,家长终于痛下决心,将他的手机没收了。为此他大发雷霆,哭闹了好几次,甚至改用手提电脑代替手机玩游戏。不过随着时间的推移,他终于慢慢地接受了没法继续玩手机游戏的现实,手机成瘾问题才渐渐有所缓解。

要是将来有一天他重新获得手机,他迷恋手机游戏的心很有可能会"死灰复燃",而家长也很难做到一直不给他手机。因此,这种斗争会如何收场,其实很难预料。

这样的场景估计在很多家庭中上演过。成年人尚且很难拒绝手机的诱惑,更何况是自控力尚不足的孩子。虽然有些孩子玩游戏并不影响学习,但手机游戏对其大脑造成的损伤,总有一天会显现出来。

无论对成人还是孩子而言,如何控制对手机的使用,都是一个需要认真思考的问题。在这个时代,看书反倒成了一件奢侈的事情。前些天笔者和几位同事聊起,发现大学生群体中对阅读感兴趣的人并不多,甚至中文系的学生也阅读较少,导致很多学生的文字表达能力下降,毕业论文写得很不理想。笔者曾多次负责本科生和研究生的"经典阅读"课程的教学和指导工作。笔者发现,本科生交上来的读后感大部分是抄袭其他人的。研究生的表现虽然好一些，但也普遍存在应付心态——为了得到学分，迫不得已才看上几页书。对阅读真正感兴趣的学生并不多见。学生是因为太忙而没有时间看书吗？还是因为他们作为数字原住民，从小到大接触的都是以手机为代表的数字终端，对纸质阅读缺乏足够的兴趣呢？笔者认为两者均有。毕竟只要一部手机在手，再多的时间也会被偷偷劫走。手机就像一只“吞时间兽”，在手机面前，一天 24 小时一晃而过。

人们一天拿起手机的次数一般超过上百次，相当一部分人每天花在手机上的时间超过了 8 小时，甚至有些人待在由手机构建的虚拟空间中的时间比待在现实空间中的时间还要长。手机人的特征再明显不过了。

在这样的背景下，探讨手机人现象，以及手机对人的反向驯化问题，可谓恰逢其时。

目　录

第一章　绪　论

第一节　问题的提出

每个人都有很多身份，既是政治人，又是经济人，还是新闻人。在大众传媒出现之后，媒介大大地延伸了我们的身体，同时我们也延伸了媒体。一方面，我们可以接触到世界各地的新闻信息；另一方面，媒体通过连接可以将很多人纳入社会网络。报纸时代，人们养成了看报的习惯；电视时代，很多人成了沙发土豆式的电视迷；网络时代，很多人在电脑前一坐就是一整天。如今，人们高度依赖手机。智能手机的功能实在太强大了，人们生活的方方面面都已离不开手机，一个人出门可以不带钱包，但不能不带手机。

尤其是进入 5G 时代之后，人们使用手机的频率越来越高，时间越来越长——早上起床第一件事情几乎都是打开手机，浏览最新新闻，查看各种消息；晚上睡前最后一件事情往往也是放下手机；至于在白天，只要一有空闲，人们就会拿起手机。人们一天大部分时间是和手机一起度过的。如果把手机看作一个人的话，那他将是大多数人相伴时间最久、关系最亲密的人。

如今，几乎每个人都有手机，就连很多刚入学的小学生也有自己的手机。手机构建了一张巨大的社交关系网，每个人都是生活在这个关系网中的一个节点。他在发出各种各样的信息，也在接收各种各样的信息。大量的社交活动在手机上发生，大量的生活事件也被手机记录。如果离开了手机，对很多人来说，人生就显得不完美、不完整了。

2017 年，在“一带一路”沿线 20 国青年参与的一项调查中，评选出了中国“新四大发明”：高铁、支付宝、共享单车和网购。后三者其实都离不开手机。在新冠疫情期间,依赖手机的倾向愈加明显。为了预防病毒的传播,人与人之间需要保持距离,但人们的社交需求并不会因此减弱,于是手机互动变得更加频繁了。被困在家里的人,利用手机与亲朋好友视频聊天,在朋友圈频繁地更新自己的动态,并通过微信朋友圈、新闻 App 随时查看新冠疫情的最新情况和社会各种动态。过去面对面聚在一起举行的各种线下活动,现在改成了在线上进行,虽不能面对面,但这样一来反而扩大了参与活动的人群范围。

手机不仅是我们的笔和墨,书写自己对这个时代的看法;也是我们的话筒,向其他人传播自己的声音;还是我们的摄影机、照像机,记录我们自己及周边的事情;更是我们的书信和电话,让我们非常便捷地与其他人交往。它也是一本百科全书,供我们随时翻阅各种资料;还是一份实时更新的报纸,让我们了解到世界各地发生的大大小小的新闻……它扮演着太多太多的角色,夸张一点说,手机就是一切,已经深刻地影响了我们的一生。

多年前,笔者看过一本名叫《游戏的人》的书,它探讨了游戏作为一种文化对我们生活的影响。这本书给我留下了很深刻的印象,让我感触颇深。手机在某种意义上就是移动互联时代的一个玩具。近期,笔者又看了《赛博人》,这本书讨论的是网络心理学的种种现象和问题。相比于其他媒体,手机对我们的影响是最大的,我们其实都是手机人。手机人在很大程度上指的也正是游戏人,而赛博格化很可能将是人们未来的一种处境和状态,并且随着元宇宙的到来,新人类将会出现。不过,距离元宇宙的出现还有些时日。那么当下我们是什么人?我觉得用手机人来命名是恰当的。

由此,很有必要研究一下关于手机人的种种现象和问题。对于我们的一生来说,手机到底在我们的生活中扮演着怎样的角色?产生了怎样的影响?

在手机人出现之前,人们与媒体的关系是怎样的?针对这个问题其实已有很多相关研究,如关于容器人、电视人、“网虫”等的研究。这些其实都是人们在媒介面前呈现出来的一种媒介依赖形象。在大众传媒出现之前,人们的聊天主要是一种近距离的人际传播,不需要借助媒体,更谈不上媒体依赖。人们获取信息的主要渠道是通过与人对话,即人与人之间直接的交流。

随着智能手机时代的到来,智能手机给人们带来的冲击是非常大的,人们不再是坐在电视机前看电视的“沙发土豆”,而是一有空就拿起手机,接收各种信息，同时参与内容生产和传播活动的“移动土豆”。因此，人们顺理成章地从“电视人”发展到了“手机人”。

在这个信息社会，信息成了社会的核心资源，上网人数和时长都在不断增加。中国互联网络信息中心（CNNIC）发布的第 51 次《中国互联网络发展状况统计报告》显示，截至 2022 年 12 月，我国网民规模达 10.67 亿人，每周上网时长达到 26.7 个小时，使用手机上网的比例达 99.8%。① 可见，绝大多数人已经通过手机加入数字世界，并且平均每天上网时间大约为 4 个小时。其实，很多人使用手机的时间远远超过 4 个小时，许多人醒着的一大半时间是对着手机的。

手机作为个人多媒体终端，为人们提供了很多应用场景，可以满足人们多种功能需求。“一机在手，天下我有。”如果手机不随身，人们则如同耳聋眼瞎一般，行动困难。但是如果过度依赖手机，手机也有可能变成“手雷”，给我们的生活带来严重的消极影响。

每天早上，很多人可能为自己制订了一天的计划，但是只要一拿起手机，时间很快就过去了。刷刷抖音，看看朋友圈，逛逛 App，玩玩游戏，根本停不下来。一整天持续在做的事情往往是玩手机，学习、工作等其他正事反而是穿插在玩手机的过程中，利用零零碎碎的时间完成的。这种现象意味着“不是你在玩手机，而是手机在玩你”。的确，手机已经深深地侵入了我们的生活。我们已经离不开手机了。当然，手机也离不开人。它希望人们有更多的时间和它在一起。如果手机是一个人的话，他将是一个自私的人，试图霸占我们全部的时间和精力，这样他才能获取最大的存在感和利益。尤其对于各种手机游戏来说，大量心理学博士在为了如何让玩家喜欢上某款游戏，如何用几分钟就能让玩家产生兴奋点，并持续地玩下去而煞费苦心。如果玩家对某款游戏爱不释手，那么这款游戏就可以帮助开发者获得巨额的经济利益。事实上，手机上的各种应用都在努力争夺人们的注意力，都在想着让人们对其着迷、上瘾。心理学博士、程序员及运营者的种种努力看起来并没有白费。在这个智能时代，人们对于手机的

---

① 第 51 次《中国互联网络发展状况统计报告》，https://www.cnnic.net.cn/n4/2023/0303/c88-10757.html.

依赖已经非常严重,手机上瘾者不计其数,甚至可以说,如今没有几个手机用户是不迷恋手机的,也没有几个能自觉控制自己使用手机的时间。而且,没有手机的人已经寥寥无几。因此,在这样的背景下,将现在的人称为手机人再正常不过了。

在当今时代,进行这样一项研究的意义何在?

首先,从手机的发展阶段来看,当前已经进入 5G 时代,这是一个手机及其相关应用相对成熟的阶段。之前的相关研究主要基于 3G 时代,可以说是手机人现象刚刚出现的阶段,当时手机人现象还不够突出。“只有当一项技术变得普通,而后普遍,直到最后无处不在而被人们视若不见,真正的变革才得以发生。”[①]如今,手机已经非常普遍,人们对手机的依赖进一步加深,手机人现象已经显而易见。因为很多新的事物和现象得以出现,所以有很多新的课题值得我们进一步展开研究。

其次,这项研究是针对手机人层面较为系统的研究。在手机刚刚出现的时候,针对手机媒体及手机文化的研究较为突出。这些研究虽也在关注手机使用行为和心理,以及由手机带来的手机依赖、游戏上瘾等问题,但从研究视角来看,并没有专门针对手机媒介塑造下的人。本研究直接围绕手机人展开,强调的是手机媒介强大的建构能力,它不仅带来了社会文化等层面的影响,更直接重塑了这个社会,以及身处这个时代的人。人们成了高度依赖手机并在一定程度上被手机反向驯化、重构的手机人。

最后,在智能终端、人工智能越来越普及的时代,手机这一终端将进一步迭代升级,发展成为其他的终端。在媒介不断泛化的智能传播时代,万物皆媒、万众皆媒、人机共生是其重要特征。手机在一定程度上将会被其他新兴的、更为智能化的终端取代,甚至人直接成为一个信息发送和接收的媒介终端。因此,为了迎接这个智能传播时代的到来,对于当下的手机传播时代及其由此产生的手机人现象,也非常有必要做一个总结。如此一来,我们才能更好地认识媒介发展的逻辑,以及人类社会步入后人类时代的过程。

---

① [美]克莱·舍基:《未来是湿的》,胡泳、沈满琳译,中国人民大学出版社 2009 年版,第 66 页。

第二节 研究现状

一、关于手机媒体和文化的研究

相对于日新月异的技术变革而言，学术研究具有一定的滞后性，著作的出版则要更迟一些。随着手机在国内的普及和技术的快速发展，人们对手机媒体的认识逐步加深，相关研究开始出现并逐渐深入。

朱海松在手机时代到来之初，连续撰写了多本关于“第五媒体”的研究论著，如《第五媒体：无线营销下的分众传媒与定向传播》(2005)、《无线营销：第五媒体的互动适应性》(2006)、《无线广告：手机广告的发布形式与应用标准》(2007)等。朱海松认为无线营销具有“4I”特点：Individual Identification——个体的识别与锁定，也就是“分众”；Instant Message——即时的信息，体现了无线营销的随时性和定时性；Interactive Communication——互动沟通；I——我，即“个性化”。[①]这个“4I”与实际情况是相符的，到了手机时代，营销发展进入了以“互动”为核心的阶段，营销活动需要借助个体的互动才能达成有效传播。他在2011年出版了《第一媒体：手机媒体化的商业革命》一书，试图对之前的论述做进一步总结和拓展。他的这些论著主要是从广告、营销、媒体经营等角度做的分析。与之类似的还有黄河的著作，他总结了手机媒体的“做渠道”“做平台”“做内容”“做营销”和“做服务”等五大类商业模式，并通过问卷调查发现：“性别因素在一定程度上左右着手机用户的使用行为。女性群体在利用手机进行休闲娱乐、获取资讯方面的比重高于男性群体约10个百分点；而男性群体则在使用手机提供的专项个人服务和移动商务方面较女性群体突出。具体到各类职业的人群，使用手机的目的也有较大的差异。”[②]这些调查是在2009年底开展的，距离现在

---

① 朱海松：《手机媒体：手机媒介化的商业应用思维与原理》，广东经济出版社2008年版，第104页。

② 黄河：《手机媒体商业模式研究》，中国传媒大学出版社2011年版，第110—111页。

已经有些时日,人们使用手机的动机发生了不少变化,不同性别、职业的用户之间存在较大的差异。他的研究主要是从媒介经营的角度展开的,而非从社会、文化的角度切入。

童晓渝、蔡佶、张磊编著的《第五媒体原理》,同样是国内较早讨论第五媒体(即手机媒体)的著作,具有开创意义。在手机出现之初,“第五媒体”的概念被人提及得比较多,如今已很少有人说起。随后,靖鸣和刘锐出版的《手机传播学》是早期关于手机传播问题的系统总结,他们试图将手机传播上升为一门理论。他们在书中讨论了手机的特性、手机传播的意义、手机与人际传播、手机与大众传播以及相关伦理等话题。他们总结了手机传播的社会学意义,具体体现为:延伸人的综合感官;扩展个人信息空间;建构公共话语平台;开展社会管理与沟通;缩短社会数字鸿沟;模糊公私领域界限;混杂前台、后台行为;等等。[①]匡文波的《手机媒体:新媒体中的新革命》也是类似的著作,主要对手机短信、手机报、手机出版、手机电视、移动博客、手机广告、移动增值服务等方面做了总结归纳。相对而言,匡文波的《颠覆传媒——手机:新时代的电脑和器官》更具学术性。该书的副标题直接点明了他的看法,他在序言中写道:“手机不是移动电话,而是具有通信功能的迷你型电脑,而且是人体的一种全新感觉器官。”[②]手机将会改变整个媒体行业以及人类的生活方式。“手机像一张大网,正在整合众媒体,成为媒介融合的新舞台。”[③]刘劲松和方加元在2011年编著了《手机零距离——手机知识读本》。这本读本介绍了手机成长史、手机产业链、手机操作系统、手机制作过程和手机应用等内容,为之后的研究提供了一定的参考价值。这几位学者的著作对人们了解与研究手机媒体的相关问题起到了重要的普及作用,有助于推进相关研究的深入展开。

在手机出现之初,由于通话资费相对较高,人们往往使用短信进行联系,从而也就催生了手机短信文化,可谓热闹一时。手机短信文化是手机文化早期的

---

① 靖鸣、刘锐:《手机传播学》,新华出版社2008年版,第92—103页。

② 匡文波:《颠覆传媒——手机:新时代的电脑和器官》,华夏出版社2013年版,序言第1页。

③ 匡文波:《颠覆传媒——手机:新时代的电脑和器官》,华夏出版社2013年版,序言第2页。

主要内容，相关研究也有很多。郑庆君从语言学角度研究了手机短信，对手机短信这一相对新颖、独特的语言现象做了系统的总结和分析。他认为，手机短信这种短小精悍的言语形式，借助方便快捷的传播方式，非常适合当时社会的文化生活，并且由于汉语语言文化的传承力量，手机短信在短短几年内就成了一种大众文化。[①] 倪桓则针对手机短信的传播心理进行研究，他认为基于手机短信的人际关系具有以下新特质：短信交往情境的超时空性，主体的去社会化，中介的符号化，角色的半虚拟化，过程的选择性，对象的多情境切换。[②] 他针对手机短信展开的较为系统的人际传播研究，对于探讨短信时代的手机人行为具有重要价值。这些研究已经从笼统的手机媒体深入到更为具体的手机短信这一领域，体现了相关研究的不断进步。此外，手机短信作为手机媒体研究的切入口，为之后从媒介文化角度研究手机奠定了基础。

孙慧英的《多重视域下的第五媒体文化研究》，将手机作为第五媒体来加以界定。她认为，移动社会具有两种张力："一是移动技术使人们同陌生人的互动与同手机上熟悉人的互动交织在一起，共享一个时空，与陌生人的互动是一种'弱关系'，与熟悉人的互动是一种'强关系'；二是人们优先考虑同手机另一端的某人进行'媒介互动'，而不是与近在身边的陌生人进行'现场互动'，与远在手机另一头的人在心理上反而更近。"[③]孙慧英在此后的《手机媒体与社会文化》中，进一步讨论了手机对青年亚文化、语言文字及艺术和新闻叙事方式等方面的影响。她指出："大数据时代的手机媒体成为一个'数字魔盒'，它里面装满了海量的信息和应用，从而改变着我们的时间观、空间感、注意力的分配、人际交往方式、思考问题的方式、寻找答案的途径、书写方式、阅读方式等，甚至人生观和价值观。"[④]她基于对手机文化多年的深耕研究所做的思考和提出的观点，具有很强的启发性，为之后的手机人及其手机文化研究打下了很好的基础。

刘滢认为，手机媒体作为一种个性化的大众媒体，具有以下特点：移动性，

---

① 郑庆君：《手机短信中的语言学》，湖南大学出版社 2008 年版，第 286 页。

② 倪桓：《手机短信传播心理探析》，中国传媒大学出版社 2009 年版，第 138—144 页。

③ 孙慧英：《多重视域下的第五媒体文化研究》，北京邮电大学出版社 2010 年版，第 186 页。

④ 孙慧英：《手机媒体与社会文化》，世界图书出版公司 2016 年版，第 6 页。

个性化,互动性,多媒体融合,传播效果强大。① 自手机出现之后,手机短信、手机报、手机电视、手机广告及移动互联网等为人们带来了新的体验、新的生活方式和新的可能。秦艳华和路英勇从全媒体时代入手,研究了手机媒介的历史演变、传播模式、把关人、传播主体、价值生成、泛娱乐化,以及手机短信、公民新闻、媒介素养等问题。他们认为:"从传播学的角度来看,手机媒介在实际应用中所显示出的多重意义,在宣告传统媒体所构建的传播格局被颠覆的同时,促使一种新的传播生态得以形成。"②

江凌就青少年手机传播中的亚文化现象做了相关研究。她认为,青少年手机亚文化的特征体现在对精英文化的解构性、对主导文化的抵抗性、后现代的仿真性、逆主流的风格化和集体非理性这几个方面。其具体风格可概括为微文化、酷文化、潮文化、宅文化和迷文化等五个方面。青少年手机消费文化的三大特质是炫耀消费、符号化消费和快速消费。青少年手机文化存在的问题体现为手机依赖症的越发普遍、手机传播内容的缺少、手机平台的泛娱乐化、手机影响青少年的阅读以及手机原住民"童年的消逝"等。从微观上看,手机依赖症导致青少年思维停滞、情感空虚、时间失控、健康受损。③

此后,金燕、王琼花和吉腾渝进一步在《手机文化产业研究》中对手机文化及手机文化产业做了研究。他们认为,手机文化具有三个主要特征:很"酷"、"消费"式以及具有人文涵养。④

董开栋基于媒介生态位理论等视角,对手机新闻的采用及影响因素等问题加以研究。他在一项调查研究中发现:一方面,中国年轻人的新闻消费习惯正快速地向手机数字化的方式转换;另一方面,中国的新闻媒介面临着手机新闻的强势冲击。⑤

关于手机的相关研究论著集中在 2010 年前后,当时也是 3G 的时代,不过如今已经进入 5G 时代,智能手机对人们的影响变得更深刻了。如果说在 3G

① 刘滢:《手机:个性化的大众媒体》,人民出版社 2012 年版,第 13—15 页。
② 秦艳华、路英勇:《全媒体时代的手机媒介研究》,北京大学出版社 2013 年版,第 1 页。
③ 江凌:《我国青少年手机传播中的亚文化研究》,中国书籍出版社 2019 年版,第 30 页。
④ 金燕、王琼花、吉腾渝:《手机文化产业研究》,中国书籍出版社 2016 年版,第 31—34 页。
⑤ 董开栋:《手机新闻的兴起与媒体融合创新》,中国传媒大学出版社 2021 年版,第 73 页。

时代，人们开始逐渐步入一个神奇的移动社会，那么到了5G时代，手机人的身份特征就变得越发明显了，人们对手机的依赖越来越强，手机对人们生活各方面的渗透也越来越深。

二、关于手机人的研究

马歇尔·麦克卢汉提出了“媒介即讯息”的重要观点，并认为，任何媒介（即人的任何延伸）对个人和社会的任何影响，都是由新的尺度产生的；我们的任何一种延伸（或任何一种新的技术），都要引进一种新的尺度。[①] 他将媒介视作人的延伸，并持有泛媒介化的看法，即各种技术都是媒介。这对于智能传播时代“万物皆媒”来说，是一种预言。

尼尔·波兹曼的《娱乐至死》《童年的消逝》《技术垄断：文化向技术投降》等著作进一步深化了媒介环境学派的研究，对技术如何影响人类这一问题进行了更具体的、更系统的论述。他认为，在抵御信息泛滥的防御机制崩溃之后，社会遭遇的后果就是技术垄断。[②]

保罗·莱文森拓展了马歇尔·麦克卢汉、尼尔·波兹曼等人的媒介理论，研究了手机对人类社会和文化造成的种种影响。他在《手机：挡不住的呼唤》中写道：“虽然我们想关机时就可以关机，但是我们总是抵挡不住手机铃声的呼唤，手机对生活和文化的改变也是难以抗拒的。”[③]在这本书里，保罗·莱文森对手机人这一社会现象加以深刻的剖析，它是很多学者在研究手机人时经常引用的经典著作。

从媒介技术对人们社会生活的影响来看，之前很多学者做过相关研究，如针对电视媒体带来的影响。柯克·约翰逊基于民族志方法的研究认为：“无论是因为电视所传递的信息，还是因为电视这一存在本身，电视都影响了村民们

---

① [加]马歇尔·麦克卢汉：《理解媒介：论人的延伸》，何道宽译，商务印书馆2000年版，第33页。

② [美]尼尔·波兹曼：《技术垄断：文化向技术投降》，何道宽译，北京大学出版社2007年版，第42页。

③ [美]保罗·莱文森：《手机：挡不住的呼唤》，何道宽译，中国人民大学出版社2004年版，前言第3页。

的人际关系、经济决定、政治意识、参与性和世界眼光。"[①]电视媒介的出现带来了诸多影响,使得那一代的人具有"电视人"的特性。日本学者林雄二郎在《信息化社会:硬件社会向软件社会的转变》一书中提出了"电视人"这一概念。"电视人"是指那些"伴随着电视的普及而诞生和成长的一代,他们在电视画面和音响的感官刺激的环境中长大,是注重感觉的'感觉人',表现在行为方式上是'跟着感觉走'"。[②] 另一位学者中野收在《现代人的信息行为》一书中则进一步提出了"容器人"这一概念。"在大众传播特别是以电视为主的媒介环境中成长起来的现代日本人的内心世界类似于一种'罐装'的容器。"[③]"容器人"也想要与外界接触,不过仅限于保持距离的表面接触,不能、不愿、不敢深入别人的内心世界。

曼纽尔·卡斯特认为,"流动空间乃是通过流动而运作的共享时间之社会实践的物质组织。所谓流动,我指的是在社会的经济、政治与象征结构中,社会行动者所占有的物理上分离的位置之间那些有所企图的、重复的、可程式化的交换与互动序列"[④]。至少有三个层次的物质支持共同构成了流动空间:第一个层次由电子交换的回路构成;第二个层次由其节点(Node)与核心(Hub)构成;第三个层次是占支配地位的管理精英(而非阶级)的空间组织。[⑤] 曼纽尔·卡斯特还提出了"无时间的时间"这一重要概念。在网络社会,时空结构发生了很大的变化,"时空压缩"是其明显的特征。

澳大利亚学者 Larissa Hjorth 从女性主义视角出发,对手机带来的影响进行了研究。他认为,手机提升了女性的地位,威胁了传统的家长权威,并且导致了一种"伪亲密性"的兴起。

迈克尔·塞勒的《移动浪潮:移动智能如何改变世界》认为,移动计算技术是一项颠覆性的变革,将在纸张的消失、即时的娱乐、智能钱包、无所不在的陈

① [美]柯克·约翰逊:《电视与乡村社会变迁:对印度两村庄的民族志调查》,展明辉、张金玺译,中国人民大学出版社 2005 年版,第 208 页。

② 郭庆光:《传播学教程》(第二版),中国人民大学出版社 2011 年版,第 121 页。

③ 郭庆光:《传播学教程》(第二版),中国人民大学出版社 2011 年版,第 122 页。

④ [美]曼纽尔·卡斯特:《网络社会的崛起》,夏铸九、王志弘等译,社会科学文献出版社 2001 年版,第 505—506 页。

⑤ [美]曼纽尔·卡斯特:《网络社会的崛起》,夏铸九、王志弘等译,社会科学文献出版社 2001 年版,第 506—508 页。

列室、超流动的社交网络、全球可达的医疗、全球普及的教育、新兴世界的助推器等几大方面产生前所未有的影响。[①] 约翰·R. 苏勒尔基于"网络空间是一个心理空间"的概念，提出了网络心理学结构体系的八个维度：身份维度、社交维度、互动维度、文本维度、感官维度、时间维度、现实维度和物理维度[②]。他还基于这八个维度对数字社交时代人们如何思考、行动和社交进行了分析，研究了网络身份管理、电子化的人际关系、文本交流与图像交流、数字化身、数字领域异常行为等问题。针对社交媒体时代人们的种种新变化，他提出了"赛博人"的概念。日本学者藤原智美对于手机社会颇为忧虑，"手机社会正在大量创造一个群体，这个群体的人持续追求别人的认可，缺乏自我思考能力，同时恐惧孤独"[③]。严正研究了手机行为，"作为一种特殊的人类行为，手机行为在广义上可以指人们在使用手机过程中任何身体的、认知的、社会的或者情感的活动"[④]。他讨论了手机行为的四个要素——手机用户、手机技术、手机活动和手机效应，并结合医疗、商业、教育和日常生活四个领域分析人类手机行为的复杂性。手机行为是手机人的一个层面，这项研究聚焦手机行为，对手机如何改变我们的生活进行了很好的分析。

晓白、朝西和曾帅认为，在未来硬件层面，人与手机能够融合共生，手机人将会出现。"这是革命性的改变，产品的每个部件都被视为一个基因，成为身体的一部分，甚至它们可以根据人的环境的变化继续进化和改动，自己更新修复，制造出最好的生物产品。每个人将获得自助型的生物工程工具，自行制造有效的新事物和新生物。这些成果几乎可以一直随着新知识和新技术的发展被改

---

① [美]迈克尔·塞勒：《移动浪潮：移动智能如何改变世界》，邹韬译，中信出版社2013年版，第12—14页。

② [美]约翰·R. 苏勒尔：《赛博人：数字时代我们如何思考、行动和社交》，张淑华、张海会译，中信出版集团2018年版，第34页。

③ [日]藤原智美：《迷失：你是互联网的支配者还是附庸》，王唯斯译，鹭江出版社2019年版，第14页。

④ [美]严正：《手机行为：手机如何改变我们的生活》，刘烨等译，华东师范大学出版社2020年版，第8页。

进。”[①]从未来的通信角度来说,“所有的信将通过由一个空中信号构成的无缝和无线网络来处理。这些信号在各个纳米机器人和移植了发射器的手机人之间传递”[②]。这本书中明确提到了“手机人”这一概念。之后,李祖鹏也提到了这一概念,“未来的手机芯片可以植入人体,成为人体的一部分;手机和人高度融合,人成为‘手机人’”[③]。这些学者所说的手机人是人机融合意义上的手机人,可谓未来状态的手机人。刘德寰等撰写的关于手机人的系列研究报告中提出,可以从以下三个方面来定义手机人:①使用手机的人(包括日常的通信和上网人群);②在以手机为核心的“大互联网时代”(手机全面渗透到人的生活中,影响人的行为,人和手机密不可分);③手机让人们真正进入信息智能社会(未来人人都是手机人,手机成为时代美学)。[④] 对手机人的这一界定很有参考价值,对于之后的相关研究具有引领作用。不过,他们撰写的著作主要是一份调研报告,该报告使用了很多数据以展示手机人族群的生活状态。虽然这对于市场营销来说具有很大的意义,但该著作缺乏深入的理论阐释,故观点的丰富性和新意略显不足。

费中正运用民族志方法,研究了在手机影响下的西江苗民的生活。他写道:“在西江,我们能够通过手机看到苗民的经济分化、流行文化模仿与生产、家族、社交、爱情、代际关系及社会空间。在这些生活中,手机表征经济资本、文化资本、社会资本。”[⑤]袁潇在针对新生代农民工的手机使用和社会认同的研究中指出:“手机媒体的多元传播形态与新生代农民工城市生活的绵密交织和互动,形成了手机媒体与其社会认同之间错综复杂的关系。”[⑥]手机显然不只是一种媒

---

① 晓白、朝西、曾帅:《我手机:手机和它命名的时代》,广东教育出版社 2009 年版,第 17 页。

② 晓白、朝西、曾帅:《我手机:手机和它命名的时代》,广东教育出版社 2009 年版,第 19 页。

③ 李祖鹏:《手机改变未来》,人民邮电出版社 2012 年版,第 1 页。

④ 刘德寰、崔凯、刘向清等:《颠覆与重整:手机人的群落与游牧》,机械工业出版社 2013 年版,第Ⅻ页。

⑤ 费中正:《手机与西江苗民的生活:城乡转型发展中的文化传承》,人民出版社 2016 年版,第 191 页。

⑥ 袁潇:《数字边际人:新生代农民工的手机使用和社会认同》,社会科学文献出版社 2019 年版,第 221 页。

体，它具有更多维、更丰富的功能和形态，未来对农民工甚至所有人产生的影响还会更大。正如她所说的，“随着各种可穿戴技术的研发，未来手机的物理形态会发生较大改变，技术对人身体的‘嵌入’程度将会更高”[①]。高莉莎通过田野调查研究指出，“哈尼族、彝族农民工群体的日常生活与手机实践是一种‘临场发挥’性质的行动，是在具体的社会场景中，与情境因素的复杂多样相契合的权宜性的日常生活实践”[②]。手机人对不同族群的影响既有共同点，也存在一定的差异性。

朱秀凌关注到在高度现代化的社会背景下，青少年使用手机对家庭代际传播的主体、时空、渠道、内容和效果等多个方面造成的影响。她在《青少年的手机使用与家庭代际传播研究》一书中写道：“手机不只是单纯的通信工具，更促成、引导家庭代际传播方式、规则及内容的改变。”[③]

关于手机依赖、手机游戏上瘾等问题的研究，已有不少成果。毛玉西和罗迪所著的《掌媒：手机化生存》围绕“手机依赖”这一话题，从媒介移动化、手机器官化、社交屏幕化、阅读碎片化、隐私公开化、舆论共振化等方面形象地描绘了“手机人掌媒生存、在线至死”的社会现实。[④] 不过，这是一本通俗读本，在学术性上略有不足。张斌研究的是青少年群体手机依赖的问题。他认为，青少年的人格特质、孤独感、人际适应和社会支持等对青少年手机依赖有着显著的影响，并提出了家庭教育、学校教育和社会教育相结合的协同治理机制。[⑤] 手机游戏成瘾还是不少心理学家关注的一大问题，已有很多研究成果。刘毅在对青少年手机游戏成瘾的研究中揭示：“青少年手机游戏成瘾是心理、性格、自我控制、参与动机、自我效能感、游戏特征、家庭、同伴及社会环境等多重因素综合作用的

---

① 袁潇：《数字边际人：新生代农民工的手机使用和社会认同》，社会科学文献出版社2019年版，第238页。

② 高莉莎：《日常生活与手机实践：云南红河哈尼族彝族农民工民族志研究》，南京大学出版社2020版，第23页。

③ 朱秀凌：《青少年的手机使用与家庭代际传播研究》，中国社会科学出版社2017年版，第243页。

④ 毛玉西、罗迪：《掌媒：手机化生存》，南方日报出版社2019年版，前言第4页。

⑤ 张斌：《青少年手机依赖及其协调治理研究》，中国社会科学出版社2021年版，第161—164页。

结果。”[①]他还指出了青少年手机游戏成瘾对身体健康、心理健康、社会适应和日常生活等多方面造成的影响。

三、关于驯化与反向驯化的研究

“驯化”本是生物学上的词汇。人们对野生动物进行人工饲养、对野生植物进行人工栽培的过程，就是驯化。如今，“驯化”这一概念在政治学、新闻学、法学等多个领域被借用，并被进一步理论化。在此，本书主要关注的是技术和人类、媒介与人类的驯化问题。

罗杰·西尔弗斯通在《电视与日常生活》一书中分析了对电视的驯化，以及如何将其整合到家庭的时空体系。“总之，要使其能够合法地存在，又无影无踪，同时对观看它的儿童和家庭成员来说都是安全可靠的，电视最后变成一件具有装饰性的对象。”[②]他还指出了媒介消费过程的四个阶段：挪用，客体化，整合，转化。驯化理论对于分析人与技术、人与媒介的关系具有非常重要的意义。

驯化是一个动态的过程。陈佳佳、王子超和李抒成的研究指出，驯化理论既强调技术对人使用的预设门槛和壁垒差异，也强调人对技术使用的主动选择和积极介入，双方在持续交互的驯化及再驯化过程中，不断将新的意义和可能性嵌入新的程序和仪式之中。[③] 驯化、去驯化、再驯化、反向驯化等在技术与人的关系中都可能会出现。

李彪和杜显涵基于对社交媒体的研究指出，人们在“驯化”媒介的过程中也不断被“媒介化”着，被“反向驯化”着。[④] 从某种意义上来说，驯化与反向驯化是相伴随的。陈莎为反向驯化做了如下定义：“媒介的反向驯化聚焦人过多地使用媒介时人类性格的变化，聚焦媒介技术特性与性格塑造的关系，关注媒介技

---

① 刘毅：《青少年手机游戏成瘾研究》，中国社会科学出版社2020年版，第112页。

② ［英］罗杰·西尔弗斯通：《电视与日常生活》，陶庆梅译，江苏人民出版社2004年版，第149页。

③ 陈佳佳、王子超、李抒成：《驯化“点赞”：青年网络互动新方式研究——以抖音为例》，《新媒体研究》2022年第11期，第53—56，68页。

④ 李彪、杜显涵：《反向驯化：社交媒体使用与依赖对拖延行为影响机制研究——以北京地区高校大学生为例》，《国际新闻界》2016年第3期，第20—33页。

术是如何影响人的感知、思维、行为模式的。”反向驯化表现为“沉醉的虚拟社交、碎片化的思维”[①]等方面。刘千才和张淑华探讨了智媒时代的“反向驯化”现象，并认为其主要表现在人的视野窄化、人的媒介化、人的本能隐抑，“人类和媒介技术是相互依存且互动的关系，在人类与媒介技术的互动过程中产生了反向驯化”[②]。

数字技术在电影中的运用，同样存在反向驯化的现象。“特技导向的媒介逻辑携带着强大的反向驯化力量，战争电影的媒介仪式中心地位持续提升，中国革命战争之集体记忆开始走向特效化和景观化，更新了战争电影的‘正典化’机制。”[③]

张苏秋和王夏歌认为，网络媒介已经成为儿童日常生活的一部分，网络媒介消费帮助儿童学习、交友，并引导其采取新的消费行动。可见，“儿童一直在被网络媒介反向驯化着”[④]。他们的研究主要讨论网络媒介的反向驯化问题。其实，在这个手机时代，儿童往往借助手机进行媒介消费，因此，在某种意义上，手机也在反向驯化着儿童。

樊鑫鑫和罗雁飞基于对智能家居的研究，提出人机传播中的反向驯化倾向主要体现在三个方面：“被动包容型表达，即技术逻辑下的表达方式与内容自由；双属性支配型接收，即控制的‘主动者’与服务的‘被动者’；被动满足型反馈，即百分百回应的情感延伸。”他们认为，“不在场感会使人忽略或遗忘智能家居在生活各方面中所起到的作用，将自己当作关系的主动方甚至不认为有关系存在，于不知不觉中被驯化”[⑤]。

“智能手机所建构的媒介化生存方式日渐约束人们的日常生活实践，智能

---

① 陈莎：《警惕移动新媒介的反向驯化》，《现代视听》2016 年第 8 期，第 39—42 页。

② 刘千才、张淑华：《从工具依赖到本能隐抑：智媒时代的“反向驯化”现象》，《新闻爱好者》2018 年第 4 期，第 13—16 页。

③ 李金秋：《驯化与反向驯化：数字时代中国战争电影的媒介逻辑》，《当代电影》2022 年第 10 期，第 138—143 页。

④ 张苏秋、王夏歌：《反向驯化：网络文化与儿童网络消费行为》，《少年儿童研究》2022 年第 10 期，第 41—48 页。

⑤ 樊鑫鑫、罗雁飞：《人机传播：智能家居的反向驯化倾向——基于人际需要三维理论的视角》，《青年记者》2022 年第 14 期，第 48—50 页。

手机逐渐演化成一种现代人无法躲避的社会实践必需品。”①不管是早期的手机,还是如今的智能手机,一方面人们驯化了它,使其成为一种日常生活和交流的工具,但另一方面,它具有反噬性,在一定程度上控制了人们的心智,这是我们需要注意的。

去驯化是人们对手机驯化的一种抵抗。马新瑶认为,指向自身和指向技术是抵抗者常见的两种责任归因,他们通过分解“三重勾连”的策略展开手机抵抗,包括摆弄手机的物质实体、剪裁手机的文本内容、谋划手机的使用情境,旨在夺回对生活、工作、学习及技术的掌控权,以使手机重回工具角色。②

总的来说,在已有的研究中,针对手机媒体的研究较多,而从人的角度出发来探讨手机与人的关系、手机如何影响人、如何反向驯化人等相关问题的研究并不多见。而作为主体的人,在手机越来越普及、手机功能越来越多、人对手机的依赖性越来越强的时代,面临着前所未有的冲击。因此,非常有必要探讨在手机反向驯化下的人的种种问题。

第三节　研究方法和主要内容

一、研究方法

本书主要通过定性和定量相结合的方法进行研究。具体来说,采用了以下研究方法。

(一)问卷调查法

本书针对年轻人特别是大学生群体使用手机的情况展开问卷调查,了解他

---

①　王慧敏:《大学生回避智能手机“反向驯化”行为研究》,湖南理工学院硕士学位论文,2021年。

②　马新瑶:《“驯化回环”:手机抵抗者的“去驯化”实践》,《新闻记者》2022年第3期,第70—85页。

们手机使用的动机、行为和态度等，并且结合之前的调查数据进行对比，了解随着时代变迁，年轻人在手机使用上发生的变化。

（二）自我报告调查法

让杭州高校大学生自我报告手机使用情况，并加以统计，了解手机使用的具体情况，了解他们对手机的看法。结合自我民族的研究方法，对自己的手机使用行为和心理进行观察、剖析，以回答手机人出现的原因、手机人的表现及影响等问题。

（三）深度访谈法

选择有代表性的用户群体，对其进行半结构式深度访谈，了解手机人的具体面貌、手机上瘾情况以及他们的内心世界，从而更具体地分析和探讨手机人现象。

（四）网络民族志

考察朋友圈和微信群、钉钉群及其他自媒体中的手机使用行为，并询问当事人，以了解手机人的种种行为。

二、主要内容

本书主要关注的是5G智能手机时代的手机人现象，讨论手机对人的反向驯化这一问题，围绕手机对人际交往方式、学习和工作方式、新闻生产与传播方式、娱乐方式、广告与营销方式、权力关系等几个方面展开论述。本书包括以下内容。

第一章是绪论，对相关文献做了回顾。

第二章从技术视角考察了手机的前世今生。手机对时空的冲击导致了“无时间的时间”和“流动空间”等状态。本章从“媒介即讯息”的视角，讨论作为人体延伸的手机给人类带来的影响。同时指出，人在驯化手机的同时，也被手机反向驯化，人在某种意义上是手机的延伸。

第三章分析了手机人产生的社会文化因素、媒介化视角下手机人的形态以及透明的手机人等问题。

第四章讨论了手机给人们日常交往方式所带来的影响,关注人际交往的手机化现象、原因及其造成的种种后果。

第五章讨论了手机人的学习方式、思维方式与知识结构,以及手机对工作方式的影响。由于手机的不断发展,人们时刻在线是常态,而离线是非常态。因此,我们需要分析和思考时刻在线的工作状态是怎样的、人们对此有何看法,以及手机对工作本身带来的变革意义。

第六章阐述了在手机时代,新闻的定义已经发生根本性的变化:新闻不再像传统媒体时代一样主要由新闻记者生产,而是由每个用户生产;新闻内容也不再只是那些重要的事实,生活已经新闻化。因此,手机对新闻观念的冲击,以及对人们新闻生产、传播和消费的影响是值得探讨的。

第七章讨论了手机时代的生意、广告与营销模式的变迁。手机作为一种产品,消费者对其有着非同一般的迷恋心理,而人们也在手机支付、电子商务、社交营销中沦陷,成为难以自控的"剁手党"。

第八章关注了手机对娱乐方式的影响。手机人的娱乐是随时随地进行的,并且,由于娱乐变得社交化,人们对娱乐的投入更多、热情更高。"娱乐至死"现象对于手机人来说愈加严重。手机人在很大程度上是一种手机依赖、手机沉迷、手机上瘾的现象。本章着重分析了手机上瘾的表现、原因、危害及其治理。

第九章从社会学角度分析了手机社会的社群与圈层现象。手机时代,人与人之间的连接网络变得格外复杂,每个人都在一张巨大的网中,但是手机也构建了一个个不同的区隔与圈层。本章侧重讨论了女性、老年人、青少年、乡村居民的手机生活。

第十章讨论的是手机赋权带来的结果。手机让个体拥有了前所未有的能力,也使每个个体拥有了一定的权利:人人都可以发言,拥有了一定的平等对话的地位;人人都可以及时获得各种信息,信息不对称现象大为减少。手机对社会组织及权力运行方式产生了巨大的影响。传统的权力关系得以消解,新型权力模式逐步呈现。

第十一章是结语,展望了手机人的未来,分析了从手机人到赛博格的发展。

第二章　作为人体延伸的手机

第一节　手机的变迁

在人类历史中，传播媒介已经发生了多次演变。媒介形态的变化受到了多种因素的影响。罗杰·菲德勒认为："传播媒介的形态变化，通常是由可感知的需要、竞争和政治压力，以及技术和社会革新的复杂的相互作用引起的。"①媒介形态进化的方向，也许与自然界的物竞天择是一样的。不断升级迭代是为了满足人们对传播工具不断变化的需求，并且是在技术的路径依赖以及市场力量、政治等因素共同作用下的结果。我们可以简单看一下人际传播媒介形态变化的历史。

一、在手机出现之前

(一)古代的传播媒介

在古代，为了传递战事信息，有些国家修建了烽火台。一旦战事告急，人们可以通过烽火信号来传递消息，从而召集各路人马，抵御外敌入侵。当然，烽火台只有在关键时刻才会被使用。平时，主要依靠各地的驿站来传播重要的信息。

对于普通人来说，除了直接到对方家里进行口头传播之外，书信是传递信

① [美]罗杰·菲德勒：《媒介形态变化：认识新媒介》，明安香译，华夏出版社2000年版，第19页。

息比较常用的一种形式。书信是以文字方式进行的交流。一个信封,可以装几页纸;一封书信,可以传达很多信息。

书信的历史很久,影响深远。在古代,书信作为为数不多的人际传播媒介,有着非常重要的地位。“烽火连三月,家书抵万金”,在非常时期,书信的作用尤为突出。在现代邮政系统建立起来之后,书信变得便捷了。普通人只要稍花点钱,购买一张邮票贴在信封上,将信投到邮筒里,书信就会被邮递员收走,并通过邮政系统,送到收信人手里。

鸿雁传书,听起来挺浪漫的,但等起来也挺折磨人的,尤其是身处热恋时期的人们,恨不得信一寄出,就能收到对方的回信。然而,书信传播的速度与距离远近、交通状况等有很大的关系,一般需要好多天。一封信需要等邮递员过来取,然后通过邮车运输,到了目的地后再由邮递员送出去。对方收到信之后,未必马上就会回信。回信可能得字斟句酌一番,颇费工夫。对方写好回信,再寄出来,又需要几天时间。因此,一来一往,通常需要大半个月了。

虽然有些事情,可能三言两语说不清楚,容易产生误会,但是对于当时的很多人来说,写信几乎是远距离交流的唯一方式,很少有人会花费大量时间或金钱去找对方说事。而且书信可以保存,过一段时间人们还可以拿出来重新阅读。翻看以前的书信,回想过去的交往,可以让友情、亲情或爱情更显珍贵。

不过,书信可能会在传递过程中出现岔子,比如一方寄出的信,另一方却没有收到,在寄送途中莫名其妙地丢失了。如果只是普通的书信,虽然问题不大,但也够让人烦恼的。寄信人可能会以为对方收到了信却不回复,而收信人则以为对方没给他写信,从而造成很大的误会。

其中一个解决方法是寄挂号信,寄信的时候给书信贴上标签,收信的时候往往需要本人签字。并且寄信人可以隔段时间就去邮局询问下对方有没有收到,这样可以大大降低信件寄丢的概率。不过挂号信的资费要比普通书信高出几倍,因此,也不是每一封信都会以这种方式寄送。只有重要的书信人们才会愿意多花些钱寄挂号信。

对于政府机构来说,他们有专门的渠道传播书信和文件,以此确保安全和可靠。

（二）电报

通过编码、传输和译码等一系列环节，电报最终以文字形式出现在人们面前。电报是按字数计费的，费用不低，人们不得不言简意赅，尽量用简练的文字来表达，因此传达不了太多的信息。并且，如果事情不是很紧急，人们一般也不会拍电报。相反，很多人在收到电报时，往往心里会咯噔一下：是不是出什么意外了？以前，人们拍电报一般需要到电信局，而电信局往往在乡镇或街道所在地设点，因此人们需要走一段路，也不是很方便。

对于人际交往来说，电报其实并不常用。但是在那个电话还没出现的时代，出于对速度的追求，有时候人们不得不使用电报。毕竟书信时间太长，有些时候人们等不及。不过，等到便捷的电话一出现，电报也就几乎消失了。

（三）电话

对于人类来说，电话有很重要的意义。它实现了远距离的语音对话，各种信息就像长了翅膀一样，可以非常迅速地传递到很远的地方去。

对于新闻记者来说，有了电话，新闻生产的速度就大大提升了，他们可以将在遥远地方发生的新闻事件，在很短的时间内就告知新闻媒体，让这些新闻第二天就可以见报。对于国际关系来说，政府首脑可以通过电话进行沟通，从而消除误会，在一定程度上避免战争的发生。即使发生了战争，也不必点起烽火台了，打一通电话，就可以召集部队；在战事进行中，也能及时了解前线的战况，并予以指挥。对于将军来说，他们不需要亲临前线排兵布阵，可以坐镇后方，指挥全国各地的部队发起或者停止进攻、防守或撤退。对于富裕人家来说，他们可以在家里安装电话，并在日常生活中给亲人、朋友或政商各界人士打电话保持联络、互通信息，或者进行邀约。有了电话之后，空间距离由此缩短了，人与人之间的联系开始变得紧密起来。

（四）寻呼机（BP 机）

1948 年，寻呼机在美国贝尔实验室中诞生了。1951 年，美国纽约建立了第一个小型寻呼服务平台。1984 年，中国上海开通了国内第一个无线寻呼运营网。此后,无线寻呼业务开始在全国遍地开花。“有事您呼我!”成了流行的招呼语。寻呼机的出现意味着移动的、无线的传播时代由此开启。

寻呼机是走向移动传播的重要一步。一个用户只要购买了寻呼机,就如同给自己安装了一个电报接收器,被纳入一个巨大的通信网之中,此时对话就可以达成了。虽然寻呼机的功能非常简单,并且使用起来并不方便,但是它开始让个人成为传播的一个节点。“寻呼机让人们意识到,无论身在何处,他们都有被联系到的可能性(和压力)。”①

一方通过传呼台要求与另一方联系,传呼台就会将其固定电话号码以及一些必要的信息,以数字的形式发送到另一方的寻呼机上。“嘀嘀”声表明另一方收到了信息,在查看之后,他可以根据收到的信息做出相应的反应。对于那些数字信息,有些时候人们还得查一下密码本,或者打电话到传呼台询问,才能知道具体是什么意思。寻呼机是需要经过传呼台联系的,并不能使用直接的语言对话。它只是提出一种通话请求或者发送某种数字信息。如果另一方能立刻就近找个固定电话回过去,往往就可以联系得上。不过有些时候另一方可能找不到固定电话,或者不方便去打电话,因此只能暂时不回复。过一会儿再回复的时候,也许时间长了点,对方已经离开了,又或者对方使用的是公用电话,很可能一直占线。联系不上是经常有的,若要继续联系,用户需要反过来呼叫对方的寻呼机,此时呼叫与被呼的角色实现了互换。因此,联系起来其实是不太畅通的。

在那个时代,有人值守的公用电话,以及投币或插卡的无人值守的公用电话的生意,一度非常火爆。用户用不同的方式拨打公用电话会被收取不同的费用,但是基本上资费不低,想要“煲电话粥”的一般只能在自己家里安装固定电话。由于资费的原因,人们的通话需求受到了多方面的限制。不过,相比于书信,人们有了很不一样的交往体验,可以实现远距离的语音对话,很多情感交流、生意往来的需要获得满足。

在寻呼机流行一段时间之后,手机开始逐渐出现在人们面前。不过此时手

---

① [美]理查德·塞勒·林:《习以为常:手机传播的社会嵌入》,刘君、郑奕译,复旦大学出版社2020年版,第83页。

机由于价格和资费太高，还没法迅速普及。寻呼机作为手机的前身，也可谓一种非常低端的、功能非常简易的手机。毕竟，它与手机有不少相同之处，例如每个人的寻呼机号码是唯一的；通过寻呼机，人与人之间的联系大大增强了。

寻呼机存在的时间并不长，但当时很多人都购买使用过。寻呼机由于其存在的种种不足，最终必然被功能更多更全、资费不算太高的手机取代。

二、手机时代：从大哥大到智能手机

（一）大哥大

手机一开始也被称为“便携式蜂窝电话”。1973 年，摩托罗拉实验室诞生了第一部手机，一个新的时代由此拉开了序幕。人们将摆脱电话线的束缚，可以随时随地打电话。历时 10 年之后，1983 年，第一部商业化手机摩托罗拉 DynaTAC 8000X 正式出炉。这款手机体型比较大，高 300 毫米，宽 44 毫米，长 89 毫米，并且比较重，达 785 克。早期的手机看上去如同一块砖头，俗称“大哥大”。这个名字给人一种非常气派的感觉。大哥大的价格在当时并不低，差不多要 2 万元，并且通话 1 分钟得花 1 元钱。那时候能够使用大哥大的显然是富人。因此，大哥大成了身份、地位、财富的象征。那个年代，拿着大哥大，在街头“喂喂”地喊几声，回头率很高。人们拿着它谈生意，就犹如拥有护身符一般，具有比较高的可信度，客户更愿意与其做生意。

大哥大使用的是模拟信号技术，通话质量并不高，时常断断续续、联系不畅。不过，这对于当时的人们来说，并不算什么大事，毕竟大哥大是一种开创性的产品，可以让人们实现远距离通话、聊天、谈生意。空间距离被压缩了，天涯若比邻的感觉开始变得强烈起来。

（二）手机

大哥大的时代并没有持续太久，很多商家就推出了小巧、便宜的手机。并且买得起手机的人越来越多，街头上一时“喂喂”声四起，大哥大逐步淡出了人们的视线。人们一只手就可以轻而易举地拿起手机，灵活地拨打电话、发送短信,诸如“拇指一族”“低头族”的称呼开始流行起来。人们经常在办公室、教室、公交车上低着头发短信、看信息。

手机一出现,手机文化尤其是短信文化便开始有了雏形。在人们互发短信的大规模实践活动中,基于手机的各种符号被人们发明创造并大量使用。“从速度、距离来看,短信超越时空,信息的发送与接收几乎是同步达到的,只要一机在手,即使相隔万里,也可以即发即收。”①

彩信以多媒体形式进行传播,相比于文字短信,可以给人更多的视觉体验,不过受传输速度和资费的影响,彩信并没有得到很好的发展。随着技术的升级和宽带时代的到来,人们更多选择直接浏览网页、WAP网页,以及通过QQ、微信等形式收发与传播信息。

彩铃曾经也是一种新鲜事物,人们可以按照自己的爱好选择铃声,商家也可以借此推广自己的品牌。“彩铃全称为多彩回铃音业务(Coloring Ring Back Tone,CRBT),即由被叫用户为呼叫自己移动电话的其他主叫用户设定特殊音效(音乐、歌曲、故事情节、人物对话)的回铃音。”②有了彩铃之后,人们听到的就不再只是简单的嘟嘟声,而是个性化的、丰富多彩的铃声。虽然这不过是发生在人们等待对方接通手机时的几十秒甚至几秒钟时间,但是这样一种产品对于很多人来说,可谓一种惊喜。技术的发展让人们有了更多元化的享受,增强了人们使用手机的体验感。对于商家来说,他们则多了一个非常不错的品牌传播渠道。彩铃有助于增加品牌的曝光度,提升用户对品牌的好感度。

随着技术和市场的推进,手机产业链日渐成熟。芯片公司、操作系统平台及开发公司、第三方软件及开发公司、手机设计公司、配件生产公司、手机生产公司等各个环节的各类公司争相入局。

各种手机款式也被不断开发出来,可谓花样百出。诺基亚101是商用GSM制式的手机,重达475克,这款手机为之后的直板手机设计做了铺垫。第一款翻盖机是摩托罗拉StarTAC,这款手机非常轻巧,外形设计时尚。爱立信T68的256色彩色屏幕面世之后,彩信、图片下载等更多功能开始出现。西门

① 郑庆君:《手机短信中的语言学》,湖南大学出版社2008年版,第285页。

② 刘滢:《手机:个性化的大众媒体》,人民出版社2012年版,第171页。

子6688是一款内置MP3播放器的手机，在上下班路上，人们可以用手机听音乐。摩托罗拉A6188宣告手写手机时代的到来。诺基亚7650将手机和数码相机整合在了一起，手机的娱乐性进一步加强。

从市场推广的角度来说，“随着第五次全国统一的移动资费下调，2001年7月取消移动用户入网费，挡在用户面前的最后一道门槛消失，手机开始真正进入寻常百姓家”①。2001年，中国手机用户数量突破了一亿人大关，并很快位居全球第一。

(三)小灵通

第一部数字无绳电话是由西门子公司在1993年研制成功的。固定电话无法随人移动，打电话时人们需要在电话机前坐着或者站着，一旦走到其他房间，就没法接听电话了。使用无绳电话，则人们可以在房间里到处走动，拨打和接听电话时不需要固定在某个地方，从而满足了人们移动接听电话的需求。相比固定电话，它显得更加时尚和新潮。当然，无绳电话可移动的范围其实很有限，人们没法拿到大街上使用，只能在自己家里使用。因此，它并不能满足人们对移动性的更高要求。

小灵通是指个人手持式电话系统(Personal Handy-phone System，PHS)，由日本的NTT实验室在1989年研发，之后被引入中国。

小灵通是一种过渡产品，它介于固定电话和移动电话之间。相比于无绳电话来说，小灵通可移动的范围大大扩大了，但是它对基站的依赖性很强，一旦离基站远了，通话质量就很差，信号甚至会消失。它的很大优势在于价格较低、资费较便宜，并且体型很小、携带方便。虽然小灵通存在的时间并不长，但是也满足了当时很大一部分用户的某种需求。

小灵通可谓一种可以在城里移动的电话，到了乡下或者郊外，由于基站局限，基本上就没法使用了。因此，小灵通在可移动性上显然是不及手机的，并且不能漫游。随着手机价格的下降和资费的下调，以及政策因素的影响，小灵通最终被时代淘汰了。

---

① 李祖鹏：《手机改变未来》，人民邮电出版社2012年版，第96页。

(四)以 iPhone 为代表的智能手机

掌上电脑是一种融合手机和电脑的事物,也是智能手机的前身。掌上电脑(Personal Digital Assistant,PDA)是个人数字助理的意思,可以提供上网、存储、计算、通信、娱乐、电子商务等多种功能,可以满足人们日常生活和办公的多种需求。如今,我们不再使用掌上电脑,智能手机已经将其完全吸纳了。智能手机就是一部袖珍计算机。

"世界上第一部智能手机 IBM 的个人通信器'西蒙'在 1993 年投入生产。"[①]1996 年上市销售的诺基亚 9000 Communicator 同样是具有重要意义的智能手机。2002 年出现的索尼爱立信 P800 是第一部拍照智能手机。苹果公司的 iPhone 在 2007 年上市,吸引了很多消费者的关注,自此智能手机进入一个新的时代。

智能手机的出现,意味着移动互联网时代的真正到来。智能手机虽然屏幕小了一点,但是小巧便捷,可以随时随地上网,显然具有很多优势。由于智能手机具有强大的功能,很多其他终端逐渐被人们抛弃,很多人不再使用相机拍照,而直接用手机拍照,很多人除了工作时用台式电脑或笔记本电脑之外,其他时间就很少碰它们了。由于几乎人人都至少有一部手机,固定电话就没了用武之地。随着流量资费的下调,Wi-Fi 随时随处可得,用手机看电视剧、看电影、看短视频的人越来越多,电视机反倒成了一种摆设。在各种事物数字化、电子化的趋势下,优惠卡、银行卡、会员卡等各种纸质的卡证也在逐渐消失。

在智能手机时代,手机品牌的影响力发生了变迁。早期的领导品牌摩托罗拉、诺基亚风光不再,苹果手机成了新的领导者。品牌崇拜现象格外突出,苹果新款手机上市前夜,不少"果粉"熬夜排队购买。在粉丝经济时代,"果粉""米粉""花粉"等不仅是品牌的消费者,也是品牌的传播者。他们以主人翁的姿态,塑造某个手机品牌的个性和形象,并在社交媒体中自发传播品牌信息,促进品牌文化推广,推动品牌成长。

---

① [美]迈克尔·塞勒:《移动浪潮:移动智能如何改变世界》,邹韬译,中信出版社 2013 年版,第 35 页。

随着手机的普及，手机短信、手机报、手机电视、手机电影、手机小说、手机游戏、手机直播等产品陆续出现了，不过很多事物也就昙花一现，之后并没有得到进一步发展。例如，像手机报、电子杂志之类的，现在已经很少有人关注，就连手机短信也没多少人收发了。人们更多使用微信、小红书、抖音等各种 App 来与他人沟通、获取新闻、接触各种音视频。

每种技术和软件都会有一个迭代升级的过程。有些之后得到发展壮大，拥有很多用户；而有些一出现就面临着推广的困难，很快就夭折了；还有一些则存活很短，在特殊的时机和环境下得到了一定的推广，但很快就被更符合人们需求的新事物所取代。能够留存下来并在较长时间得到普遍运用的，往往是在天时地利人和的环境下应时应需而生的。

未来的手机会是什么样的？保罗·莱文森的"人性化趋势"理论认为："媒介演化的趋势是继续不断地复制人类传播的自然模式，继续跨越时空的演化。"[①]据了解，科学家在研发全息手机，它不再需要笨重的介质，而是一种在手上的投影，人们可以直接在上面进行操作、拨打电话。这种技术虽然还没有完全被开发应用，但有一天很有可能会成真。不过，也应该看到技术具有反向驯化作用，也即"人与技术关系的异化"，或者说，"主体与媒介工具之间关系的颠倒"[②]。随着手机技术的不断升级，这种作用机制越发显著。

三、通信技术的变革

(一)从 1G 到 5G 的进化

第一代蜂窝移动通信技术(即 1G)是模拟通信系统，采用了模拟调制、蜂窝系统和频分多址(FDMA)技术。1G 以美国贝尔实验室开发的 AMPS 为代表。1G 手机的主要功能是语音通信，局限于当地使用，人们不能进行长途漫游；并

---

① ［美］保罗·莱文森：《软利器：信息革命的自然历史与未来》，何道宽译，复旦大学出版社 2011 年版，第 86 页。

② 李金秋：《驯化与反向驯化：数字时代中国战争电影的媒介逻辑》，《当代电影》2022 年第 10 期，第 138—143 页。

且通话容易被干扰、被窃听,安全性不高。由于手机市场处于开发初期,各种成本很高,当时手机的普及率并不高,主要是一些商务人士在用。

2G是数字移动通信系统,美国的DAMPS系统、IS-95系统和欧洲的GSM系统是其代表。GSM系统采用了时分多址(TDMA)技术,主要用到的编码方式是话音编码和信道编码。由于采用了多重加密方式,手机安全性得以显著改善。2G时代的通话质量也得到极大提升。除了语音业务外,2G手机还提供低速数据业务,因此用户发短信问题不大。不过,这时候是窄带时代,还提供不了便捷的数据服务。

通用分组无线业务(GPRS)出现后的时代,也被称为2.5G时代。开通了GPRS之后,用户通过手机收发电子邮件、上网、进行移动办公和电子商务、玩互动游戏等已不再是难事。不过,下载视频以及其他数据量较大的应用,还显得不够顺畅。

3G时代的到来,意味着通信技术从窄带发展到了宽带,数据传输的能力大大增强,各种多媒体信息得以传播。这时以WCDMA、CDMA2000以及TD-SCDMA为代表。手机用户可以较为畅快地使用手机上网和搜索相关信息,还可以进行视频电话,观看手机电视,享受手机音乐,并且可以使用手机下单购物,以及玩各种手游。

到了4G时代,利用手机上网、看剧给人一种畅快的感觉。4G时代能够以每秒100Mbps的速度下载高质量视频,上传速度也可以达到每秒20Mbps。

如今已经进入5G时代。从下载速度来说,5G时代变得更快了,各种高质量视频人们可以随便看,各种手机游戏也可以给人非常逼真的视听效果。相比4G,5G具有传输速率更快、时延更少、频谱效率更高、功耗更低等特点。5G时代是一个智能传播的时代,将会呈现万物皆媒、万物互联、人机共生的新生态,手机则是这个智能传播时代重要的接入工具。

(二)从Web 1.0到Web 3.0

网络技术也已经从Web 1.0发展到了Web 3.0。

在Web 1.0时代,就新闻传播来说,它实现了传统媒体在网络渠道上的延伸。人们的新闻消费和选择空间一下子变大了,海量信息涌现在用户面前,令其应接不暇。不过，就个体的表达而言，空间还相对有限。

Web 2.0 时代是社交媒体的时代，人们得以使用各种社交媒体发布自己拍下的各种照片、写下的各种文字来表达自己的看法。个体的表达欲望在这个时代得到了极大的满足。这也是一个注重分享和互动的时代，人们不再满足于单纯地接收各种信息，而是喜欢发出自己的声音，也愿意看其他人的各种表达。

Web 3.0 时代则是一个智能互联的时代。在物联网、大数据、云计算、人工智能等大发展的背景下，整个传播生态呈现出了全新的格局。

在这个阶段，很多信息是由各种算法生产的，各种人工智能生产的新闻可以与专业记者相匹敌，人们很难对此加以区分。使用手机扫一扫就可以实现很多功能。而直接与 Siri、小度、ChatGPT 等智能助手的对话，可以让人们非常便捷地获取很多个性化的信息。

(三)第三媒介时代的到来

从媒介时代的划分来说，我们已经进入了第三媒介时代。

第一媒介时代是一个以广播、电视、报纸、杂志等大众传媒为核心的传播时代，大众传媒主导了信息的生产和传播，传受关系是基本确定的。受众作为信息的接收者和消费者，很难有媒介接近权。

第二媒介时代是一个由社交媒体主导的时代，受众不再只是被动地接收信息，而且在积极主动地传播信息，是作为用户而存在的。用户同时扮演了信息的生产者、传播者和接收者等多重角色，而手机是重要的信息传播工具。

第三媒介时代是一个万物互联、万众皆媒的智能媒体时代，人工智能参与了信息的生产、传播等各个环节，个体的传播能力有了极大的提升。信息社会进一步升级，人们进入深度信息社会，即智能社会阶段。手机、智能穿戴、VR 头显设备等是人们连接智能社会的重要工具。

第二节　手机时间与空间

不管是波德莱尔,还是西美尔,“他们观察到的现代都市生活的独特品质都是类似的:碎片化、感官刺激、物质性、丰富性、瞬间性和易逝性”①。手机是移动互联时代的标志,是现代都市生活的必备物品。对很多人来说,手机意味着现代性,拥有一部手机也就拥有了进入现代社会的密码和工具。手机社会也是一个高度现代化的社会,人类生活的时间和空间呈现出了一种全新的形态。“手机在一定程度上消除了时空距离对人们的束缚,改变了人与人之间以及人和世界之间的关系。”②

手机大大地满足了人们对于效率的追求,但是过度追求效率的结果是我们丧失了不少传统和文明。手机把人们推进至一个新的社会形态——手机社会,人类社会已被手机改变和重塑。

一、无时间的时间

曼纽尔·卡斯特将网络社会的时间性称为“无时间的时间”,“产生于当某个既定脉络——亦即信息化范式和网络社会——的特征,导致在该脉络里运作之现象的序列秩序发生系统性扰乱之时。这种扰乱可能采取的形式有:压缩各种现象的发生,指向立即的瞬间,或者在序列中引入随机的不连续性。序列的消除创造了未分化的时间,而这形同永恒”③。网络空间中的时间序列不同于现实世界,在网络中生产、传播和存储的各种事物,在某种意义上可以永恒存在。

(一)非线性

自手表发明之后,时间被标准化,人们需要不断看时间,以便能够赶在某个

---

① 汪民安:《现代性》,南京大学出版社 2020 年版,第 28 页。

② 刘劲松、方加元:《手机零距离:手机知识读本》,机械工业出版社 2011 年版,第 1 页。

③ [美]曼纽尔·卡斯特:《网络社会的崛起》,夏铸九、王志弘等译,社会科学文献出版社 2001 年版,第 564 页。

时间点到达某地，或者完成某件事情。在由工业革命推动的第二次浪潮“工业文明”中，手表可以说是每个人的标配，人们需要根据一个统一的时间来规划自己的节奏。“日出而作，日落而息”被“朝九晚五”取代。这正如阿尔文·托夫勒所说：“第二次浪潮‘工业文明’不仅把时间切割成精确、标准的单位，而且把这些单位放在一条直线上，向过去和未来无限延长，使时间变成线性单位。”[①]即便进入了信息社会，对于很多人来说，这种时间观念依然深深地刻印在其脑海中。很多人虽然不再佩戴手表，但是依然会随时拿出手机，看看上面显示的时间。

在手机出现之前，重要的电子通信工具是电报和电话。电报的发明具有重要意义，“电报看上去的确缩短了一种特定意义上的时间，即作为人类交往的障碍或负担的时间”[②]。不过，对于普通老百姓来说，电话才是他们普遍使用的工具。在中国，由于经济条件和城市化进程的局限，电话的普及和手机的推进差不多是前脚跟着后脚进行的。特别是对于农村来说，当程控电话没装几年、还没完全普及时，手机就开始流行了。很多村民直接跳过初装费昂贵的电话机，转而选择购买手机。虽然购买手机需要不少钱，并且每个月都需要交包月费，但是手机作为小巧、便携、时尚、个人化的电子设备，对人们的吸引力更大。“电话出现以前，空间和时间似乎是一个永恒的概念，但电话改变了一切。”[③]很多没有用过电话的人对这句话感受不深。不过对于如今拥有手机的人来说，他们应该能够深刻地感受到手机对空间和时间带来的巨大影响。

在技术不断发展的信息社会，人们高度依赖手机而生活。时间有了新的定义，它已经不再单纯是线性的。“我们生活在一个信息加快流动的时代，很容易接触到过去，所以实际上就不存在过去。一切都是现在。”[④]对于很多过去热播的影视剧、流行歌曲，当下的网民可以根据自己的需要随时欣赏。在具体的播放过程中，用户可以不必按照原来的节奏观看，既可以放慢观看，也可以倍速欣

---

① [美]阿尔文·托夫勒：《第三次浪潮》，黄明坚译，中信出版集团 2018 年版，第 105 页。

② [美]詹姆斯·格雷克：《信息简史》，高博译，人民邮电出版社 2013 年版，第 145 页。

③ [美]伊锡尔·德·索拉·普尔主编：《电话的社会影响》，邓天颖译，中国人民大学出版社 2008 年版，导论第 7 页。

④ [加]马歇尔·麦克卢汉：《麦克卢汉如是说：理解我》，何道宽译，中国人民大学出版社 2006 年版，第 142 页。

赏;既可以直接跳过去不感兴趣的情节,也可以重复观看某些细节。在播放音乐的时候,用户可以自由组合播放列表和排列顺序,可以不断循环单一曲目,也可以随机播放多首歌曲。在传统媒体时代,人们是同步收看、收听各种节目的,因此人们有很多共同的聊天话题。但在这个时代,人们观看影视剧可以是不同步的。也许头一天晚上人们就各自喜欢的影视剧看得津津有味,但第二天坐在一起的时候,却发现很难聊到一块儿去。由于时间和选择上的自由,每个人所接触的内容都有差异,这极大地满足了人们的个性化需求。但对于社会文化来说,它不再是完整和统一的,每个人的知识结构是千差万别的。

就工作而言,很多单位允许员工自由选择时间。随着技术的革新,居家工作已不再是难事。在新冠疫情期间,很多人居家办公。弹性工作制是一种任务式的工作模式。只要在规定时间内完成任务就行,至于怎样安排,可以由员工自己说了算;或是在公司完成,或是在家里完成,或是在酒吧完成,也都是由员工自己决定,只要不影响工作效果和效率就行。过去分割的工作空间被分散的工作空间取代。网络的连接使分布式、任务式的工作模式成为可能,就像字幕组成员彼此都不需要认识,也不需要在一起,但这并不影响他们共同协作完成翻译某部影视剧的任务。很多工作是以这种模式完成的,甚至整个网络就是靠分布在全球各地的用户一起协作才得以运作。

(二)流动

人类基因工程的发展以及生育技术的变化,导致"人类的生物时间,以及人类出现以来一直受其调节的时间节奏的消灭。……世俗的生物节奏已经被存在的抉择时刻取代"①。相应地,随着智能手机技术及移动互联网的发展,弹性工作制逐渐打破了过去朝九晚五的上班模式,人们的工作时间可以由自己抉择。

网络时间是一直流动的,它不会有中止的时刻,某个区域断了电并不妨碍网络空间整体的信息传播活动。网络每时每刻都在生产和传播各种各样的内

① [美]曼纽尔·卡斯特:《网络社会的崛起》,夏铸九、王志弘等译,社会科学文献出版社 2001 年版,第 548 页。

容。到了晚上,人们可能睡着了,但网络还在继续运行。有些人可能在通宵达旦地追剧。到了半夜,人们也依然可以找到玩伴一起玩游戏。但这个玩伴未必在熬夜,他可能只是早上刚刚起床。“每一天每一秒,无数人在创造着他们自己独有的或是共享的时间景观,形成了难以穷尽的、多元而繁杂的网络时间。”①网络空间的地理跨越性,使得网络时间不是停驻在某一个具体空间的时间。它并不是日常世界中那种太阳升起落下的直观的时间概念,而是抽象的、不分昼夜的。

用户发给其他人的短信或者电子邮件,对方可以适时查看并适时回复,不必立刻进行。除了文字传播可以如书信往来一样延时进行外,音视频也可以延时传播。用户在自媒体中发布的信息,不仅可以 24 小时接受别人的阅读和评论,而且即便过了很长时间也还存在。网络会议可以让世界各地不同时空的人们聚在同一个网络时空之下。数字墓碑以及网络上的悼念室可以让人们更亲近死者。即便亲人已经离开了人世间,但他的音容笑貌还会长期存留,从而可以穿越时空与后人在一定程度上实现对话。

(三)加速

手机加剧了人们对速度的渴求。过去人与人交往主要依靠书信,人们需要耐心等待。如今,有了智能手机,很多人如果打了几次电话而对方没接,就会心烦意乱、胡思乱想;如果发了微信而对方没有马上回复,也会如此。电话需要每次一拨就通,微信最好是秒回。人们要求信息交流是即时的,这样才有“天涯若比邻”的感觉。技术的发展使得人们越来越没有耐心,甚至现代人看个几分钟的短视频都会选择倍速观看。

人们对时间效率的追求,是人们在有限时间内想要尽可能获得更多信息量的心理反应,是人们追求在线感、在场感、连接感、参与感的一种体现。随着 5G 时代的到来,网络速度得以进一步提升,在满足人们对速度的追求上可谓更进了一步。

---

①　[澳]罗伯特·哈桑:《注意力分散时代:高速网络经济中的阅读、书写与政治》,复旦大学出版社 2020 年版,第 73 页。

当然,人们的社交活动不见得都要求即时互动。有些时候,人们会故意回避即时性,而选择有时延的通信方式。例如,一方明明有对方的电话号码或者微信,直接打个电话或者使用微信音视频聊天就可以联系上,但他未必会这样做,而是选择发邮件,或者以微信/短信的形式留言。这类方式具有一定的延迟性,给对方留足了回复的时间。另外,这种形式往往是文字,而不是语音或者视频。文字可以字斟句酌、反复修改,并且不提供给对方更多的面部表情等非语言信息。这样表达起来可能显得更正式、更准确。人们在智能手机时代的交往,并非单纯追求速度,对于准确性的需求以及其他心理需求也在影响着人们对具体社交方式的选择。技术总是朝着更快、更强的方向发展,它满足了人们即刻就想得到和希望获得更多的心理,当然也提供了更多可能性。

从相对论的角度来说,跟自己喜欢的人和事物在一起的时光总是显得那么短暂。智能手机中有很多吸引人的、好玩的事物,因此会让许多人觉得,只要拿起手机一天很快就过去了。例如,有些人刷抖音,不知不觉两三个小时就溜走了。由此可见,时间被压缩了。人们不再有那种悠长假期的感觉,而总觉得时间不够用。技术的发展在某些方面可能解放了人类,但总的来说,由于好玩的东西越来越多,社会在加速度发展,而在欲望的驱使下,人们相比过去更加忙碌。时间不够用的背后,是人们想要体验的新事物越来越多,并且这些新事物越来越吸引人。

受智能手机的吸引,人们需要挤出很多时间。就如最近媒体所报道的:有人在迷恋上直播之后,不管是什么时候,他都对着手机在那里说呀,笑啊,自己的孩子也顾不上,导致其吃错了大人的药。手机成了很多人的亲友,导致现实生活中的夫妻或者儿女似乎都显得不那么重要了。毕竟人的时间是有限的,除非技术获得进一步发展,虚拟人时代到来。只有当人类意识可以上传到网络空间时,人们才能真正得到无尽的时间。

(四)时刻在线

万众皆媒、万物皆媒,都离不开手机。只要手机在手,个体作为一个传播的节点,也就 24 小时上线了。当然我们可以选择关机,特别是晚上睡觉的时候,可以避免被其他人打扰。但在其他时间,很多人并不会选择关机,因为关机就意味着失联,意味着他们在一定程度上与这个世界脱离了联系。失联对很多人来说是非常痛苦且难以忍受的。并且有些时候,失联还挺耽误事情的:在紧急情况下需要找到用户,却联系不上;有些工作需要用户出面,他却没法出现;有些事情需要用户即刻做出处理,却与用户连不上线。因此,用户可能会有损失,老板可能会对他不满,以及可能造成其他诸多不便。

在这个时代,在线是常态,离线是例外,甚至离线都是不被允许的。对于从事某些工作的人来说,他们必须24小时待命,而手机就是让自己24小时在线的一种工具。在8小时工作之外的时间,本来是可以自由支配的,但是现在人们24小时都处于待命状态,需要随时被找到、被联系上。对于领导来说,他们会有每天的工作日程表,安排比较紧凑,他们往往是需要24小时开机的,岗位越重要,越需要如此。当然,任何人都是需要有自己的时间的,再重要的人也是如此。为此,很多人会拥有两个手机号码:一个号码是对外公开的,大家都可以找到他;还有一个号码仅限于家人、朋友或特别重要的人知晓。在非上班时间,他对外的手机号码也许处于关机状态,但是另一个手机号码却不会关机,以便别人有必要找到他的时候能够联系上。

时刻在线意味着随时都可以互动,对于对方发出的信息,用户可以做出回应,从而形成对话。至于人是否在身边并不重要,重要的是手机在身边。手机的互动,是点对点直接的互动。只要大家都带着手机,也就意味着每个人都可以实现即时对话。

手机铃声一响,人们往往就得马上接听;听到各种消息的提示音,人们也会情不自禁地即刻拿起手机查看。因此,时间就这样处于不断被手机支配的状态,自然也就变得支离破碎了。有些人会选择不去理睬,或者有时候特意不带手机,从而为自己获取一些相对完整的时间。但很多人无意或者没法这样做,甚至已经养成了一种习惯——隔几分钟就会拿起手机看看朋友圈、刷刷抖音、瞧瞧股市行情,时间的碎片化因而就成了常态。

很多人经常告诫自己要努力学习和工作,不要浪费时间,但只要手机在身边,时不时响起的各种"嘀嘀"声会吸引他去应对"邀约",做出及时的回应。他自己也很难有定性,情不自禁地拿起手机看看这个、玩玩那个,因而想要有完整的时间几乎不可能。每一天的时间都是碎片化的,工作和学习反而是穿插在"玩手机"中完成的。

很多人会觉得这是无奈之举。在信息爆炸的时代,人们没法脱离手机而生活。手机作为信息社会的一个接口,使人们需要时刻在线,将自己与这个世界联系在一起。如果长期离线,人们就会被这个世界遗忘。

各种社交媒体需要人们不断地向其提供内容、更新状态,这样的账号才是活的,长期不更新的账号就如同僵尸一般,很多粉丝就会选择离开。手机上的内容在不断刷新,每时每刻都会有大量的信息产生,信息流是不会停止的。如果我们选择停下或者离线,那么连接就会断开;虽然可以重新连线,但是我们错过了某一段时光,当时的社会热点就不再是热点了。重新去阅读或者回应,就如同炒冷饭一般,激不起别人的共鸣。此一时彼一时,同样的信息能够产生的涟漪效应是很不一样的。各种热点是不断变换的,它是一种流动的时空。为了与这个时代同步,时刻在线是必须的。

二、流动空间

与时间改变同步的是,空间也在发生着巨大的变化。"空间是结晶化的时间(Crystallized Time)。"①农业社会造就了"空间紧缩"文明,很多人一辈子都只是在其家乡附近很小的范围内活动,但现在这一状态发生了变化。"工业旋风在18世纪席卷了欧洲,再度形成'空间开放'的文化,但这一次是以全球为范围的。"②在这个时代,人们只要拿起手机,就可以与身处天涯海角的人进行交流。距离不再是一个问题,手机打破了传统距离的限制。两个人虽然相距很远,但可以直接面对面地进行视频对话,感觉不到彼此有物理上的距离。"不管通信节点位置何在,无线通信都可以使空间更加均质化:通信的无所不在意味着超越时空。"③

---

① [美]曼纽尔·卡斯特:《网络社会的崛起》,夏铸九、王志弘等译,社会科学文献出版社2001年版,第504页。

② [美]阿尔文·托夫勒:《第三次浪潮》,黄明坚译,中信出版集团2018年版,第107—108页。

③ [美]曼纽尔·卡斯特尔、[西班牙]米里亚·费尔南德斯、阿德沃尔、[中国香港]邱林川等:《移动通信与社会变迁:全球视角下的传播变革》,傅玉辉、何睿、薛辉译,清华大学出版社2014年版,第151页。

从网络空间的角度来说，它也是流动空间。随着时间的变化，网络中的内容就会发生变化，底下的评论也在增加，信息构建起来的关系网络会变得更加复杂。就复杂性而言，网络空间变得越来越冗余，它不断叠加了新的内容、新的板块。在网络平台上，人与人并不是在一个可见的场所中见面的，但是给人的感觉却是它比现实世界中任何空间都更大。网络通过架设一座座桥梁，将现实世界中所有的网民和各种组织机构联系在一起。用户不与对方交流的时候，这种联系似乎并不存在，但用户一旦有需要，就可以马上建立连接。"流动空间是信息社会的支配性空间，有线互联网更多在象征意义上制造了'流动空间'，而无线互联网却让人类对流动空间有了真实体验。"①

(一)移动

通过智能手机，现实世界中的人与人在网络空间中得以联系，并发展各种业务往来。它将现实世界的空间压缩了，两地即使相隔再远，也都在一个网络中，人们可以随时取得联系，不用走路或开车去克服距离的阻隔，就能到达对方的"家"或者"办公室"。正如保罗·莱文森所言："手机是家园之外的家园、移动的家园——全副武装，能进行各种交流，就像在家里交流一样。"②

手机为我们提供了一种"边走边说的能力，无论我们在哪里行走，也无论和我们谈话的那个人在哪里行走"③。因此，世界更紧密地联系在了一起。

在保罗·莱文森看来，手机是一种"补偿性"媒介。"手机本身是对互联网无意之间酿成的后果的一种补偿。互联网替代了相当多的文牍工作，同时又使我们困守在电脑前不能移动。"④虽然笔记本电脑比台式电脑便利，并且可以移动，但是它依然显得笨重，需要接上 Wi-Fi 才能上网。在很多场合，它没法连上

---

① 靖鸣、刘锐：《手机传播学》，新华出版社 2008 年版，第 145 页。

② [美]保罗·莱文森：《手机：挡不住的呼唤》，何道宽译，中国人民大学出版社 2004 年版，第 95 页。

③ [美]保罗·莱文森：《手机：挡不住的呼唤》，何道宽译，中国人民大学出版社 2004 年版，第 17 页。

④ [美]保罗·莱文森：《手机：挡不住的呼唤》，何道宽译，中国人民大学出版社 2004 年版，第 47 页。

网络。

但手机弥补了这一缺憾。移动性是手机的一个核心特征。手机实现了移动互联,不管在哪里,只要有信号,人们就可以上网。随着信号发射塔的大规模建设,除了人迹罕至的深山老林或者大漠原野等少数地区,大部分地区已经覆盖了信号。在全国各地,用手机上网都不太会有问题。

(二)弥漫

通过手机,人们可以时刻进入一个在线的虚拟空间,与来自世界各地的人进行对话交流、做生意、交朋友等。随着手机网络功能的不断完善,现实生活中的各种事情都可以在手机上完成。数字化生存,不只是一个口号和幻想,而是实实在在可以实现的。虚拟空间,相比于现实空间,显得更加纵深、复杂和丰富。在现实空间中,人们由于受到条件的限制,接触的空间毕竟有限。在虚拟空间中,人们则可以从世界各地的网站上了解当地的生活,可以预约医疗、公共服务,可以下单购买商品,可以观看各种视频,可以完成虚拟旅游,可以结交各色朋友,等等。“智能手机、笔记本电脑和 iPad 等移动媒体,不仅成为我们联系远近的工具,而且在这个‘流动’和‘去地域化’的全球文化中,给我们提供了位置感,一种悬浮在网络中但又在其中移动的位置感。”①

人们到陌生的地方旅游或者行走时往往需要地图,不然很容易迷路。过去人们使用的纸质地图,展开后一大张,携带不便,导航能力不强。Google 地图、高德地图等智能地图的出现,极大地方便了人们的出行。只要输入目的地,智能地图就可以即时导航,并且具有非常直观的立体效果。只要手机有信号,人们就不再怕迷路。

手机侵入人们的生活空间。由于手机的存在,我们日常生活空间就像多了一只触手,时刻都会把我们拉进网络空间中。也许你正在开会,家里的一个紧急电话让你不得不即刻请假回家去;也许你正在家里,公司的一个重要电话让你必须立即开车到公司去处理;也许你在外旅游,却依旧被各种短信打扰;也许

① 潘忠党:《“玩转我的 iPhone,搞掂我的世界!”:探讨新传媒技术应用中的“中介化”和“驯化”》,《苏州大学学报(哲学社会科学版)》2014 年第 4 期,第 153—162 页。

你身处卧室，手机依然会响起，让你觉得没有私人空间。过去，人们的生活空间是分隔得相对清楚的：工作空间与生活空间，学习空间与体育运动空间，公共空间与私人空间，等等。而现在手机却模糊了各种空间的边界，不管人们身处什么空间，它随时都会出现，并把人们拉到其他空间里。只有离线的时候，人们才会回到相对传统的日常生活空间。

在手机社会，人们没法一直处于离线状态，而需要一直携带手机，并处于开机状态。只有这样，人们才能与别人联系，才能完成手机购物和支付，也才能将他们交给手机的一部分记忆找回来。

在生活中，人们携带的手机，总有电量不足的时候。人们可以租充电宝，也可以找一家餐馆、咖啡店，在消费的时候顺便充个电。厂家为了满足人们时刻在线的需求，开发了各式各样的充电宝以备不时之需。过去公共交通上很少有电源，现在高铁上都有充电接口，人们可以一边乘坐高铁一边拿着手机工作、学习或娱乐，不用担心旅途的无聊，也不必担心手机没电而被迫离线。

（三）在场

“空间不是社会的反映（Reflection），而是社会的表现（Expression）。换言之，空间不是社会的拷贝，空间就是社会。”①手机代表的是一种新型的人际交往空间。传统的交往空间其实很有限，基本上是由具身传播构建起来的，那样的社会是一个熟人社会，我们生活的空间都是我们熟悉并习惯的。手机构建起来的是陌生人社会，很多与我们有联系、有交集的人，其实并不真正相识，只是一种业务往来或者是一种虚拟关系的连接，为了完成某一项任务而聚集。

手机构建的空间把每个人都裹挟其中，使其成为其中的一个节点。每个人都是手机共同体中的一个细胞，共同构建起了一张巨大的传播网，一张虚拟的又与现实交织在一起的网络。手机的虚拟空间，必然在连接了现实空间的同时也打乱了现实空间原本的格局，将其纳入虚拟空间中。虚拟空间和现实空间融合在一起，成为一种活的、流动的空间。

---

① ［美］曼纽尔·卡斯特：《网络社会的崛起》，夏铸九、王志弘等译，社会科学文献出版社2001年版，第504页。

安东尼·吉登斯认为:"在前现代社会,空间和地点总是一致的,因为对大多数人来说,在大多数情况下,社会生活的空间维度都是受'在场'(Presence)支配的,即受地域性活动支配。"[①]到了现代社会,特别是手机出现后,人际交往中呈现出"在场的缺场""缺场的在场"等状态,并且导致了社会系统的脱域(Disembeding)。安东尼·吉登斯曾写道:"后现代性的一个特点是远距离发生的事件和行为不断影响我们的生活,而且这种影响正日益加剧。"[②]这就是所谓的脱域,它指的是"社会关系从彼此互动的地域性关联中,从通过对不确定的时间的无限穿越而被重构的关联中'脱离出来'"[③],进而通过时空重组改变其原来的情境。

手机被称为带有体温的媒体,具有随身性、私密性。手机是我们的私人物品,我们一般不会轻易借给别人。但是由于它是接入网络的,因此我们也就失去了私人空间。用户不管是在卧室还是在浴室,不管是在楼顶还是在地下室,不管是在广场还是在某个角落,他的手机上都可能会有电话打进来,或者会有微信、短信等发送过来,从而将他一下子拉进整个网络中,并被要求与对方开展交流。因此,有了手机,我们就很难躲避到一个没人的角落里。

对于技术的发展,并非所有人都能够接受。有些人不愿意使用手机,就如笔者认识的一位大学老师,他就很少使用手机。别人要想联系他,得给他发电子邮件,或者直接去找他。面对不断革新的技术,有些人由于没有学习的能力和动力,或由于年纪大了、受教育程度低而无法拥抱高科技。不过,对于"卢德分子"来说,他们未必缺乏这种能力,而只是在主观意愿上对高科技持排斥态度。技术的发展的确会带来很多便利,但技术本身具有双面性,它也会导致很多新的问题出现。对于很多人来说,他们的幸福指数可能上去了;但对于另一些人来说,他们可能要面临失业的风险,从而令自己的生活陷入困境。

---

① [英]安东尼·吉登斯:《现代性的后果》,田禾译,译林出版社 2011 年版,第 16 页。

② [英]安东尼·吉登斯,克里斯多弗·皮尔森:《现代性:吉登斯访谈录》,胤宏毅译,新华出版社 2001 年版,第 242 页。

③ [英]安东尼·吉登斯:《现代性的后果》,田禾译,译林出版社 2011 年版,第 18 页。

(四)融合

我们如何看待不断发展的科技,如何处理技术与人的关系,通信技术的发展会走向哪里……这些都是值得思考的问题。凯文·凯利写过很多关于这些问题的书籍。在他看来,技术是有机体,有着自己的使命和目的,未必会完全按照人们的设想去变化和发展。[①] 雷·库兹韦尔把奇点的日期设置为"极具深刻性和分裂性的转变时间——2045 年。非生物智能在这一年将会拥有 10 亿倍于今天所有人类的智慧"[②]。这一天的真正到来并非不可能。那时,人类在人工智能技术面前,可能就像是一个蒙昧无知的小孩一样。

贝尔纳·斯蒂格勒认为,"在机械物和生物之间,技术物体成为一种不同性质的力量交织的复合"[③]。技术物体是一种有机化的无机物。人与技术物体的关系随着技术的发展出现了很大的变化。未来,手机与人的融合将有可能得以实现。那时,人们未必需要一个类似手机的东西,却可以直接通过植入身体的芯片或者其他技术形式来实现人与人之间的对话和沟通。如果有电话或短信进来,人们会直接获得相关信息,大脑也会直接予以回应。语言作为一种符号系统,未必需要人们说出来才能得到传播。如果每个人都已是一个传播节点,那么人们也就不必说出口了,直接使用相关符号进行互动就可以了。未来的世界是不是一个沉默无语、人们只需在心里说话就可以的世界,这是每个人都可以去想象的。

手机技术还会继续向前发展。继 5G 之后,关于 6G 的相关研究已经开始了。iPhone、小米及华为等各大手机生产商的新一代手机正在研制中,而且每年都会推出新款。手机在继承之前成果的基础上,会有很多创新。也许有一天,它最终会变得面目一新,成了另一种不再被称作手机的"新物种"。

不过,手机的历史是不会改变的。手机也还在继续深刻地影响着人们的生

---

① [美]凯文·凯利:《科技想要什么》,熊祥译,中信出版社 2011 年版,第 16 页。

② [美]雷·库兹韦尔:《奇点临近》,李庆诚、董振华、田源译,机械工业出版社 2021 年版,第 80 页。

③ [法]贝尔纳·斯蒂格勒:《技术与时间:爱比米修斯的过失》,裴程译,译林出版社 2019 年版,第 3 页。

活。并且,随着技术的不断升级,这种影响将会越来越深刻,不带上手机就没法生活的状态可能会更加普遍。“技术在被人们使用的过程中会带来技术的异化,即反向驯化人类本身。”[①]随着时代的发展,技术对人们生活方方面面的介入和反向驯化只会越来越深。

第三节　手机是人体的延伸

马歇尔·麦克卢汉认为,媒介是人体的延伸。对于人类来说,各种技术都延长了其能力,造成了感知的变化。“技术的影响不是发生在意见和观念的层面上,技术在坚定不移、不可抗拒地改变人的感觉比率和感知模式。”[②]

有了电话,人们就如有了顺风耳一般,可以听到遥远朋友的声音。有了电视机,人们也就如有了千里眼一般,可以看见发生在地球另一端的各种新闻事件。

手机是一种通信工具,一开始主要有“移动电话”的属性,相较于固定的电话,它可以被人们随身携带。人走到哪里,手机也就跟到哪里。手机可以跟着人走,这意义非常重大。保罗·莱文森认为,将手机称为“蜂窝式便携无线电话”(Cellphone)更为传神,“因为它不仅像有机体的‘细胞’一样可以移动,而且与细胞一样,无论走到哪里,它都能够产生新的社会、新的可能、新的关系”[③]。

之前,一个个固定电话是传播节点,人们需要走到电话前,拿起话筒才能与其他人取得远距离联系;现在,手机则把一个个人变成传播的节点,人与人之间可以远距离取得点对点的直接联系。固定电话一般是一家安装一部,而手机往往是每个人拥有一个,因此,传播节点得以成倍增长,传播的关系网变得异常丰

① 张苏秋、王夏歌:《反向驯化:网络文化与儿童网络消费行为》,《少年儿童研究》2022年第10期,第41—48页。

② [加]马歇尔·麦克卢汉:《理解媒介:论人的延伸》,何道宽译,商务印书馆2000年版,第46页。

③ [美]保罗·莱文森:《手机:挡不住的呼唤》,何道宽译,中国人民大学出版社2004年版,第1页。

富和复杂。

随着通信技术的不断迭代升级，“移动电话”慢慢演变成了移动媒体和移动网络。手机媒体的显著特点是移动性、自媒体化、伴随性、个人化以及互动性。[①]人们不仅可以与认识的人互动交流，而且可以与世界上任何一个网民在某种场景下进行沟通：可能是阅读对方发布的一则微博，也可能是观看某一个短视频，还有可能是在微信群里一起聊天。

除了改变人际交往的方式外，手机还具备其他丰富的功能，包括移动支付、移动电影院等。通过支付宝、微信支付等，人们不必带现金就可以购买各种物品。基于移动支付功能，杭州市率先成了一个无现金的城市。在这个城市，人们的钱包里往往空空如也，最多放几块钱、几张卡而已，甚至许多人连钱包也不带，只拿着手机就出门。

信用卡的业务越来越不好做，因为很多人觉得用信用卡不如用手机支付方便，如支付宝上有花呗、借呗等各种类似信用卡的新产品，人们可以提前透支消费。大量的会员卡也已经电子化，人们只要用手机扫一扫就可以成为会员。下次光临时，人们只要出示手机就可以享受会员待遇。在中国，2021 年开始逐步推行驾驶证电子化，人们开车也不必担心忘带驾驶证了。

随着手机的功能越来越强大，人们对手机的依赖日渐增强。出门在外，要是没带手机，不只可能会错过朋友的电话，更可能会寸步难行。有些商店可能都没有零钱找给顾客。现金支付变得越来越不便，而用手机扫一扫则可以轻易完成支付。随着技术的进一步发展，有些场所甚至无须顾客现场支付，后台会自动从顾客账户里扣钱。

手机号码就像是人们的身份证，成了很多人优先使用的个人标识号码，社保卡号等已被逐步整合到手机上。人们只要拿手机扫一扫，就可以得到相应的医疗服务、金融服务等。

手机的像素越来越高，用手机拍出来的照片和录下来的视频的画质并不会比相机的差太多，因此许多人早已将相机束之高阁。由于大量照片储存在手机中，手机就成了我们的相册。很多人不会及时将照片导出到电脑里，因此一旦

---

① 黄河：《手机媒体商业模式研究》，中国传媒大学出版社 2011 年版，第 26 页。

手机丢失,照片很可能就找不回来了。在这个人们出门旅游就忙着拍照的时代,照片是他们曾经到某地旅游的见证,如果照片丢失了,那么可能会失去一段记忆。记忆是人生的重要组成部分,因此,也可以说某一段人生经历就丢失了。曾经与某位大学老师聊天,他说过这样一句话:“手机丢了,我的半条命就没了。”虽然他说得有点夸张,但不无道理。手机中存储的不仅有照片,还有很多聊天记录和其他信息。一旦手机找不到了,或者换了新的手机,这些内容往往也就不见了。对于许多人来说,这是一件颇为烦恼和痛苦的事情。

在这个社会,人人都需要一部手机,这可能是大家的共识。手机是现代信息社会的标配,也是这个时代的象征。过去在街上拿起大哥大,是一种罕见的现象。现在一边走路一边对着手机,却是一种日常。“手机也不再仅仅是人与日常生活的桥梁(中介),更是身体的一部分,是具身空间,在嵌入日常生活的同时,重塑日常、重构日常。”①

只要有了手机,即使生活在偏僻乡村的人,也能与这个高速发展的信息社会产生连接。在新冠疫情期间,手机更是必不可少的,如果没有手机,人们就没法出示自己的健康码,出入某些场所就会受阻。手机是这个社会运行的基本工具,如果没有手机,就像一个近视的人不戴眼镜一样,他很难看清眼前的人或者路。有了手机,人们才能在这个时代方便地生活,才能满足在这个时代工作的基本要求,也才能获得种种便利和好处。新冠疫情期间,对于滞留在城市的人来说,他们需要在手机上领取政府发放的各种消费券,很多重要的通知也是直接通过手机发送的。现在即便是路边的乞丐,也会在边上放一张收款码。“手机在改变人们生活的同时也在被不断地驯化,展示、凝聚社会文化变迁,它与日常生活形成一种强烈的互构关系。”②其实不管是对于大都市的“金领”还是“白领”而言,抑或是对于生活在乡下的村民来说,甚至是就街头乞讨者而言,手机都像是衣服和鞋一样。一个人只有带着手机,才算得上是现代文明人。

智能手机甚至成了我们的神经系统。“手机将成为人的器官之一,完全融

---

① 高莉莎:《日常生活与手机实践:云南红河哈尼族彝族农民工民族志研究》,南京大学出版社 2020 年版,第 51 页。

② 高莉莎:《日常生活与手机实践:云南红河哈尼族彝族农民工民族志研究》,南京大学出版社 2020 年版,第 167 页。

入人的身体中，并根据人对信息沟通交流的需求，自动进行调整。”[①]其实，手机延伸了人类的所有器官。它会发出铃声，提醒我们起床；会发出指令，提醒我们吃药；会监控我们的身体，记录我们身体的状况；会针对身体的异常情况，发出各种警告。智能手机就如马钱特与唐纳修提出的“数智义肢”，“不仅成为肢体的延伸，更可以将柔软的脑神经形塑成数字加智能‘数智义肢’的心智延伸”。[②]因此，在某种意义上，手机与人实现了高度融合。“实际上，随身携带通信设备使人强化了网络空间是自我延展的感觉，使人类进化更接近‘半机械人’的概念。”[③]在智能手机时代，手机人已然成为现实。在某种程度上，这也是人类赛博格化的真正开始。

第四节　人作为手机的延伸

手机的重要性对许多人来说是不言而喻的。手机是人们形影不离的“朋友”。人们的日常生活、工作学习、娱乐游戏等离不开手机，在醒来的那一刻人们就需要看时间、看天气，在睡前的那一刻人们还需要浏览一下朋友圈并给朋友道一声“晚安”，人们几乎无时无刻不需要手机。

随着手机的各项功能被不断开发，在日常生活中，人们已经放弃了收音机、照相机、电视机等许多其他物品。手机成了一种可以驯化人类的文化。“它是一种过程，我们在其中使某物隶属于我们，受我们的控制并能印染上、表达出我们的身份；它也符合大众消费的原则，意味着产品已在市场的公共领域准备好。”[④]

---

① 晓白、朝西、曾帅：《我手机：手机和它命名的时代》，广东教育出版社 2009 年版，第 17 页。

② 陶圣屏：《手机即自我：大学生智能手机使用行为深描研究》，《现代传播》2019 年第 11 期，第 144—150 页。

③ [美]约翰·R. 苏勒尔：《赛博人：数字时代我们如何思考、行动和社交》，张淑华、张海会译，中信出版集团 2018 年版，第 240 页。

④ [英]罗杰·西尔弗斯通：《电视与日常生活》，陶庆梅译. 江苏人民出版社 2004 年版，第 258 页。

马歇尔·麦克卢汉在《理解媒介:论人的延伸》中写道:“任何发明或技术都是人体的延伸或自我的截除。”[①]我们在看到媒介作为人体延伸的同时也需要认识到,媒介会导致人体器官的自我截除。

如今,人们不太能够忍受没有手机的日子,要是一整天不碰手机,这一天对于许多人来说是非常煎熬的。手机也在影响很多人的判断能力,例如对手机导航的过度使用使一些人丧失了独立驾驶的技能。他们一旦失去了手机导航,就找不到方向了。种种迹象表明,在一定程度上,人成了手机的延伸。手机人已被手机反向驯化。“当它成为人们打发时间、排遣寂寞、休闲娱乐最主要的方式时,当它过多地占据了人们的业余生活时,它就反过来成为一种异己的力量,控制人、奴役人。”[②]

由于人们对手机爱不释手,每天随身携带手机,手机就如同“影子媒体”。手机就等同于人,找到手机,也就可以找到人。只要了解手机的移动轨迹以及信息的来往,几乎就可以了解一个人的一切了。

一、平台的崛起

对于网络巨头来说,智能手机将大家连接在一起,形成网络效应。过去用户的数量相对有限,而智能手机使得各个平台的用户数量都得以迅速增加。对于平台来说,它可以获得成倍增长的收益。

从商业空间来看,平台经济对于很多实体店而言不是好消息。“互联网宇宙改变、侵蚀、分解着物理宇宙,如同一只巨大的触手在一个活体上源源不断地吸取能量。”[③]借助智能手机的直播带货,开在网络空间的淘宝店,以及活跃在微信朋友圈的微商等,将现实空间中商业活动的利润挤压得所剩无己。这些年,很多实体书店在京东、当当等网购平台的冲击下纷纷倒闭。水果店也是如此,经营都不太好。随着“叮咚买菜”“盒马生鲜”等电商平台的兴起,光顾

---

① [加]马歇尔·麦克卢汉:《理解媒介:论人的延伸》,何道宽译,商务印书馆2000年版,第78页。

② 李彪、杜显涵:《反向驯化:社交媒体使用与依赖对拖延行为影响机制研究:以北京地区高校大学生为例》,《国际新闻界》2016年第3期,第20—33页。

③ 沙烨:《跨越财富鸿沟:通往共同富裕之路》,当代世界出版社2021年版,第80—81页。

蔬菜市场的人数日渐减少。曾几何时，逛街是人们的一大休闲活动。人们携家带口到这家店走走、去那家店看看，路上行人如织，人潮涌动，喧嚣热闹。但随着实体店生意受到网络平台的挤压，这样的景象也就很难再现了。人们待在家里就可以下单购买各种各样的物品。很多商品甚至不再需要经过中间商，直接从产地被运送到顾客手里。商品被各种形式的包装箱包着，并通过火车、飞机、厢式货车、快递三轮车等交通工具层层转运，最后由快递小哥送到顾客手里。每件商品都有了一个独立的空间，但是实体商店却显得无足轻重了。

智能手机的出现，几乎将所有消费者都纳入各个平台中，从而大大推动了平台经济的发展。人们选择商品下单，甚至试穿、体验等都可以在智能手机上完成。购物的空间被虚拟化了。通过连接，平台经济获得了巨额的利润。

过去不少人觉得，网络是一个去中心的媒介，不像传统媒体那样一对多地进行大众传播。但随着平台经济的兴起，越来越多的人意识到网络在“再中心化”，它将大量消费者吸引到几个购物平台上，位置分散的实体店的顾客则越来越少。每个平台都可谓一个中心，有着自己的空间。有些平台在功能上是类似的，例如同为购物网站，定位甚至很接近，却同样可以吸引相当一部分用户。消费者对平台的选择，就像他们习惯到某个超市去购物一样，也会有自己的偏好，这种偏好体现在不同平台页面和栏目设置、广告画面中的货品摆放状况等。虽然消费者各有喜好，但凌乱的网页空间布局，包括不断跳出的广告画面对吸引消费者多少会有负面影响。这与人们在实体店购物时，凌乱的商店空间布局给人带来的感觉是一样的。

相当一部分电商平台在激烈的竞争昙花一现，最终没法存活下来。而那些寡头平台借助算法和数据，其自身的掌控能力却会越来越强大，对这个消费市场的吞噬也会越来越严重。

二、界限的消融

手机是一个强大的入侵者。在手机刚刚普及的时候，手机铃声此起彼伏，人们经常可以听到。在工作、开会及各种其他场景中，手机铃声会在不经意间响起,惊扰他人。这其实是非常不礼貌的。现在,手机铃声常常被设置成静音,因而不会在不必要的场合响起;在需要通话的时候,人们也尽量压低声音,或者选择一个没人的角落。尽量不打扰别人成了很多人遵循的一种社会规则。如今几乎每个人都有了手机,手机不再是稀罕物,不需要特意让别人知道自己有手机。不过,人们即便不再经常受到其他人通话、手机铃声的干扰,也依然会受自己手机的干扰。例如,人们在图书馆阅读时本来是非常专注、安静的,但手机经常会打破这份宁静,可能是一条短信,可能是一个重要来电,也可能是推销广告、诈骗电话等。很多人一天当中接到的一大半电话竟是商业性的、诈骗类的广告,来自亲友、同事正儿八经的电话倒没几个。但人们似乎又没法直接拒绝这些来电,各种电话、短信、微信都需要用户去接听、查看或者回复。只要带着手机,人们想要找个安静的地方就很难。

另外,人们主动暴露自己的私人空间,通过在朋友圈上晒自己拍的家庭空间的各种照片和视频,让别人不必走进他的家里,就可看到他家里的种种物件。"这个征服者把家庭的私人领地变成殖民地。这就产生了不利的后果,家庭的不可穿透性不复存在了;可是我们又不想让外人进入这个私人的领域。"[①]为了避免过多展示私人空间,在腾讯会议、钉钉直播等环节,很多人选择虚化自己的背景,而不是使用实际的背景。将背景配上其他图,不只是为了突出会议主题、美化背景,更重要的是不想将私人空间在公共场合展示出来。手机不仅将私人空间吸纳到公共空间中来,而且将战场数字化。在战场上,士兵只要动动手指,空中的无人机就可以射杀地面上的敌人。"手机在战争中,不仅可以用于通信,而且可以用来杀人和防止杀人。"[②]数字化时代,智能手机上的各种 App 可以让人们直接了解地形,军方可以通过 GPS 获取即时画面,达到精准打击对方的目的。

一方面,虚拟技术的发展,进一步打破了现实与虚拟的边界。可以说,虚拟空间与现实空间共存,是很多人对当前空间的感知。随着数字文旅的发展,通

---

① [美]保罗·莱文森:《手机:挡不住的呼唤》,何道宽译,中国人民大学出版社 2004 年版,第 148 页。

② [美]保罗·莱文森:《手机:挡不住的呼唤》,何道宽译,中国人民大学出版社 2004 年版,第 135 页。

过 VR 技术，人们不用外出就可以参观敦煌莫高窟或者纽约、上海等城市，旅游可以在家完成。从体验感来看，由虚拟现实等技术构建的沉浸体验对很多人颇有吸引力。强烈的沉浸感给人以身临其境之感。加上无人机的运用，人们还可以拥有“上帝视角”，在天空中观看整座城市或者某个景点。人们在家里就可以体验到身处空中俯瞰的震撼的感觉。技术使得人们的空间移动能力得到了提升。加上不断建设的高铁，过去需要几天时间的漫长旅行，现在可以在朝夕之间到达。现实空间已不再给人广阔的感觉，而是变得触手可及。空间在一定程度上被压缩成了高德地图上立体呈现的画面。人们可以使用手机上的一些软件，动动手指就可以游历名山大川。

另一方面，网络被认为是一种虚拟空间。在这个时代，人们不仅仅生活在现实空间中，而且同时身处虚拟空间中。一天 24 小时中，除去休息、睡觉的 8 小时里我们会放下手机，其他时间，手机不是在我们的口袋里或随身携带的包包里，就是被我们握在手上。对于很多人来说，一天之中超过 8 个小时是对着智能手机度过的，并且他们的睡眠时间不断被侵占。

在虚拟人时代还没到来的当下，人们开始逐步与手机融合，人与手机是一体的。手机是人的第二身份，是人的化身，也是人的大脑的一部分。我们不懂的问题，手机上有答案；我们忘记的事情，手机上有记录。对于长久不联系的朋友，人们也可以在手机上找到他的微信或其他信息，重新取得联系。

随着元宇宙的到来，虚拟空间将会呈现出更加逼真的状态，从而产生更大的吸引力。在元宇宙时代，人们待在虚拟空间的时间将会超过在现实世界里的。很多人交友、工作、学习、开会或者旅行等，都会在元宇宙内完成。元宇宙通过将现实世界数字化，使虚拟空间成了现实空间的一种投射。虚拟空间和现实空间在一定程度上得以打通。在这样的背景下，人们很难区分虚拟空间和现实空间。虚拟不再是虚拟的，现实也失去了现实的意义。原有的空间概念将会被彻底打破，人们将会生活在一个虚拟与现实融合的空间里。

三、被手机反向驯化的人

智能手机不仅可以准确地记录人们的行动轨迹，而且能对人体的健康和运动状况加以监测。很多智能穿戴设备已经被开发出来,相信以后还会越来越多。这些智能穿戴设备除了可以提供定位、信息咨询等服务之外,还有一项很重要的功能,就是监测人体的健康指标。例如常见的智能手环,可以测量人体的心率、睡眠状况等。这些智能穿戴设备往往是与手机连接的。人们可以直接在手机 App 上查看相关数据。有一种正在开发的技术叫作纳米机器人,未来人们可以直接服用或者将其安装在身体内以每时每刻监测人体器官的运行状况。一旦发现人体健康状况不佳,它就会主动予以干预、加以修复,或者在智能手机 App 上发出警报,提醒人们去医院治疗。如此一来,人体就被机器和手机部分接管了。

当下,喜欢运动的人会在智能手机上下载计步 App 或者佩戴相关功能的手环,从而量化一天走路的步数、时长或者路径。很多人会选择将自己运动的数据发到朋友圈与别人一起分享。有些单位还会通过截图打卡的形式督促大家运动,并在一定期限内根据运动数据决出名次来。

不管是量化健康状况还是量化运动数据,都是在量化自我。通过量化,很多人可以直观地看到自己的运动量,了解自己的身体状况,这是很多人喜欢量化的原因。万一生病的时候这些数据还可以供医生参考。分享量化的数据,一方面由坚持锻炼的成就感驱使,另一方面也是社交媒体时代一件很自然的事情。毕竟在社交媒体时代,很多人都爱分享。

我们自己运动了不算,还得数据说话,这是数据主义在个人生活层面的一种体现。不管是什么东西,都需要将其转换成数据,并且以图片的形式直观地呈现出来,这样才算是真的做过某件事情。而在某种意义上,乐意分享是一种媒介化的体现,因为可能只有发了朋友圈,这一天的运动才算有所交代。当然,在自我的内心激励之下,这是一种上瘾,不是对运动上瘾,而是对量化自我进行分享上瘾。在分享的过程中,人们可以看到其他人的点赞,这是对自己的一种肯定。况且,一些公司或单位组织的晒图活动,还可以换取物质奖励,那更是一种不小的诱惑。以前很多人也在坚持运动,但人数可能远没有现在这么多。现在运动可以被量化,各种数据一目了然:有没有运动,坚持运动了几天,以及每天运动多久。人们很容易被直观的数字所触动。而且量化的数据可以让人们进行比较,人都是有好胜之心的,不愿意在竞争中落败,因此这对于人们坚持运动是有推动作用的。这种推动作用甚至有点强迫症的意味，要是哪天没有运动，没有上图，有些人就会多少有些自责。量化自我由此成了一种瘾，看着不断上升的数据，人们会觉得非常过瘾，有一种无以言表的成就感。

当然，量化自我，说到底都是智能设备在对人们的健康状况进行监管，以及对运动行为进行反向驯化。人们的运动轨迹也好，生活习惯也罢，从此变得需要适应这些智能设备的要求，根据算法的设定或者框定的规则行事。人被算法反向驯化之后，人性会减少，而机器性会增加。智能手机开发的各种 App 会越来越多，长此以往，人们不是在使用这些 App，而是这些 App 在驱使人。正如约翰·卡尔金所言，"我们塑造工具，然后工具塑造我们"①。这对于人类的未来而言显然未必是美妙的。

人们被反向驯化成喜欢用运动生产数据，在某种意义上，人们成了生产数据的生产者，数据是有价值的。人们根据这些数据可以展开很多分析，可以做很多事情。技术反向驯化人而产生的这些数据，最终会被商业机构利用，成为进一步将用户变成消费者的工具。商业机构在获取了这些数据之后，有可能进行更精准的营销，向人们推销各种其无法拒绝的商品。数据不仅是一种生产力，更是获取商业利益的资源。商家掌握了大量用户的运动和健康数据，就有可能进一步影响人们的行为甚至思想，让其服务于商家的利益。

在算法驱动下的运动，最终构成了一种量化自我的景观。人们忙于通过运动生产种种数据。显然，运动量并非越大越好，到底多少运动量才是合适的，可能因人而异。如果过度追求数据，效果可能是适得其反的。而量化自我的结果，是人们拼命在生产数据、追求数据的量，而不是关注健康本身。

客观地说，对所有用户量化之后的健康和运动数据进行大数据分析，是可以精准地掌握人们的健康状况和运动规律，并推导出发展趋势的。至于这些数据会不会被使用、如何使用，则掌握在商家手里。对商家的数据使用行为进行监管和规范，是政府部门迫切需要做的事情，不然对整个社会秩序造成的破坏可能是不堪设想的。我们必须理性地对待这些数据，不要落入大数据带来的陷

---

① 转引自：[美]尼古拉斯·卡尔：《浅薄：互联网如何毒化了我们的大脑》，刘纯毅译，中信出版社 2010 年版，第 228 页。

阱中。

在这个人工智能越来越发达的时代,人们的一举一动都可以被窥探。人们用手机在餐馆下单也好,用手机搜索地址查找最佳行车路线也罢,或者深更半夜给暗恋对象的朋友圈偷偷点个赞,任何时候,只要拿起手机,人们所有的行为都会被记录、被分析,并可能被非法利用。甚至人们只是出门带着手机却没有使用手机时,他们的行动轨迹也可以被轻易掌握。在科技越来越发达的当下,手机人只能是一个温顺驯服的人、一个单向度的人,甚至不可能有独立人格,其身上处处可见的是机器性、手机性。

在这个时代,不仅技术被人驯化,而且人被技术反向驯化。过度沉迷技术的人越来越多,从而出现一种病态现象。“过度沉迷于和计算机的对话,喜欢计算机超过了人类,身为人类的感性却陷入衰退状态,将这些症状综合在一起,就是‘技术过度适应症’,即所谓的技术应激。”①对于那些程序员来说,他们由于整天和计算机打交道,并且需要严密的逻辑思维,很容易产生技术应激现象。对于手机人来说,他们整天沉迷手机之中,手机是他们最亲密的人,也是最了解他们的人,更是知道他们秘密最多的人。随着智能语音助手、微软小冰、ChatGPT 等应用的不断升级,也许有一天,人们会爱上“他们”,选择与“他们”结婚,而不会选择身边人。现在,很多人面对手机的时间,已经远远超过了与身边的人相处的时间。虽然现在与人们在手机上沟通的是其他拿着手机的人,但以后,人们会花越来越多的时间在与虚拟偶像、智能语音助手等虚拟数字人的身上。

元宇宙是未来的发展趋势。在这样一个时代,人类个体一方面是孤独的,与身边亲朋好友越来越格格不入,没有共同语言;另一方面又是不孤单的,总有很多非常懂他的“人”在关心着他,在与他互动交流。人们对手机的过度使用,其实也是一种技术应激。程序员总是对着计算机,通过编程与计算机的互动可能会爱上计算机,人性可能会变得计算机化。因此,整天捧着手机、不断在和手机“亲密接触”的人们也会被手机反向驯化,成了手机人——一个非常适合用手

---

① [日]斋藤茂男:《饱食穷民》,王晓夏译,浙江人民出版社 2020 年版,第 152—153 页。

机的人。并且,手机也在不断升级,变得非常适合人使用,人们在各种场景里都可以用到。因此,手机人一旦离开了手机,就会变得不再完整。“一部手机,真的可以改变世界。而我们,每个使用或不使用手机的人,都在手机的笼罩之下。”[①]于是,人们无处可逃。

① 晓白、朝西、曾帅:《我手机:手机和它命名的时代》,广东教育出版社 2009 年版,第 29 页。

第三章　我们都是手机人

最近看到一组照片：一张拍的是1916年，一群人倚墙而立，手上都拿着一份报纸在认真地阅读；另一张拍的是2016年，同样也是一群人倚墙而立，不过他们手里拿着的是手机，都在投入地看手机。

“在18和19世纪，印刷术赋予智力一个新的定义，这个定义推崇客观和理性的思维，同时鼓励严肃、有序和具有逻辑性的公众话语。”[①]因此，阅读是一件严肃的事情，它有助于人们理性思考、注重逻辑。

而在娱乐性很强的电子媒介出现之后，媒介依赖现象就成了一个问题。那些爱看电视、陷入电视的人，是“电视人”；而沉迷网络、过度上网的人，是“网虫”。

如今，“手机，这一从前令人‘高不可攀’的高科技奢侈品已发展成为当下大众‘爱不释手’的生活必需品”[②]。从“电视屏幕”到“电脑屏幕”，再到进一步转向“手机屏幕”，人们对手机的依赖感日渐加深。在地铁、公交车等很多公共场合，都可以看到类似的景象：几乎“所有的人都拿着手机把玩，像一群失去灵魂的牵线木偶”[③]。而我们其实就是其中一员，我们都是手机人。

什么是手机人？在这个移动互联网时代，可以说每个拥有手机的人都是手机人。一方面手机成了人们形影不离的“器官”；另一方面人们已被手机驯化，变得离不开手机，在一定程度上甚至已经实现人机融合。手机人反映的是人们过度依赖手机、沉迷手机的社会文化现象。

手机人是全球性现象。随着手机的普及和流行、手机功能的扩张和升级，手机人也就越来越机不离手了。

---

① [美]尼尔·波兹曼：《娱乐至死》，章艳译，广西师范大学出版社2004年版，第68页。

② 王超：《消费文化视域下的“手机人”生活形态研究》，黑龙江大学硕士学位论文，2015年。

③ 胡浩：《我们都是手机人》，《商界评论》2011年第8期，第3页。

第一节　手机人的社会文化背景

手机人是技术、经济、社会、文化等多种因素共同作用的产物。

一、技术因素

从技术的反向驯化来说，“人与技术从属关系的颠倒，技术在介入人们生活的过程中渐渐支配与控制人的社会生活，人们的行动决策不自觉地受到技术的约束和影响，造成去主体化和行为异化等失调现象”[①]。手机人是媒体技术、数字技术不断发展之后的产物。技术的发展让手机更适合人的使用，而人也在手机使用中不断沦陷。

（一）媒体的演化

1. 媒体的数字化

传统媒体的数字化转型已有很多年。印刷业从传统的活字印刷发展到数字印刷，图书出版业从纸质出版转向数字出版。很多报社已经停办了纸质报纸，改为只出版数字报纸，或者转而经营其他形态的新闻内容。电视机也已经数字化，不再只能看正在播出的内容，也可以选择回看，以及选择观看影视库中的大量内容。随着喜马拉雅等平台的出现，广播的数字化也在稳步推进中。媒体生产的内容以数字化形式呈现，可以更便于存储和传播，可以节省成本，从而收获更多的用户及更高的收益。在转瞬即逝的电视信号和广播信号数字化之后，用户就可以反复收看或者收听相关内容了。

2. 媒体的智能化

随着大数据、人工智能、物联网等技术的不断发展，媒体的智能化是必然趋势。

---

① 孙田琳子：《人工智能教育中“人—技术”关系博弈与建构——从反向驯化到技术调解》，《开放教育研究》2021年第6期，第37—43页。

这是一个万众皆媒、万物皆媒的时代。各种物品由于技术的升级,给人感觉也具有一定的智慧:它们可以与人进行对话,告诉人们自己的一些故事、"人生轨迹"。而每个人通过手机,也能够及时获知世界上发生的最新事件,并且发出自己的声音让其他人听到,达成一种共鸣,甚至形成一个社群。智能音箱、智能玩具等的开发,可以专门满足人们的某种需求。并且,它们可以实现互动交流,用户发出一些指令后,它们会予以回应。传统的新闻、图书出版业,转而构建可以在选题设计、编辑校对、营销推广等多个领域提供富有创意的智能服务的编辑部,从而减少了很多员工的工作量。"康晓辉""申苶雅"等智能主播,可以24小时准确地播报各种新闻;"快笔小新""张小明(xiaomingbot)"等人工智能记者则可以完成新闻采写的任务,在新闻生产领域提供强有力的协助。正是在各种算法的帮助下,大数据新闻及数据新闻可视化成为可能,从而为用户提供更加直观、准确的新闻。

3.媒体的社交化

传统媒体的主要功能在于新闻传播和政治宣传,商业广告是其经营活动的主要内容,也是很多媒体得以维持的支柱。在互联网出现之后,人们从被动的受众转向了主动的用户,他们既接收各种各样的信息,也在产出很多信息。移动互联网时代的到来,使媒体进入了社交媒体的新阶段,QQ、微博、微信等都是人们常用的社交媒体。在这一阶段,人们看到有趣、有价值的新闻,会予以转发和点赞,会在底下发表自己的看法。同时,很多自媒体人也在生产各种新闻,这些新闻未必像记者撰写的新闻那么规范和富有新闻价值,但同样具有重要的意义。在这个人人都是记者的时代,新闻具有社交性。人们看到别人朋友圈的动态,了解朋友最近在做的事情或者当下的心情等,会给予点赞和评论,从而构建一种新型的社交关系。不管是自媒体的"微新闻",还是传统媒体机构在微信公众号、微博、抖音等各个平台上制作传播的新闻,如果不具有社交性,人们未必会予以转发。参与转发或者发生新闻互动,主要是因为这一则新闻会带来社交资本,可以给自己的人设加分,或者有助于表明自己的一种态度和立场,或者能够给其他人带来某种利益。如今,新闻媒体纷纷入驻各种社交媒体平台,并将其作为重要的传播渠道予以打造,致力于吸纳众多的用户成为其粉丝,构建其在社交媒体时代的传播网，各种经营活动也是基于粉丝经济构建而成的。

(二)数字技术的兴起

1. 二维码

二维码是借助手机进入数字化场景的一个通道。通过二维码，人们得以非常便捷地获取相关数字资源和服务，并在物联网中运用。二维码是由某种特定的几何图形按一定规则分布而成的黑白相间的编码图形，它比传统的条形码(Bar Code)可以储存更多的信息，表示更多的数据类型。它的出现扩展了手机的应用场景，只要扫一扫二维码，就可以实现信息获取、网站跳转、广告推送、电子商务、防伪溯源、优惠促销、会员管理、手机支付、账户登录等多种功能。

有了二维码之后，拿出手机扫一扫成了很多人的习惯。二维码使线上、线下得以连接，扫一扫就可以获得线上的很多资源，或者进入线上的虚拟空间。人们外出就餐时，往往拿出手机扫一扫桌上的二维码，然后进入相关页面开始点菜并完成支付(也可以吃完后扫码支付)，之后服务员就会把饭菜送过来。此时对于商家来说，它就多了一个关注的用户，为之后的营销活动提供了有利的条件。对于消费者来说，他们省去了排队点菜的时间，相比过去，他们还可以对各种菜品了解得更加详细，并且可以及时收到商家推送的促销活动信息。

二维码无缝地连接了线上与线下的空间，直接构建了消费者与商家的联系，大大扩展了手机的应用场景，促进了手机的使用。

2. 人脸识别

密码技术一开始是由数字、字母和特殊字符等组成的。有些简单的密码，例如用生日号码或者“123abc”等很有规律的符号，很容易被破解。出于安全性的考虑，之后人们开发出了指纹识别技术，因为每个人的指纹都是不相同的。独特的指纹识别，可以确保账户的安全。当然，指纹也可能被窃取，例如，有人会趁用户睡着，而偷偷使用他的指纹解锁手机，甚至进行转账。

后来，瞳孔识别技术和人脸识别技术等得以进一步开发。人脸识别的应用场景越来越多，如手机开机、小区门禁、线上支付等，但是信息安全的保障未必有多大提升，这些利用人体生物特征进行识别的技术，都可能存在信息被窃取的问题,因此人们对隐私安全的忧虑也很难消除。

总的来说,这些技术对于人们使用手机来说的确是挺方便的,并且安全性也提升许多;对于商家来说,人脸识别使他们可以更精确地了解用户信息,从而实现精准营销,达成更高的商业目标。

3. 数字城市

国内许多城市如杭州市,都在开发城市大脑,进一步推进数字化的应用。在不久的将来,交通信号灯将更加智能化;人们办理各种事项也可以从“最多跑一次”到“一次也不跑”,只要在线上操作就可以完成;人们用手机就可以实现对多个城市景点的线上游览。城市大脑也有助于政府的治理,使政府可以及时、准确地了解市民的动态和社会舆情,实现市民与政府部门的直接对话。城市大脑在某种程度上实现了政府数字化、城市数字化。

城市大脑底下是各个单位和组织的数字化,例如高校的数字化。通过建设智能“驾驶舱”,将许多数据汇聚一屏,师生可以非常直观地看到整个校园运行的各种数据,不必为办理某些事情跑来跑去。在新冠疫情期间,师生在手机上就可以完成健康状况的申报,以及入校码的申请或审批。甚至教师的课堂教学也可以在手机上完成,更不用说教师的课后答疑和学生的小组讨论等活动了。高校数字化工程将整个高校的各种管理和运营事务都进行数字化,从而实现高校更加高效的管理、更加规范的运行,并提供更加贴心的服务。

不管是高校的数字化、企业的数字化,还是城市的数字化,用户往往只需要一部手机,动动手指在手机上操作就可以完成各项事宜。

二、经济因素

(一)平台经济

在这个电子商务非常发达的时代,实体店受到了电商平台的挤压,已经没有多少生存空间。人们越来越多地通过线上平台(如淘宝、京东、拼多多等)购物,而不是去实体店。甚至很多人不再出门去餐馆用餐,而是通过美团等平台点外卖在家里或者在办公室用餐。哪怕有空时想自己烧菜,人们也不再去菜场买菜，而是在叮咚买菜、美团等平台上选购菜品，再让快递小哥直接送货上门。

打车也是如此。人们不再直接联系司机，而是在高德、滴滴打车等平台上进行操作。只要输入目的地，平台就会根据算法指派最近的车辆过来提供服务。对于乘客来说，具体是哪一位司机并不重要，只要能够安全到达目的地就行，而平台对司机会有一定的约束和管理。过去人们叫出租车，一般都是具体指向某一辆出租车直接拦车叫的。但在平台上叫车，叫到哪辆车则是不确定的，至少自己是不知情的，一切听从平台的安排。对于司机来说，他们从平台那里得到了一个客源，而后以一定的比例与平台分成。很多司机会觉得自己一天下来也未必能够赚到多少钱，钱都给平台赚去了，因为只要有人通过平台叫车，平台就不会赚不到钱，但是司机如果一天没有几趟生意的话，是很难养活自己的。平台不需要付工资给司机，也不需要为司机负责，它是旱涝保收的。

很多平台都是这样运作的。例如，某一位淘宝店家的生意好不好，不会影响淘宝平台整体的收入，它只要尽量让大家都使用淘宝平台来购物就行。平台是用户流、信息流、资金流的聚集地，它把用户吸引过来，提供各种交易信息，让买卖双方达成交易，某种意义上它收取的是信息服务的费用。在这种经济格局下，各大平台赚得盆满钵满，而很多实体店却面临困境，很多司机、店家成了平台经济的“燃料”，自己并不能够获得什么。关于这一点，很多自媒体人的感受尤为明显，他们为平台生产了内容，增加了流量，但自己想要成为“网红”却非常困难，他们能够得到的利益也非常有限，这是一种“数字劳动”的异化现象。

对于消费者来说，人们也越来越多地选择到各个网购平台选购商品。线下的实体超市其实有不少，但是不难发现这些超市的人气已经没有过去那么旺了。超市也建了自己的线上购物平台，很多消费者已经转移到平台上了。在下班路上，拿出手机点一点，人到家时，超市就已经将商品送到了门口，可谓省时省力，非常方便。因此，除了那些必须到现场的商店(例如理发店、按摩店等)依然具有人气，其他很多实体店都受到了电子商务的巨大冲击。为此，商家不得不选择加入网购平台。数字经济时代，快递驿站渐渐取代了商品超市，人们下了班会涌向快递驿站，去领取大大小小的包裹，而不太会到商店去选购商品。这种趋势在大力发展数字经济的国家尤其明显，甚至已经不可逆转。人们已经习惯了网购，想要购买什么，就会直接拿出手机下单。

这些年,格外火爆的直播带货进一步推动了电子商务的发展,以及手机购物的盛行。

(二)数字货币

对于很多人来说,转账和支付上最大的变化,就是支付宝、微信支付以及花呗、京东白条等新型支付手段和信用借贷的出现。正是由于线上支付方式的大量出现,人们购买商品时可以不用携带钱包,直接用手机扫一下码就可以完成。转账时,只要动动手指,就可以将钱从一个账户转到另一个账户。人们在银行排队等候或者使用 ATM 设备取现、转账的现象已经大为减少。通过手机操作,人们足不出户就可以完成大量业务,从而大大减轻了银行柜员的工作负担,节省了很多时间。

2020 年,中国官方也在发行和推广法定数字人民币。数字人民币具有不少优点,如提高结算速度、降低分发成本、减少交易费用等等。通过各种加密技术,数字人民币也是安全的,并且具有匿名性。相信在不久的未来,将会有更多的数字人民币应用场景,企事业单位支付工资可能会用数字人民币发放,个人可能也会更多地选择使用数字人民币来购买商品。排队取现的场景会进一步减少,甚至不再出现。

(三)粉丝经济

这是一个"无粉丝不商业"的时代。如果没有粉丝或者忠诚用户的支撑,那么商业活动必然就会受到很大影响。商家想要依靠传统广告建立品牌的影响力,在这个时代已经不太可能。人们依然可能会因传统广告知道某一个品牌,但是如果在社交媒体中没有得到进一步传播,那么该品牌的知名度就不足,人们对该品牌的商品很难产生兴趣和购买欲。一个品牌只有在社交媒体中有存在感和影响力,这个品牌才是真正有力量的,至于在电视上做不做广告已经无关紧要了,粉丝的行动才是最重要的。很多"网红"由于拥有庞大的粉丝群,可以实现流量变现:直播带货也好,品牌代言也罢,都可以获得巨额的回报。如果没有粉丝,那么不管是自媒体人,还是品牌经营者,他们的种种努力都难以达成目标。在粉丝经济之下,商业活动的首要目标就是吸粉。忠诚的粉丝是天然的广告人，他们不会要求商家支付广告费，却会努力帮助商家传播品牌信息、塑造品牌形象甚至销售商品。“米粉”“果粉”等各种品牌的粉丝现象产生了巨大的品牌效应，推动这些品牌成为现象级品牌。

三、社会因素

（一）原子社会

这个社会是“独自打保龄”的时代，社会的原子化程度很高，群体观念在一定程度上已经瓦解。社会原子化是人们追求个性的结果，越是有个性的人在现实社会中越难找到志同道合的人，不过在网络世界找则相对容易一些。于是很多人忙于远距离交往，却不愿意与身边的人交流。个性的解放是人性的解放，这对社会发展来说是一大进步。过去一个社区的人多少有些相似，能够聚到一起，打打牌或聊聊天，但是现在很多人的心都不在“此处”，而是游到了“彼处”，与世界各地的人“云交往”。每个人接触到的信息是各不相同的，知识结构很不一致，共同语言也就很少，不太能聊到一块去。现实社会中群体的相似性在减弱，而虚拟社区的成员相似性倒显得更强一些。

在原子社会，人们不再有太多人情往来，传统的社会礼仪也在很大程度上被破坏，优良的民风民俗面临着后继无人的问题。在遇到困难的时候，很多人不会想到向隔壁邻居求助，而是更愿意在微信群、朋友圈里向不确定的人求助。因为原子化，也就很难形成真正具有团体力量的群体，在遇到社会问题时，各有各的诉求，各自采取行动，很难团结一致。

（二）单身社会

在原子社会，具体到婚姻来说，单身现象日渐突出。在日本，剩男剩女现象非常突出，很多人不愿意结婚，也不愿意谈恋爱。这一方面是因为年轻男女无力承担恋爱结婚的经济成本；另一方面则是走向低欲望社会的结果，在低欲望社会，人们满足于现状，不愿意努力奋斗，也不愿意去追求什么远大的目标。在中国，由于男女比例失衡，很多男性——特别是出生于农村且经济条件较差的男性——很难找到结婚对象,一辈子只能打光棍。而城市的一些优质女性,则追求个性自由、独立,不愿意被婚姻束缚,主动成为“剩女”,并且即便结了婚,离婚率也很高。种种原因使得单身社会日益凸显。

但在单身社会,人们也需要人际交往,由于不愿在现实空间中找或者找不到,就到虚拟网络中去寻找。很多人下了班之后,由于没有家庭的牵绊,更容易沉溺在网络世界中。手机在很大程度上成了他们的“伴侣”,每天一刻不离地在陪伴着他们。正是因为手机的存在,他们才不会觉得太过孤单和寂寞。有手机陪着,时间过得很快。日复一日的这种状态,也推动着单身社会的发展。

四、文化因素

(一)距离感

在原子社会之下,人与人之间的接触变少,很多人变得不太愿意跟其他人密切接触,距离感是很多人的追求,在人与人互动中需要保持一些距离。这种距离感是追求个人空间的体现,人们需要更多的个人空间。同时,这又是一个日渐透明的社会,人们没有多少隐私可言。在算法和大数据面前,人们基本上是透明的,可谓数字时代的一种“全视监狱”。距离感的产生与数字化生存也有很大关系,由于人们宅在家里就可以完成很多任务,因此人们变得不再那么需要依靠一个特定的人。对很多用户来说,快递小哥是无名的,是功能性的,而不是情感性的。但是路边的小店老板却不一样,他是一个特定的人,人们会与他打招呼,他也认识很多熟客,人与人之间的情感在这里是有体现的。由于很多不特定的人在与人们互动和发生联系,很多人就会显得很冷漠,从而使得距离感现象凸显。

新冠疫情的暴发,减少了人们的社交活动,并要求人们保持一定的距离,进一步增强了人们的距离感。

(二)宅文化

现代社会,很多人不愿意出门,于是宅文化成了这个时代的一种文化特征。

对于年轻人来说尤其如此，他们愿意待在家里，甚至从早到晚都在家里。他们在家里有很多事情可以做，但不是传统媒体时代的看书、读报、听广播或者看电视，而是让自己沉溺在网络世界中，在网络世界中遨游，或和世界各地的人一起打游戏，或浏览世界上发生的大大小小的新闻，又或在网络上追剧。媒介的发展为数字化生存提供了条件，人们对着电脑或者拿着手机，足不出户，也可以满足自己很多需求。在一定程度上，手机减少了人们的线下社交需求，使得人们不必像过去那样需要到酒吧、广场，或者串门去寻找聊天、谈心的朋友，从而进一步促进了宅文化的发展，不愿出门的人更多了。很多人甚至觉得没有出门的必要，他们用手机可以刷抖音，也可以下单购物，而且快递员会送货上门。宅文化与手机人的兴起可谓相辅相成。

（三）自拍

人们都有记录美好场景的欲望，以便将某个瞬间留存下来。出去旅游时，拍照是很多人的任务。照片拍下来之后，留待以后还可回忆，但如果没有拍下来，人类有限的记忆能力很可能会使回忆不够完整和准确。手机的出现，推动了记录文化的发展。在各种场合都可以看到人们拿出手机拍照或者拍视频。在北京冬奥会开幕式上代表团入场时，可以看到不少运动员一边行走，一边在用手机拍，既拍自己，也拍其他人及周边的场景。在颁奖现场，获奖的运动员也会拿出手机拍个不停。

自拍不需要摄影师在场，自己就可以完成，借助自拍杆拍出来的效果与其他人拍的没什么两样。自拍是使用手机来进行的，手机像素随着技术的革新而得到不断提升。用手机拍的照片和短视频，从视听效果来说，不会有什么违和感，其质量是不错的。手机自拍功能的推出，极大地满足了人们记录个人生活的欲望。自己一个人就可以完成的事情，人们往往有更大的动力去做，毕竟求人帮忙是一件麻烦的事情。

（四）晒文化

人们热衷于各种“晒”，晒工资、晒子女、晒幸福、晒恩爱……个人生活的一切都是可以晒的。“网络所引发的‘自恋时代’已经到来，大家巴不得泄露自己的隐私,通过微博、博客和社交网站,把个人信息向读者'狂轰滥炸'。"[①]晒是一种主动的隐私曝光,人们通过晒找到一种存在感。隐私是具有价值的,不仅增加了自我展露,更能够吸引粉丝,增加流量。在这个本没有多少隐私可言的时代,晒文化的影响,使得个人隐私的范畴进一步缩小。正是在人人都是生活记录者的推动下,这个世界变得越来越具有可见性。

手机的出现进一步推动了晒文化的流行。通过查看一个人的朋友圈,可以了解他生活的方方面面,对其人生轨迹和精神世界都可以有一个全貌的认识。在晒的同时,很多人对自己的朋友圈也会加以限制,例如将部分人设为不可见,或者在时间上设置为三日可见。对朋友圈可见度的限制,是为了在满足自己晒生活的欲望的同时,为自己的隐私设置一道门槛。

第二节　媒介化视域下的手机人

在媒介社会,政治、社交等各个领域都逐步走向媒介化。小到人们的日常生活、工作和学习,大到国家的政治、经济和文化活动等,基本在媒介中进行。在媒介为我所用的格局下,人们使用各种媒介传播信息、交流互动等。媒介是一种工具,帮助人们达成各种目标。随着越来越多的个体进入媒介化的世界,"在这个世界里旧有的群体认同和社会经验已经没有多大用处。就政治传播而言,这意味着政治报道和公众期望都越来越个性化"[②]。

媒介化理论认为,媒介不再只是作为中介工具而存在,而是在社会制度和人的行为两个层面上都具有建构作用。[③] 媒介逐步发展成了一种独立的力量,在一定程度上影响了政治、经济和社会的发展。

手机时代的到来,使得几乎人人都拥有了自媒体,使得媒介化程度进一步

① 孙慧英:《手机媒体与社会文化》,世界图书出版公司 2016 年版,第 129 页。

② [美]W. 兰斯·本奈特、罗伯特·M. 恩特曼主编:《媒介化政治:政治传播新论》,董关鹏译,清华大学出版社 2011 年版,第 10 页。

③ 胡翼青、杨馨:《媒介化社会理论的缘起:传播学视野中的"第二个芝加哥学派"》,《新闻大学》2017 年第 6 期,第 96—103,154 页。

加剧。“人类被悬置于媒介技术营建的环境之中，其观念和行为受制于媒介化环境的限定，因媒介技术的变革而重构。”[①]在媒介技术的反向驯化下，媒介化环境下的手机人在各个领域得以全面形塑。

一、媒介化政治

在西方国家中，经常会有很多机构，特别是媒介机构开展对政治领导人的声望调查。对于政治领导人来说，要是新闻媒体或者网络平台公布的声望指数走低，他们就需要自我检讨，有些政策可能就需要即时调整，以回应媒体所反映的民意。如果声望过低的话，党政领导人可能会主动让贤，辞去相关职务。媒体上的种种民调，成了政治权力的一个指标。在一定程度上，政治领导人必须“听命”于这些民调。很多政治领导人的丑闻是由媒体曝光的，进而广为人知，成了舆论的焦点。而这样一来，则会直接拉低政治领导人的人气和声望。媒体是否选择沉默，这一方面取决于媒体对新闻专业主义的追求程度，是否秉持确保民众知情权的原则；另一方面与媒体的市场利益有关联，因为报道这些政治丑闻，可以吸引更多受众的关注，从而提升媒体的经济效益。当然，这更与媒体的政治立场及其中的权力斗争是分不开的。媒体是政治斗争的一种武器。不仅在总统竞选中，政治领导人会利用媒体互相攻击、互相抹黑，而且在日常的政治生活中，媒体也经常被用来打击竞争对手、塑造自身形象等。在战争前后，新闻媒体则会扮演宣传战争、制造仇恨、粉饰侵略等多重角色。政治与媒体的关系历来是非常密切的。在传统媒体时代，随着传媒业的繁荣，媒体的重要性更是不断提升。可以说，离开了媒体，现代政治就瘫痪了。而在媒体的不断攻击下，政治领导人也可能会成为“跛脚鸭”——没有实权，被各种势力架空，成了难有作为的领导人。各种政治力量都可能会利用新闻媒体来影响政治，以达到自身的政治目的。

同时，政治必然深深地受到新闻媒体的影响。政治必须顾及舆论的影响力，而新闻媒体在一定程度上代表的正是舆论。对此，任何一个政治领导人都

---

① 胡翼青：《为媒介技术决定论正名：兼论传播思想史的新视角》，《现代传播》2017年第1期，第51—56页。

没法忽视媒体。如果媒体上出现一片反对的声音,而政治领导人想要一意孤行的话,那么事情其实也很难办成,毕竟底下的人和老百姓未必会配合。新闻媒体发布的各种民意调查,则是政绩的评价指标。各项政策首先需要有较大数量的民众予以支持,才得以开展,如果反对声浪很大,那么政治领导人要么继续做宣传、动员工作,并利用媒体扭转局面,要么只能选择放弃。

当然,并不见得所有国家都是如此,但媒体参与政治是大势所趋。在日本,首相更换频繁,下台与否主要参考的是媒体发布的民调结果。媒体宣布的不信任案是需要加以重视的,即便在任首相不在乎,其他潜在的竞争对手也会利用这一点逼宫,使其承受巨大的压力。媒体的民调是公开的宣告,不是一种私底下的批判。一旦事情大白于天下,那么不去面对就不太可能了。从这种角度来说,这些国家的政治很大程度上是媒体在进行裁决。媒体民意的相当一部分来自老百姓,从某种意义上说这是好事。但是在现下的世界,民粹主义兴起,民众的情绪性表达高涨,民意不见得就是理性的。如果完全听命于媒体,任凭民粹主义肆虐,那么对于一个国家甚至整个世界来说未必是好事。新闻媒体报道的是一种事实,但也可能是情绪化的事实,对不良事态的发展起到了推波助澜的作用。不仅民意体现了立场,而且媒体作为从属于政党或者商业机构的组织,它本身也是有立场的。媒体既然有其政治立场,也就未必能够客观,反而需要服务于政治目的和各种利益。

然而,媒体的意见不能不听,而意见本身却并不一定有多么高明,这是一种悖论。在某种意义上,媒介化政治的结果是媒介挟持了政治。政治领导人需要根据媒体的指示安排自己的议程,以及根据媒体的评判决定自己的立场。

民意调查的数据未必就是真实的。在具体实施的过程中,经常会看到不同机构所做的民调结果存在偏差,甚至是相互矛盾的。那么谁的才是真正的民意反应呢?估计不会有人愿意承认自己是错误的,对方才是正确的。或者也可能双方都存在问题,毕竟所谓的抽样调查是存在人为操作空间的。因此,这些调查数据在很大程度上只能作为一种参考。不过,在政治斗争中,这些数据是很有说服力的,民众愿意相信,对手更是大做文章。此外,统计数字会吸引人们很多的注意力,并隐藏人们需要知道的信息。"统计数字往往会失去控制,在我们的头脑里占据过多的位置，侵犯我们的话语，造成语言的浩劫。”①

媒介化政治的另一个表现是现代的政治活动少不了媒体在场。例如两国领导人的会谈，闭门会议是少数，大多需要新闻媒体直接在一旁记录，有些甚至是媒体直播。无论是国家重要领导人，还是基层政府官员的各种政治活动，往往也会事先通知相关媒体。媒体记者一路追随领导人进行拍照、录像，并制作成新闻作品在媒体上进行报道。政治活动是在媒体见证下展开的，媒体就像是封建社会的史官一般。不过，史官主要记录皇帝的起居和言行，现在的媒体则记录几乎所有政治领导人的活动，这就使得现代政治成了一种媒介化政治。

毕竟，有摄像机在和没有摄像机在的政治表现会很不一样。一个是前台行为，需要卖力表演，尽力塑造良好的形象；另一个则是相对而言的后台行为，只是真实的情感流露，行为举止不必太过拘谨，相关形象的展示限于当事人。只要有媒体在，政治作秀的成分就会增加。对于政府官员来说，有些话、有些举动是需要顾及媒体的。从实际效果来说，这具有两面性：一方面可以约束政府官员，使其言行举止更为得体，符合相关规范；另一方面可能导致很多官员做出虚假承诺，久而久之养成表演性人格，他们的言行不再可信，从而导致民众误判、监察部门失察。

智能手机为参政议政的手机化创造了新的条件。人们的意见主要发表在自媒体或者其他各类平台上，这种表达是参与政治的重要形式。在代议制政府下，老百姓不需要也没有办法直接参与议会或者其他政府组织的活动，但是他们在网络上的表达是一种非常直接的参与。他们表达的意见会被其他人看到，有形成舆论的可能，也会被民意代表了解，从而在政策和法律制定中起到一定的作用。

二、媒介化治理

与此同时，政务走向手机化。过去倡导的“最多跑一次”被“一次也不跑”的理念取代。通过手机，很多事情都可以在线上完成。数字化改革的浪潮是这个

① ［美］尼尔·波斯曼：《技术垄断：文化向技术投降》，何道宽译，北京大学出版社 2007 年版，第 81 页。

时代非常重要的一种趋势。政府部门越来越成为网上政府,不少政府工作人员需要一天到晚都在网上待着,听取人民的建议和意见,并及时处理民众在网上提交的各类申办事项。数字化改革,意味着需要对过去纸质的材料进行数字化处理,并且今后可能不再提供纸质的证明。这有助于简政,也有助于高效廉洁施政。老百姓只要在手机上点一点,或者拍照上传一些材料,政府端就会开始予以办理。老百姓不需要再跑来跑去了,政府工作人员根据有关的政策和材料进行操作,想要推诿刁难也不太可能,因此老百姓得到了很大的便利。之前,政府与民众之间总是隔着很远的距离,老百姓要走进政府大楼,请求政府工作人员办理一些事情,往往费时费力。数字化改革,则使得老百姓可以直接与政府工作人员进行沟通和对话,可以将自己的意见和建议通过网上渠道向相关政府部门直接提出,并且能得到及时回复。

对于政府来说,政府治理的媒介化,或者说网络化、手机化、数字化,也有助于其树立良好的政府形象,可以赢得民众更多的支持和信任。直接面对面的交流似乎可以更通畅,但它实际上存在着种种阻碍,并没有想象中那么简单。在网络上提交和办理,虽然不是面对面的,存在一定的延迟,但对于事情的办理来说却是最直接的,因为它是严格按照一定的流程和规范来操作的。

浙江省浦江县开发的“清朗浦江”小程序就是一个典型的数字化治理案例。通过手机下载这个小程序,民众可以将各种与自己相关的或者看到的问题向政府部门反映。相关政府部门需要在24小时内予以回复和处理,不然就会被亮黄灯甚至红灯。如果亮了红灯,相关政府部门的考核就会受到很大的影响。民众反映的问题有没有得到处理,也是可以直接在网上看到的,其他用户也能加以监督。可以说,这一套系统将政府的工作搬到了网上,直接与群众零距离接触。老百姓会觉得政府官员就在身边,他们对于民众的吁求是会予以快速回应的。这就大大改善了党群关系、政府和民众之间的关系,政府部门亲民、高效、负责的形象一下子就树立起来了。

对于政府治理来说,利用传统媒体进行治理,效果未必理想,因为传统媒体是单向传播的,它缺乏互动,没法得到及时的反馈。而网络媒体是互动的,并且其留存的信息可以供人随时反复阅读。它不仅具有传统媒体的宣传政策方针、告知各类事项的作用,更是一种政府运行的平台,可以将政府部门的大量职能直接搬到网上且不会有损办事的结果,甚至有着传统政府服务所不具有的种种好处。通过线上办事,政府可以获得大量的数据。这些数据对于政府管理来说是非常有价值的:一方面可以促使政府部门提供更好的服务;另一方面有助于社会管理,预防社会危机的出现。

三、媒介化舆论

如今网络舆论是社会舆论的主要存在方式,只要一个事件在网络上发酵成了一个舆论事件,那么相关政府部门或企事业单位就不得不予以回应,不然自身的形象、声誉就会受到极大的损害。在网络时代,人们很少选择直接到有关部门去反映问题,而是选择上网发布事件。之后,很多网民会一起来评理,从而形成一波舆论。为了应对网络舆论的冲击,有些部门或单位还会指定专人或者委托专业的公司来监控和管理网络舆论。对于在网络上生成和传播的舆论,我们看不到具体的某个人,只能看到一个个账户。这些账户与真实的人未必是一一对应的,可能有些人注册了多个账户,也有可能一些公司制造并控制了大量僵尸账户。媒介化使得舆论被人为操控,并且使舆论的虚假化变得更有可能。实际上,网络舆论是一个个账户推动的结果,而未必是一个个真实用户表达的结果。它有些时候是真实的民意,有些时候则是被夸大或者扭曲的。在这个世界上,还有一小部分人其实并不上网,他们是真正的弱势群体,他们的声音很少能够被听到,利益也就没法得到确保,这些不上网的人可谓数字边缘人。

在进行舆情研究或者调查的时候,出于便利的考虑,很多人选择通过网络的形式分发问卷进行调查。参与这些网络调查的显然是网民,非网民是没有机会的,并且愿意填写问卷的人往往有着相同的特质。因此,这样的数据其实未必是可信的。人们通过网络渠道获取的调查数据,可能带有明显的误差,却经常被拿来讨论。网络舆论在相当程度上被等同于社会舆论。

四、媒介化社交

媒介的发展在改变着人们的交流方式,也在改变着人们的人际关系。网络平台会推送给人们很多认识或者不认识的人,让其加为好友,从而构建更多的关系。

在现实生活中,我们未必有很多知心朋友,但是在朋友圈中却可能有不少谈得来的人。这些朋友可能远在天边,甚至一辈子也不会见面,但并不妨碍我们与他们交心。在现实生活中,相遇的人会要求加微信,只有加了微信,才是达成了确认为朋友的仪式。虽然加了微信,其实也未必经常联系,但先把好友加上,是很多人首先想到的。朋友圈中那么多的好友,构成了一个人际关系网络。在这个节奏越来越快的社会,我们没有时间跑到另一个城市去见朋友,在手机上相见成了很多人的选择,并渐渐成了一种新的传统。

智能手机将人与人的交往活动搬到了网络空间中,使得过去很多线下的交往变少了。人们更想通过智能手机来与别人交流,智能手机拉近了人与人之间的距离。很多人在使用智能手机与其他人进行联系的时候,会觉得他就在身边,不太会有强烈的距离感。人们习惯了使用智能手机进行互动之后,那么即便对方就住在隔壁,也不想去敲门,而是直接使用微信或者QQ与对方互动。个人的空间相比过去变得更大了,我们选择尊重对方的空间感,不去近距离接触,也要求其他人给予自己更多的隐私空间,不愿意让其他人深入自己的生活空间。我们选择通过在朋友圈晒图的方式来分享自己的空间。在朋友圈里,经常晒自己的房间和个人生活,但在现实生活中未必愿意邀请他人前来聚会。这种交流似乎更加自在,并且不必特意打扫房间或打扮自己。

很多人喜欢晒图。自己亲手做的一顿饭菜,如果没有先拍照上传到朋友圈是不会动筷子的。只有在朋友圈里分享了,看到了点赞才行,并且吃的时候,还在一边看手机。吃饭的意义主要体现在朋友圈上,自己吃到嘴里的味道已经显得不是那么重要了。

同样地,很多人出去旅游,也是各种拍照和录视频,并第一时间上传到自媒体上。只有与其他人一起看风景,人们才能感觉到旅游的意义;而自己对风景的体悟已经没有了,唯有其他人的点赞才显得有价值。至于风景好不好看,很多人也说不出一个所以然来,但看到其他人在线上对自己的回应,就算是旅游过了。从某种意义上来说,旅游几乎是在线上完成的。

五、元宇宙的数字化身

2021年可谓元宇宙元年，在这一年，Facebook公司改名为Meta公司。随着元宇宙的不断推进，相信会有很多人把自己更多的时间投入虚拟空间中，在现实生活中的交往会越来越少。在元宇宙里，人们会从事各种在现实世界中的工作，例如地产买卖、开演唱会、举办画展、做各种生意等，这就需要有一定的规则，或者需要在元宇宙空间建立一定的业务部门。元宇宙不完全是虚拟的事物，它是现实空间的映射和生长。从某种意义上说，它是一个立体的互联网空间，人们得以更具沉浸感地进入其中，参与社交、娱乐、游戏、商业、文化活动，甚至也包括政治活动，在元宇宙举行竞选演讲或者抗议活动，是自然而然的事情。因此，这样的一个空间具有实体的属性，需要政府部门的介入。当然，元宇宙空间也许会设立自己的政府，对整个元宇宙中的活动进行治理。

不管元宇宙空间的政府形态是怎样的，作为新一代的互联网，人们将大量的时间耗在其中，其重要性是不言而喻的。从媒介化的角度来说，在元宇宙中，一个个化身在里面出现，这些化身与现实中的人是对应的。在具体的传播活动中，一个化身会出面与另一个化身面对面地交谈。元宇宙是一个立体的网络空间。化身是人的媒介，而元宇宙本身与现实生活中的物理空间没有多大区别。可以说，物理空间有的事物，元宇宙中都会有；物理空间有的功能，元宇宙也基本具备。在现实世界中，人与人直接面对面的交往是一种具身传播。在元宇宙中，人们通过化身进行传播，可谓一种新型的具身传播。因此，化身作为人们的皮囊，是一种传播的媒介，但与我们现在接触的各种媒介大不一样。一方面，在元宇宙的世界中，可以不必有新闻媒体，人们直接获取所需要的各种信息，而这些信息存在云端，可供人随时取阅；另一方面，物联网时代的到来，也可以说无处不是媒介，什么事物都可以是一种传播终端。人们只要一开口，它就可能会与他们进行互动，提供给他们所需的各种信息，信息传播的界面感不复存在。媒介是如此普遍，也就失去了媒介的意义。信息是各取所需的，传播是随时互动的。

因此，人工智能成了唯一的媒介平台，它储存了所有人、物、活动及其关系的信息,它根据一定的规则提供信息并搜集信息。如果说人工智能是一个人的话,大家都生活在它的大脑意识中,每个人在制造某一部分的大脑意识,而整个大脑反过来又会影响人们的意识。

离元宇宙的真正到来还有些时日,不过作为下一代互联网,人们对此会有很多遐想。手机人时代的终结或者说升级,将是元宇宙真正到来之时。那个时候,人们已经不再需要手机这个工具,只要戴个头盔、手环或者眼镜,就可以直接进入元宇宙中。肉身留在现实世界中,但其化身则得以自由地遨游在元宇宙空间中。

第三节　透明的手机人

"即时通信和个人通信设备的民主化和激增,以其直接性和透明性,取代了我们以前对地球不透明、很遥远的感觉。"[①]正可谓"天涯若比邻",人与人之间的距离拉近了,社会变透明了,同时也带来了种种问题。

一、身份可查

在这个时代,人们的身份信息面临巨大的泄露风险。手机在某种程度上就像定时炸弹一般。一方面,个人由于在手机中进行转账、交易等行为,而被其他人窃取了信息,导致个人隐私不保;另一方面,个人的财产可能会面临巨大的损失。

在我们的生活中,总有一些人想要依靠欺骗而不劳而获。过去,骗子是上门或者在路上自发寻找目标,通过演双簧、哭穷、扮残、炫富等各种形式,达到骗取他人财物的目的。现在,在街头行骗的案例已经相对减少了,但是电信诈骗却层出不穷。相信很多人曾经都收到过诈骗短信或者电话。他们有些扮演上司,让你给他打钱;有些假装失足者、黑社会成员,要求你花钱消灾;有些想要成

① [加]德里克·德克霍夫:《文化的肌肤:半个世纪的技术变革和文化变迁(第二版)》,何道宽译,中国大百科全书出版社 2020 年版,第 320 页。

为你的恋人，不仅骗感情，还骗钱财；有些是以公检法名义，让你恐惧，在慌乱中给对方转了账；有些宣称是银行的工作人员，让你在网络上进行转账；有些声称可以帮你在核心期刊发论文，或者帮你疏通关系，结果等你交了钱对方就杳无音讯了；还有些告诉你某某股票会暴涨，叫你加了群，结果群里虽有很多人，但是都是和骗子一伙的，合着就骗你一个。总之，电信诈骗形式实在五花八门，让人防不胜防。并且，这些电信诈骗者往往身处国外，团伙作案，很会隐蔽自己的形迹和身份。即便报了警，警察也没有多少办法，抓捕罪犯的难度很大、成本很高。

而从犯罪实施角度来说，电信诈骗只要有几部电话就可以实施。诈骗者可以远在千里实施诈骗，诈骗的范围一下子变广了。诈骗者过去得对目标人群进行一个个观察和试探，行骗所需的时间成本挺高，而在实施电信诈骗时，却可以同时与几个人短信聊天，可以迅速寻找“猎物”，时间和金钱成本都不高，故诈骗可以面向很多对象进行，诈骗得手的次数也成倍增长。为此，2021 年我国开展了全民反诈运动，发动人民群众下载“国家反诈中心”App，并举办了许许多多讲座和宣传活动，提升民众反诈、防诈意识。这也从侧面反映出了电信诈骗的盛行。

现在在路上看到的人，很多是我们不认识的。未来，类似谷歌眼镜的设备出现后，可以结合大数据、人脸识别等技术，告诉我们任何一个陌生人的身份，以及他的年龄、职业、出生地、工作单位等信息。随着技术日新月异的发展，“陌生人”将会消失，人人都是相识的。

二、隐私可见

媒介的人性化趋势，伴随着透明人现象的加剧及个体隐私的减少。这是没有多少隐私可言的时代。街头遍布摄像头，人们到任何地方去，都有可能会被拍照、被记录。开车出行时，路上的摄像头时不时会拍下汽车的车牌。这些数据中的相当一部分涉及个人隐私。

人人都随身带着手机，并且拿起手机就可以拍照、录制音视频，导致手机可以是强大的监督工具，例如可以偷拍、偷录一些违法犯罪的画面，并在媒体上曝光,可以揭露一些社会上的不良现象,这对社会的健康发展是有推动作用的。但是如果手机被使用过度,往往会侵犯个人隐私和自由空间,从而造成各种问题。例如,女性在公共场所有可能被不法分子用手机拍下一些侵犯其个人隐私的图片或者视频。目前,很多手机的像素已经非常高,而且在手机拍照或录制视频的时候几乎没有动静,人们一不留神就可能被偷拍了。

用手机拍照、录制音视频具有非正式性,往往在日常生活场景中进行,很多人并不把它当回事,觉得不过就是有人为了自娱自乐而已。拍下的照片或视频如果只是自己看看,的确问题不大,但是在这个移动互联网时代,要把手机上的内容上传到网络其实非常方便。在私下的场合,人们说的话、做的事,相当于在后台,未必都能登大雅之堂,未经允许不应该公开展示。一旦将这些后台的内容在网络上传播,换了一种语境,就会出现很多的问题。这样的事情其实并不少见。有些人说话不慎,由此丢了工作;有些人交友不慎,由此不雅视频在网上被传播。

由于手机的普及,这是一个隔墙有耳的时代,人们的一言一行可能都被监听、监视;这也是一个"全视监狱"的时代,人们可以互相监视,"想要人不知,除非己莫为",这是千真万确的。

三、行踪可追

在街上行走的时候,一个人要是被人跟踪,他会觉得毛骨悚然、心里发慌,他或者报警,或者想方设法逃离。不过,现在有另一种无形的跟踪,人们却泰然处之,觉得无所谓,那就是利用手机的跟踪。这种手机跟踪与被人跟踪一样都是跟踪,但对于许多人来说,由于认知不足,或者看不到自己被跟踪,他们就不会有太多的担忧,但其实遭遇的结果是差不多的,自己的一举一动都在对方的掌控之中。

手机具有定位功能。"定位技术,也就是定出某个移动设备的位置,就是说,只要有手机信号,就可以进行实时定位。"①随身带着手机,也就意味着给自

① 朱海松:《无线营销:第五媒体的互动适应性》,广东经济出版社2006年版,第144页。

已定了位。过去我们找一个人挺难的，茫茫人海，不知其身在何处；现在，即便一个人到了天涯海角，只要他还随身携带手机，其他人就可以不需要费多少劲找到这个人。“2011 年 IT 风险投资人 John Doerr 提出了‘SoLoMo’的概念，即：So——Social，社交；Lo——Local，本地位置；Mo——Mobile，移动网络。”① 如今，基于位置的服务(Location Based Services，LBS)技术已被广泛使用，并为人们增添了很多便利。在社交媒体中，人们会主动使用位置签到。“位置签到或打卡(Check-in)是以移动手机等移动终端上的位置媒体为平台，通过定位科技将地理位置分享至社交网络的一种媒介实践。”②2022 年，微博开启了一项显示账户 IP 地址的政策，发帖用户所在位置得以公开。

在新冠疫情期间，人们在进出小区、办公大楼、学校等场所时都需要出示健康码或者刷卡。有些小区安装了人脸识别系统，居民进出小区不再需要刷卡，只要露个脸就可以直接通行，上面还会显示出他们的健康码信息。因此，人们在哪些时间出入了哪些场合，都是可以被查到的。

手机正在加剧这种透明化的现象。在新冠疫情期间，有些单位要求员工提供最近 15 天的出行记录，只要输入手机号码，系统就可以自动生成员工的出行记录。虽然这是政府创办的网页或 App，但由此可见，手机会暴露人们出行的轨迹。由于人们几乎都是携带手机出行的，因此这样的数据基本上是可信的。一个人的活动轨迹可以被非常清晰和准确地描绘出来。

四、数据可觅

我们在网上填写各种资料的时候，就会主动告知很多个人信息，还有很多个人信息则是人们被动地上传到网上而成了公开信息。不管这些信息来自什么渠道，只要这些信息上了网，或者与网络建立了或近或远的连接，那么这些信息都是有可能被找到的。在这个过程中，我们随身携带的与个体高度匹配的手机，往往就是这些连接的非常重要的节点。手机可以将大量的数据拼凑起来，

---

① 刘德寰、刘向清、崔凯等：《正在发生的未来：手机人的族群与趋势》，机械工业出版社 2012 年版，第 239 页。

② 魏然：《挪用与嵌入：微信位置签到实践的驯化研究》，吉林大学硕士学位论文，2018 年。

形成完整的数字画像。虽然这些数字画像与真实的人可能会有一点偏差,但基本上可以代表一个人。在某些方面,手机所得到的数据甚至连人们都不一定了解,手机可以比一个人更懂他自己。在这个社会,想要非直接接触地了解一个人,已经变得非常容易。人们可以通过很多工具和软件,查找关于他的种种数据,从而建立起各种联系。

在这样的数据时代,我们不太可能保留多少秘密。所谓的秘密都是被记录的,只要建立起某种连接就可以获取。一个人的账上有多少钱,这些钱来自何处、用于何处、何时使用,这些都是可查的。一个人何时何地与谁聊过天、聊了哪些内容,这些都是一种数据,也是可能被搜寻到的。一个人的任何行动都可能会被别人搜集,他的行动轨迹可以被清楚地描画出来,他接触了哪些人、事、物也可能被知道得一清二楚。甚至从出生到死亡,一个人的一生都是可以被还原的。并且,使用手机购物、转账、出行和人际交往,都有可能作为一种数据被他人非法窃取或不当使用,从而给自己带来很大麻烦。

据媒体报道,以色列软件监控公司开发的一款名为"飞马"的软件,可以侵入个人手机攻破各类操作系统,偷偷地提取手机用户的短信、照片、电子邮件,并能对人们的通话进行录音,远程开启麦克风和摄像头以获取个人信息。这对人们的数据安全造成极大的困扰。不仅普通人会受到伤害,就连法国总统马克龙等知名人物也深受其害,从而不得不紧急更换手机和手机号码。

五、记忆可触

在网络化、电子化时代,由于手机记录功能实在太强大了,我们很难有被遗忘的可能。"但是过多的透明度,以及接近无限的存储能力,会让我们变得软弱。来自同辈的压力形成一张网,而我们身陷其中,无所遁逃,只得选择遵从和崇尚保守主义。"[①]一个人做过的坏事、丑事,当时可能只是一时冲动,或者即便是故意为之,他也已经承受了相应的处罚,不应该一直被大家记着。

人性是复杂的,并不见得所有人都能够谨言慎行、洁身自好,从来不犯错。

---

① [澳]理查德·沃特森:《智能化社会:未来人们如何生活、相爱和思考》,赵静译,中信出版集团 2017 年版,第 22—23 页。

而一个人一旦犯了错，就可能被路人拿手机拍下照片、视频，上传到网络，或者基于其手机号码和网络账号被搜集种种证据和数据，被公之于众。一旦上了网，这个人就被钉上了永远难以卸下的耻辱柱，他的升学、工作、找朋友都可能会被影响，并以此污点给他贴上坏人、不值得信任、暴力倾向者等标签。在这个时代，这些标签一旦生成，就很难被轻易抹去，它很可能会伴随一个人的一生。这对于想重新开始的人来说，就很困难了。人们需要有第二次重新开始的机会，网络、手机等工具则在一定程度上扼杀了这样的机会。因此，被遗忘权被很多人提及。即便在这个“透明人”时代，我们依然需要一块“遮羞布”。

第四章　人际交往的手机化

刘震云的小说《手机》中提到过这样一件事情：牛三斤工作的煤矿只有一部电话，凡是外面打电话进来，都由看电话的老马进行广播。于是有一天，矿上的大喇叭里如此广播：

"现在广播找人，现在广播找人，牛三斤，牛三斤，你的媳妇叫吕桂花，吕桂花让问一问，最近你还回来吗？……"①

如此一广播，这件事就路人皆知，还被编成了一首歌。

那个时代，电话并未普及，人们偶尔使用电话，往往说的是要紧的事情。电话还很难被用于谈情说爱。手机出现之后，两个人之间的悄悄话就可以大胆说了。

马歇尔·麦克卢汉认为，"任何媒介的使用或人的延伸都改变着人际依存模式，正如它改变我们各种感觉的比率一样"②。手机的出现和普及，不仅改变了人们的感觉比率，而且给人际交往带来了巨大的冲击。人与人之间的互动越来越多地在手机上发生，从而导致人际关系在线化和人际交往手机化。"手机更像是某种社会性器官，承担着人们与社会交际的综合性功能。"③由于手机在人们日常生活中的不断渗透和入侵，人们在社交活动中被手机潜移默化地反向驯化。

---

① 刘震云：《手机》，作家出版社2009年版，第17页。

② [加]马歇尔·麦克卢汉：《理解媒介：论人的延伸》，何道宽译，商务印书馆2000年版，第127页。

③ 蒋原伦：《手机功能的演变：从主体到异己者》，《东南学术》2021年第5期，第215—222页。

第一节　从熟人社会到半熟社会

随着网络、手机等工具的出现和各种传播技术的升级，社会形态及人际关系都在发生着变化。

一、熟人社会的消逝

中国传统社会是一个熟人社会，对于乡村来说尤为如此。一个人主要的活动圈子就在自己的村子里，只在某些时候会到乡里或镇上买卖物品，以及到附近村子里走走亲戚。亲戚基本上也住在同一个乡镇或者附近乡镇上，不会相隔太远。村里的人基本上是认识的，知根知底，谁家晚上吃什么，或者谁家因为什么事情闹了矛盾，大家都是清清楚楚的。村民之间也会互相串门，聊一聊农业生产、社会见闻、小道消息及家长里短。由于亲友之间互相介绍，加上各种商业活动、聚会时的接触，以及其他必要交流，附近村庄的人基本上也认识，或者至少不会觉得陌生。

中国传统社会有一套非常完善的礼仪和习俗体系，人与人之间的交往需要合乎各种规矩，不可乱了套。举办婚礼会宴请乡亲，办丧事时邻里也会帮忙一起料理，很多事情并不需要打招呼，按照约定俗成的规矩来就行。孩子满月时会给邻里送些礼物，为父母办寿时也会给村里人送些礼物，建造房子时会邀请亲友一起帮忙，反正各种礼节都是少不了的。人们也很少外出，基本在村里待着。由于流动性不强，礼尚往来也就可行。

从社会交往来看，由于农业生产需要看天气，在天气好的日子，大家都到田地里劳动；但是在天气不好的日子或者农闲季节，大家会经常走动。娱乐活动其实不多，人们可能是聚在一起打牌、搓麻将，也可能是聚在村里的小商店、某户人缘不错的人家里或池塘边的凉亭里闲聊。人们有些时候还会到某户人家串串门，一边看电视一边闲聊。亲戚之间偶尔也会走动，特别是长辈过寿、晚辈出生、逢年过节的时候。

一个村子里的人虽然会有争吵和冲突,但抬头不见低头见,关系也不会太差。在熟人社会,邻里总会遇上需要互相照应的时候。不过不管怎样,一个村里的人总会有亲疏之别。即便亲戚之间也会闹翻,甚至同住在一个村庄也互不往来。而如果是因为落水被救之类的恩情,即便不住在同个村,也会隔三岔五到恩人家里走动,以表达自己的感激之情。

在村委或某个村民出资请戏班子唱戏,或者电影放映员播放露天电影,或者正月十五闹元宵,以及个别日子才会举行一些民俗活动或宗教仪式的时候,村里是最热闹的,这时也是人们交往活动最频繁的时候。许多平时不太见到的人,这个时候也可以遇上,附近村庄的人这个时候也会聚在一起。

由于村民的生活圈子并不大,他们的结婚对象基本是同一个村子或者附近村庄的人,可能是因为某次节庆活动认识,也可能是由于同学关系本来就认识,或者因亲友、媒人的介绍而谈婚论嫁。虽然说是自由恋爱,但其实并没有多少选择余地。人们的社会交往活动并不太频繁。

这些社会传统在20世纪90年代就渐渐被打破了。很多年轻人初中毕业后就直接到外地打工了;有些则读了高中或者职业高中,若考不上大学,学校教育就到此结束,但他们并不愿意和父母一样从事农业劳动。这不仅是因为农业劳动收入低,更重要的是因为在农村交往圈子太窄,找对象都是问题。因此,很多人会选择前往城市打工,当然也有一些人会选择做生意,或者去外地承包菜地种菜谋生,或者条件好一点的买一辆车跑运输赚钱。总之,只能勉强糊口的农业生产是很多人都不愿意干了的。市场经济加快了生活节奏,使得人们一方面很少有时间待在村子里,另一方面在"时间就是金钱"的号召下,人们回到村里也不再在一起闲聊打牌、优哉游哉地生活了。打牌、搓麻将成了留守农村的老年人偶尔的娱乐活动。

社会在加速运行,时间开始变得珍贵起来。很多企业是按小时计酬的,时间是有价格的。对于日出而作、日落而息的村民来说,这种观念的改变直接影响着他们的交往活动。过去那种没有目的性的、礼节性的交往减少了,取而代之的是功利性的交往,即为了买卖商品或者出于其他经济目的而交往。

随着交通条件的改善,人们离开村庄到其他地方变得容易了。活动圈子和交往范围的扩大,使得人与人之间的关系发生了很大的改变。过去是相对封闭空间中的交往，人们没有多少选择的余地，人与人的关系更为密切。如今是流动性很强的开放空间中的交往，人与人之间的交往是暂时的。今天在一个工地，明天可能就会离开；今年待在家里，明年可能就在外地，人与人之间的交往不再像以前那么稳定。随着接触面的扩大，人们与陌生人打交道的机会越来越多。

很多人考上大学后到城市上学，然后留在城市工作和生活，还购买了城市的房子。越来越少的年轻人会留在农村，甚至他们的父母也随着子女搬到了城市。大量乡村在一点点地空心化，走向凋敝。

但随着乡村振兴政策的出台，有些乡村办起了农家乐。有些年轻人也开始逐步回归乡村。农家乐市场改变了农村的经济面貌。很多城市居民会选择到乡村旅游度假，住在乡村民宿里，而村民需要用普通话与他们交流，并以老板的身份来接待他们，于是村民完成了从农民向农家乐老板兼服务员的身份转变。通过与游客的互动交流，村民可以了解到各地的风俗习惯和奇闻趣事，其知识面和眼界得以大大拓宽。

当然，并不是所有家庭都会创办农家乐，那些没能力创办农家乐的往往是留守老人，其子女不住在村里。农家乐的出现，使得整个村子的交往状况出现了变化。不经营农家乐的村民平时也接触到一些游客，也有很多与他们交流的机会。在村庄活动的人群结构变得不再那么单一，有相当一部分不再是认识的熟人，而是不断来来往往的陌生游客。对于那些在外地工作、偶尔回家的人来说，他们已经不太认识村里的人了，成了陌生的熟人。随着交往频率的下降，人与人之间就会产生陌生感。

村里居民的人员结构变得很不稳定，很多人离开村庄，而很多陌生人进来，使得整个村庄处于一部分是熟人，一部分是陌生的熟悉人和熟悉的陌生人，还有一部分则是只有一面之交的过客的状态。熟人社会的规则和礼仪不复存在，村民之间的人情往来大幅减少，利益关系变得日渐突出。

对于城市来说，由于不断的扩张，出现了很多新市民，他们有些是从外地来做生意、工作的人，有些是打工或求学的租客，还有一些则是随着子女搬到城市而户籍关系还在农村的人。就如杭州某小区，位于城乡接合部，小区里居住的基本上是从外地来的新市民，他们不会说杭州话，要么说普通话，要么说自己老家的方言。这样的小区在全国各个城市都有很多。随着老小区的不断拆迁，纯粹由原住民构成的小区已经越来越少。使用当地方言交流的场景受到了很大的影响，原来的熟人关系也被不断搬迁的居住格局打乱。很多原来一起上学的同学，过几年很可能就不住在同一个小区了。

社会的变迁导致交往形式出现了很大的变化，从而也带来了很多问题。"在社会转型期熟人社会的逐步消散和陌生社会的步步逼近，使得人们普遍产生一种焦虑感——社交焦虑。"①

二、城市新市民社区邻里交往的状况

这里的城市新市民并不是单指农民工，而是指那些祖籍在外地，出于工作、求学等原因到某个城市定居、生活的人。对于主要由外地移居人口构成的城市新市民社区来说，邻里之间之前基本上是不认识的，因此需要新建一种邻里社交关系。笔者通过对杭州市钱塘区某小区的观察，发现主要存在以下几种邻里交往的类型。

（一）由于地理接近而产生的邻里交往

住在同一幢楼同一楼层的住户，或者紧挨着的上下楼层的住户，由于在空间距离上是接近的，因此邻居感最强烈，最容易形成社交关系，平时乘坐电梯时也会互相聊上几句。有些邻里之间还会互相串门、互加微信。这类邻里关系与乡村的熟人社会是较为接近的。然而，现在很多楼盘都是高楼，有二三十层之多，同一楼层有三四户人家，一幢楼里住着近百户人家，其规模相当于一个村庄了。虽然这么多人同住在一幢楼里，但由于见面的频率很低，因此很难全都认识。大多数人就乘坐电梯的时候会遇见，但基本上没有互动。有一部分人可能是彼此认识的，但大多只是点头之交，在路上或者电梯里简单聊几句。例如"吃饭了吗？""出去上班啊！"之类的话题一般浮于表面，不会涉及太多深入的内容。

---

① 高莉莎：《日常生活与手机实践：云南红河哈尼族彝族农民工民族志研究》，南京大学出版社2020年版，第117—118页。

(二)基于孩子关系而建立的邻里交往

由于班级会开家长会或组织亲子活动，并且有微信群、QQ 群或者钉钉群，因此，一个班级的家长基本上是认识的。虽然不一定知道彼此的具体工作、身份等详细的信息，但至少“某某同学的家长”这样的身份是大家了解的。由于孩子的同学关系，这些家长偶尔还会因为孩子到同学家去过生日、开展活动或者玩耍等互相串门，特别是那些既住同一个小区又是同班同学的家长，他们互动交流的机会相对来说就会更多一些，平时出入小区或在路上遇到了会聊一聊。家长由于经常要共同完成学校布置的小队活动等课外任务，彼此往往也加了微信，线上沟通是其中很重要的一种形式。相对来说，这类邻里交往比较密切，谈及的话题也比较广泛并具有一定的深度。

由于不少家庭由老人帮忙带孩子，在接送孩子上下学的时候，这些老人之间会互相打招呼，聊一聊孩子的兴趣班及学习情况等。

小区里大都有儿童游玩的设施和场地，很多家长在下班之后会带孩子到儿童游乐场所玩耍。在这个过程中，年轻的父母经常对着手机，沉浸在自己的虚拟空间里。老人们虽然不太玩手机，主要负责在一旁看着孩子，但是同样不大与其他家长互动。但如果孩子之间发生冲突和进行交流，也会带动家长进行简单的对话。当然，少量非常喜欢社交的人会主动与其他家长聊天，建立起广泛的社交关系。对于儿童来说，他们通过在一起玩耍成了玩伴。这类玩伴具有临时性，彼此之间未必叫得出名字，只是在一起玩的时候有所交流，或者虽然互报了姓名，但是由于下一次见面时相隔的时间长了，又变得不认识了。而且很多小学生由于作业繁重，并没有多少时间能够自由玩耍。因此，在小区里玩耍的孩子以低龄儿童为主。

(三)基于以小区微信群为主的虚拟社群的邻里交往

每个小区都会有自己的小区群，这是社交媒体时代大家讨论公共话题、小区事务以及交流各种信息的线上平台。小区群具有社会动员功能，例如当得知附近要建垃圾中转站时，小区群里就讨论得非常热闹，甚至一部分人会组织起来到工地现场去抗议。小区群讨论的话题是比较多的，大多与人们生活息息相关。大家会转发一些新闻，或微商、广告、营销等信息，或就孩子上学、打疫苗等问题征询其他人的意见。大家关注的焦点总体上以小区生活为核心圈，呈现向外延伸并逐步衰减的态势。不过，由于微信群人数上限是500人，而很多小区的住户有上千家，因此并不是所有人都加入同一个小区群里。

（四）由于社区事务、物业服务而构建的社交关系

如今两三个楼盘就可能有一个行政意义上的社区，并且实行网格化管理方式，每个小区都会有对应的网格员。社区工作人员有时候会入户调查或者开展其他工作，与居民存在面对面的互动关系。在选举期间，社区也会召开居民代表会议，并设置投票点，让小区居民投票。对于新市民社区的居民来说，很多人的人事关系在公司，大多事务也在公司办理，与社区的关系并不密切。有些老年人虽然常年住在这里，办理了临时居民证，但他们是游离在乡村与城市之间的人，并不完全是城里人，很多事务还需要回乡处理，与城市社区的关系也不密切。因此，相对于“原住民”社区，新市民社区的社区工作其实也有不少的差异。

在一定程度上，小区业委会和物业公司是小区的管理机构。虽然他们没有行政上的权力，但有时会扮演着协助办理行政事务的角色。业委会可能开设公众号，并主导组建微信群；物业公司可能设有物业管家，这些管家会加上业主微信，提醒业主使用小程序缴纳物业费等。当家里遇到需要维修或物业事务的时候，居民可以找相关的物业人员来帮忙。这些社交关系主要是基于事务性的信息交往而建立的，目的性很强。

（五）基于兴趣的邻里交往

就老年人而言，广场舞是他们健身、娱乐和交往的一种形式。每天黄昏或夜晚，他们会在小区里面或者外面相对空旷的地方跳广场舞，规模有大有小，一般会放着音乐，并且有人领舞。跳广场舞的时候，虽然随时可以加入或者离开，但是大家往往会约好一个时间，成员也相对固定。跳广场舞的人因为这项共同的爱好而形成一个群体，开展较为频繁的邻里交往，经常会在跳舞期间聊聊家常。对于新市民社区的老年群体来说，集体活动并不多。除了跳广场舞，他们还会在小区组牌局一起打牌。新市民社区的老年人往往来自农村，他们随子女

来到城里，打牌和搓麻将作为农村生活的交际和娱乐方式得以在城里延续。打牌或搓麻将是集体娱乐活动，是老年人联络感情、强化人际关系的重要手段。因为这些共同的兴趣爱好，他们聚集在一起会有一种亲切感。由于经常待在一起，这些牌友彼此之间较为熟悉，除了交流打牌本身的信息外，还会交流关于个人和家庭的基本信息。但与农村牌友彼此知根知底的还是不一样，城市新市民往往有一个从陌生到相对熟悉的过程，人际关系要松散许多。此外，基础设施相对完善的社区会有老年活动室或文化中心，但很多社区并没有，或者即便有，利用率也不高。

(六)由于商业往来而构建的邻里交往

楼盘沿街一般会有商铺，而很多商铺是由小区居民购买或使用的，很多人彼此认识，往来也相对比较多。很多商店会组建微信群，微商往往也会有自己的群。在这些因商业目的而建立起来的微信群里，社区成员除了购买商品时会有些交流，偶尔也会在群里聊一些与生活相关的其他话题。

(七)出于礼貌、偶遇而产生的邻里交往

同一个小区的居民在路上遇见，出于礼貌也会打招呼。小区周边往往建有公园，也会有人在此聚集休闲运动等。不同小区的居民往往会在这里相遇，由于彼此之间并不相识，建立社交关系需要一个过程，刚开始往往停留在“你是哪个小区的”“今天天气不错”等简单、初步的信息交流层面；随着越来越熟悉，他们交谈的话题也会越来越深入。但由于新建小区往往自带类似公园的草坪和广场，因此对于很多居民来说，他们去小区外部公园的意愿其实并不强。

三、城市新市民社区邻里交往的特征

相较于国外社区传播，我国城市新市民社区的人际传播不是那么原子化，而是存在一些零散的密切互动的人际关系；但相较于农村社区和城市“原住民”社区，城市新市民社区的成员之间又并没有那么“熟”，邻里交往有着不一样的特征。

（一）以线上传播为主、线下为辅

由于很多人平时都在上班而不在小区，即使下了班基本上也待在自己的房子里，小区里很少会有类似农村的饭市等社交场景。人们的生活方式越来越个体化、家庭化，家庭之外的人际互动主要以线上的方式进行。在微信群里，人们可以不时地交流各种信息。线上交流非常方便，可以随时随地进行，并且人们也不需要认识具体的某个人，就自己感兴趣的某个话题、某项事宜发表看法。

（二）公共话题讨论居多，私人信息展露较少

在微信群里，大家交流的内容主要是小区的事务，或者与大家相关的新闻，很少会涉及个人的信息。即便有时候有人会在群里发布车位出售、出租之类的信息，其目的也是交易，而无关这个车位拥有者具体的身份。小区里平时的邻里交往中同样如此。

（三）关系较浅，社群感不强

即便是同住在一层楼的邻居，虽然见面时会打个招呼，但往往也只是点头之交，并不了解对方，对对方家里的事情更是知之甚少，因此一旦需要邻里帮忙的时候，几乎找不到合适的人，也很少有人愿意给予实质性的帮助。由于社群感不强，对很多人来说，邻居就是住在同一个小区的人。由于缺乏人情往来，也就少了些人情味。在城市新市民社区生活的人，往往关起来门过自己的小日子，彼此之间缺乏深入交流。

（四）人口流动较大，关系缺乏持久性

得益于我国城市建设尤其是房地产业的高速发展，人们很少会在同一个小区居住很长时间。对于部分家庭来说，他们会购买两套及以上的房子，因此在一个小区住一段时间之后，可能会搬到其他地方去。对于很多人来说，房子是一种具有很强金融属性的资产，而不是一个落脚一辈子的家。同时，小区部分房子被用于出租，租客往往不会一直住在一个地方。他们一旦有了自己的房子或者由于工作变动就会马上离开，而新的一批租客又会住进来。因此，小区里

的人口是不断流动的，并且流动率很高，这使得小区居民之间的关系往往不会维持太久。之前认识的人过一段时间后已经不住在这里了，因此也就很难会再有联系。由于小区人口数量众多，因此彼此经常遇见的概率并不高，邻里交往的不确定性很大。

（五）人情交往很少

在乡村社区，由于祖辈同村居住、村民村内联姻等因素，同个村子里的人基本上是沾亲带故的。由于彼此认识、居住稳定，经常会有很多人情往来。在结婚、生子、葬礼、建房等各种仪式中，人们会经常参加聚会、互赠礼物等。不懂人情世故的人，在熟人社会中会显得非常孤立，甚至难以立足。不过，在城市新市民社区，居民彼此不熟识，住户之间往往也没有亲戚关系，因此即便遇上节日或者重大仪式时，并不走动送礼，人情往来非常少。城市新市民社区的人际交往，很多时候是礼貌式交往、偶遇式交往或功用式交往，在路上或者某些场合遇上了，互相之间简单地聊上几句，或者事务性地对话一番。

（六）以小区外为主、小区内为辅

在城市新市民社区里，很多居民是从外地搬迁过来的，因此他们逢年过节往往会回老家，留在小区的并不多。成员之间虽然在物理空间上很接近，但是社交大多停留在表面。他们的一些亲友仍留在他们早期生活的乡村里，或住在他们曾经居住过的社区。在单位，同事是他们接触时间较长的对象，互动交流较多。小区内，除了与隔壁邻居、孩子的同学及家长等相对熟悉外，其他人对他们而言往往是陌生人。在小区内从点头之交发展到朋友关系的，少之又少。

（七）交流语言主要是普通话，老乡之间或家庭内会掺杂方言

城市新市民往往来自不同的地方，说着不同的方言。由于中国不同地方的方言千差万别，邻近地方的方言彼此之间也许能听懂一些，但是相隔距离较远地方的方言，彼此之间往往是听不懂的。因此，为了能够良好地沟通，人们大多讲普通话，亲友间交往时则主要使用方言。相对而言，城市“原住民”交流时主要以当地方言为主，如杭州话、宁波话等。

可见,城市新市民社区给人的感觉是大家各过各的日子,很少有社区感,社会原子化的特征非常明显。在这样的状况下,群体成员之间的互帮互助也就不太容易产生。虽然在微信群里问些问题,别人会帮你回答,但涉及实质性帮忙的时候,就可能会有困难。

由此可见,随着时代的发展,传统的熟人社会面临变化。虽然熟人之间的物理距离越来越远,但居住在同一个小区的很多人却只能算是半个熟人。邻居之间的往来减少,并且变得有些陌生,居住人员不再像传统村落、社区那样固定,而是经常会有变动。在这样的社会里,人情必然会变得淡薄。经常变动的居住状态,使得基于互惠的人情往来失去了存在空间。礼俗社会面临解体,逐步走向法理社会。

当然,这一切的发生离不了传播技术的变革。有了电话之后,"一个社会实体的界限不再是邻近的空间,在某种程度上来源于'象征性的接近'(Symbolic Proximity),距离缩短至拨号的时间,而电话即时联系的功能取代了日常交往对'接近'的支持"①。作为移动电话的手机出现之后,更是扩大了人们的交际圈,使人们可以认识很多陌生人。手机使得时空被压缩,生活在不同地方的人们也可以有便捷的互动交流。手机打破了传统社会的熟人圈,很多熟悉的陌生人、陌生的熟人闯入了我们的朋友圈,一个"半熟社会"已经到来。

第二节　手机时代的人际交往

在社交媒体时代,人们使用各种自媒体发表自己的看法,人际交往的形式和空间发生了巨大的变化。随着技术的推进,社交媒体的功能不断推陈出新。就如 Facbook,"早期的社交网络不过是交友的场所,而 Facebook 则是一个社交宇宙,一个用来娱乐、公开相片、进行病毒营销、发布公告、发布个人信息甚至发

---

① [美]伊锡尔·德·索拉·普尔:《电话的社会影响》,邓天颖译,中国人民大学出版社 2008 年版,第 267 页。

布墓志铭的网站”[①]。

很多社交平台都在升级转型的过程中进一步改变着人际交往。“每个人都是具体的、感性的、当下的，他们之间的社会交往和关系也大多是一种基于话语的、临时的、短期的、轻黏度的，而不是一种长期的、稳固的、契约性的社交活动。”[②]与传统媒体相比，手机时代的人际交往呈现出了不同以往的状态，有很多新现象和新事物。如今，手机人身处的是一个“超连接”的时代。“超连接是指人们在生活中与手机、笔记本等设备片刻不离，频繁使用电子邮件和社交网站的状态。”[③]人与人之间联系的方式变得格外丰富，而社会关系网络变得前所未有的复杂。

一、手机通话与短信

（一）手机通话礼仪

给别人打电话其实也是有礼仪规则的，例如晚上 11 点之后、早上 7 点以前这段时间最好不要给别人打电话，因为这段时间往往是别人休息的时间，贸然打电话过去是不讨巧的。

关于工作上的事情，比较合适的做法就是在工作时间打电话，这样显得名正言顺。当然，既然是工作上的事情，打对方办公室的固定电话便是最合适的。绝大多数人的家里已经不再安装固定电话，街上的公用电话亭也找不到了，如今固定电话主要被装在办公室里。因此，固定电话主要是用来办公的。固定电话的好处在于它被固定在办公室里，人们下班之后就可以不用接听了，从而将工作时间与休息时间的界限予以明确。因此，很多人不会轻易对外公布自己的手机号码，特别是身居要职的人，一旦手机号码被公布，他会不堪其扰，但公司或单位的固定电话是可以随时被查到的。下班后人们当然也可以打电话，但双

---

① ［美］迈克尔·塞勒：《移动浪潮：移动智能如何改变世界》，邹韬译，中信出版社 2013 年版，第 149 页。

② 孟俊阳：《移动互联网时代手机人的关系传播研究》，渤海大学硕士学位论文，2015 年。

③ ［美］尼古拉斯·克里斯塔基斯、詹姆斯·富勒：《大连接：社会网络是如何形成的以及对人类现实行为的影响》，简学译，中国人民大学出版社 2013 年版，第 297 页。

方一般聊的是私事。

手机多少带有一些私密性。固定电话需要坐班才能使用,但像大学教师之类的工作是不需要坐班的,他们也未必有自己单独的办公室,因此他们直接用手机办公。但是很多大学教师未必会向学生公布其手机号码。学生在学校网站上往往只能找到他们的邮箱、QQ 或微信号。虽然通过这些联系方式也可以找得到他们,但是联系起来总是不那么直接和方便。学生给老师发了一封电子邮件,老师可能过段时间才会回复。尽管老师可以马上就收到邮件提醒,但是他可以选择过一段时间再回复。QQ 和微信其实也是如此,虽然可以及时收到对方发来的信息,但都允许双方过一段时间之后再回复。

恋人之间往往希望对方能够秒回自己的信息,以表明对方对自己的在乎程度。一方刚开始追求另一方的时候,如果收到对方的短信,很快回复或者很晚回复可能都不太合适。回复短信的时间上非常重要,不同的回复时间代表不同的意思。这种联系方式是给人们留下一定的空间的,人们可以选择马上回复,也可以选择延后回复。如果直接拨打手机,手机铃声会影响到人们正常的工作、学习和生活。并且,如果一方不马上接听的话,另一方可能会觉得自己受了怠慢。既然选择拨打手机,人们是希望对方可以马上连上线的。而有些时候,由于工作、开会、学习等原因,人们其实并不能即刻接听,由此可能会造成不良后果。因此,很多人不会轻易地把手机号码告诉其他人。对于身居要职的人来说,更是如此。

(二)手机短信

手机短信(Short Messaging Service,SMS)是一种曾经在我国被广泛运用的业务。之后还出现了彩信(Multimedia Messaging Service,MMS),这是一种多媒体信息服务业务。相比手机短信,彩信还可以发送图片和声音等,其可以传播的内容更为丰富,不过资费相对贵一些,在日常交往中用得并不多。

据媒体报道,2009 年我国各类短信发送量达到 7840.4 亿条,同比增长 12.1%,日均达到 21 亿条,其中 86%为中国移动用户发送。① 为什么人们不选

① 古晓宇:《2009 年我国日均短信量 21 亿条,中移动用户占 86%》,《京华时报》2010 年 2 月 6 日。

择手机通话，而是选择发短信呢？在头些年，发送一条短信需要花费一角钱，接收短信免费；打电话则是双向收费，每分钟双方都要花 4—6 角，如果是长途通话，费用则更贵，到了异地打电话还需要支付漫游费。可见，手机通话的费用并不低，相比之下手机短信就便宜多了。为了省钱，许多人会优先选择发短信，而不是打电话。但随着手机资费标准的下调，选择发短信还是打电话已经不用考虑费用问题了。

相较打电话，人们发短信时可以不用发出声音，因而在很多场合都可以使用。而打电话则受到了很多限制，如在上课、开会等很多场合就不太适合。同时，在打电话时周边的人往往也可以多多少少听到通话的内容，缺少隐秘性。而短信则不一样，别人很难看到。因此，短信一度是人们非常喜欢的联系方式。

虽然一条短信最多只能发 70 个字，看上去就像和别人有一句没一句地闲聊一样，但是发送短信时需要根据具体对象而区别对待，例如发给上司或者尊贵的人，一般都会使用敬称，用词规范，语气恭敬，需要像书信体一样去回复；如果是平辈、朋友之间的交谈，可以随意些，这样会让人觉得更真实、更亲切。虽然对方的手机可能关机或者设置了静音，但发短信的时间既不能太早也不能太晚，例如半夜给别人发短信一般会被认为是失礼的表现。发短信时应该考虑到对方现在是否适合回复，然后决定具体发送的时机，以免让对方产生厌烦心理而不愿意回复。短信发出去之后，人们未必能马上收到回复，可能有两个原因：一是对方确实没收到，过去网络经常拥堵，导致短信不翼而飞或者发送延误；或者他没有看到；或者他看到了没时间回复。二是对方收到了但不愿意回复，就当作没收到或者故意拖着不回，以表明一种立场和态度。一般来说，为了表示礼貌，我们需要尽快回复短信，但有些时候短信太多了，未必能回复得过来。回复晚了，其实是需要表示歉意的。对于上司或长辈来说，他们不需要最后回复，可以在收到别人的信息或回复后就结束对话，下属或晚辈一般则应该负责结束对话。

在节日到来之际，人们会收到大量节日问候短信，这正作为一种新民俗、传播仪式在上演。平时，人们使用短信主要用于日常联系、事务沟通、获取资讯，以及出于休闲娱乐动机。人们也会收到很多垃圾短信，例如广告推销、虚假信息、涉嫌诈骗、强迫消费等。

除了节日问候,人们还会利用手机发送各种段子。得益于手机短信的出现,段子一时间成了一种社会现象。之前,虽然人们也会编一些段子,但主要通过口耳相传的方式在人群中传播,由于传播的局限性,人们生产段子的热情受到一定的抑制。手机短信为段子的传播提供了良好的渠道,使得段子的创作一下子就繁荣起来了。有些是出于商业的需要,通过段子为某个企业或者品牌进行形象传播;有些针砭时弊,是一种新闻评论;还有一些是人们纯粹觉得好玩,为了消遣娱乐而编写的。段子大多是健康的,但也有一些被称为“荤段子”。这种段子带有色情意味,会造成不良的社会影响。这些“荤段子”不仅仅在成人之间传播,而且在青少年中间也会流传,从而可能损害其身心健康。“荤段子”多少带有物化女性、刻板印象、性别歧视等因素,是一种“三俗”文化,满足少数人的低级趣味,从社会文化建设的角度来看,显然会带来负面的影响,不是一种健康的文化。

随着“内涵段子”平台的取缔,以及有关部门对低俗段子的监管,加上手机短信这一渠道被微信等的挤压,人们的兴趣点已经发生了转移,“荤段子”的生产和传播在这些年已经大为减少。

二、微信之交

(一)微信

在微信出现之后,短信的使用率就大大降低了。人们用微信不仅可以发文字、传图片,而且可以语音留言、语音聊天、视频聊天。微信提供的交流形式更为丰富,可以满足不同人的需求,因此非常受人喜欢。

有些人喜欢用微信语音留言的方式发送信息,这种方式不需要输入文字,操作起来相对方便。不过很多人看到这类信息时还是会觉得有些不便,因为他需要通过听而不是看来获取具体内容。随着语音识别技术的发展,人们可以直接将语音转换成文字,确实方便了很多。

和发短信一样,人们在发微信时,也需要考虑到对方的时间,很早或很晚其实都不太合适,因为可能会影响别人休息。虽然很多人会将微信消息提示设置成静音，但从礼貌的角度来说，有些时间段还是应当避开的。

虽然通过微信视频人们可以直接看到对方，与面对面聊天没多少分别，但并不是所有人都会选择视频聊天，因为与打电话相比，视频聊天暴露的信息更多，具有一定的侵入性，而人们越来越注重隐私。因此，视频聊天一般只在亲人之间、恋人之间、关系非常好的朋友之间使用。社交线索并不是越丰富越好，人们会选择合适的形式进行社交。太多的社交线索，也会让彼此觉得不太自在，当然，“由于缺少社交线索而导致的匿名性，我们不再遵守礼貌、文明的社会规范，而是比以往任何时候都对人更加刻薄”①。社交线索过少会导致欺骗性。由于没见到真人，人们在网络上聊天时使用的文字符号会给人很大的想象空间，因此也就可能产生误解和欺骗。例如，有些骗子宣称可以帮客户挑选稳赚不赔的股票，结果一个群里都是骗子；有些骗子则一人分饰多个角色，加微信骗别人钱财。这些骗子都是不露面的，如果露面我们就可以更容易看清对方的底细。社交线索越少越隐蔽。

（二）微信群

微信群是一个广场，如果想要与一群人聊天、交流信息，就可以选择微信群。微信群也是一个网络虚拟社群，大家基于某种共同的地缘、业缘、学缘、趣缘等走到一起。由于人们有着多种身份，很多人会有多个微信群，不同的微信群里有不同的成员。不同微信群有着不同的功能，人们在其中聊着不同的内容。在微信群里，人们可以就某个话题谈点自己的看法，也可以分享某些新闻和实用信息。有些微信群联络了同学或者老乡的感情，有些微信群实现了线上办公和管理，还有些微信群则提供了很多物美价廉的商品。不同微信群满足了不同人群的不同需求。

人们在微信群里分享的信息，一般不会太私人化，更多的是一种观点的交流，具有一定的公共性。而人们可能会发自己的照片到朋友圈，但一般不会发到微信群。

---

① ［美］南希·K.拜厄姆：《交往在云端：数字时代的人际关系》，董晨宇、唐悦哲译，中国人民大学出版社2020年版，第59页。

微信群往往是由某个人发起的,群主将部分微信好友拉到群里,群成员再将其他相关的人拉到群里,从而构建起一个人数上限为500人的群。群主对微信群负有主要的管理责任,如果微信群里的发言出现了违反法律法规、传播谣言等的问题,那么群主是需要承担相应责任的。群主组建了微信群之后,很多时候是群成员在自由发言。有些微信群比较冷清,这与大家缺乏共同话题有关;有些微信群则相对热闹。但不管是什么样的群,都会有一部分群成员比较积极,另一部分成员则在潜水。至于深度潜水的人,有些可能本来就是不情愿入群的,但是碍于朋友的脸面又不好意思拒绝,有些则可能是因为实在太忙没时间看群消息,还有一些热衷看热闹甚于自己发言。当然,群成员会有进有出,微信群虽然是相对封闭的,但并非一成不变。

(三)朋友圈

在朋友圈里上传图片、发布文字之前,很多人还是会有所顾虑的。首先是时机问题。在不同的时间发布的图文会有不同的意义,会带来不一样的影响。例如,恋爱时,虽然两人拍了很多张亲昵的照片,但如果还不想公开恋情,那么这时这些照片显然不适宜发在朋友圈,如果发在朋友圈基本上就等同于公布恋情了。有些照片在一般的日子发,可能会带来很多点赞,但是在一些重大的日子如全国哀悼日发布,却可能会招致很多骂声。对于发布在朋友圈上的图文,人们会结合具体时间与情境加以解读。因此,同一图文,有些时候可以发,有些时候则不适宜发。

人们在决定发朋友圈的时候,还涉及具体内容选择的问题。到了某地旅游,人们可能拍了很多照片,但不会把所有的照片都发到朋友圈,一般先会挑选一番。人们往往选择发布那些有趣的、形象好的、有助于塑造自己人设的照片。朋友圈是人们形象管理的重要场所,在朋友圈上展示的涉及自身的图文、音视频,直接展示了一个人的形象;不涉及自身的,往往也代表了一个人的价值观和态度。

人们拍的照片可能会涉及其他人,有些人考虑到隐私问题,发图前会做些处理,如给其他人打上马赛克。不过,有些隐私意识不强的人可能会把自己或他人的照片随意地发到群里。显然,发图也是有风险的,可能会泄露自己的隐私，或侵犯他人隐私，或伤害他人名誉权。

事实上，朋友圈上的图文是很容易暴露一个人的隐私和行踪的。通过全家福，别人可以了解到这家有几个孩子、他们分别多大了。发布小孩洗澡的照片，会泄露小孩的隐私；发布日常带小孩玩耍的照片，可能会让别人知道自己经常光顾的场所。别有用心的人会利用这些照片来推测种种信息，从而实施诈骗、偷盗财物、偷抢小孩等违法犯罪活动。

很多人的朋友圈是设置了分组的：有些信息给某些人看；有些信息则不给某些人看。这是对自己的一种保护，也是为了避免一些麻烦。既然朋友的亲密度不同，信息分享的程度也就有差异。曾经有一位研究生在朋友圈上发了一段对某位学术前辈不恭的话，由于没有分组，被自己导师看到了，因而引发了断交风波。也曾有留学生在社交媒体上发了一段被误解为恐怖威胁的图文而引发学校关注，最后被勒令退学。朋友圈是个人媒体，但不是私人领域，需要慎重对待。分组是针对不同对象传播不同内容的策略，很有实际意义。

朋友圈公开展示的时间也是可选择的：全部可见，半年可见，一个月可见，三日可见。新闻是易碎品，但网络上的很多信息比较复杂，有些内容转瞬即逝，但很多内容却可以长期存在，不容易消失。因此，很多人觉得社交媒体中的这项功能很好用。它为一个人的信息设置了一定的展示时间，那些不再可见的信息就只有他自己可以看到了。这是为了避免过度曝光自己，给自己留一点个人空间。

有些人的朋友圈可能并不设限，但是他朋友圈里没几条信息。不同人的发文频率有很大的差异，有些人一日不发朋友圈就会觉得难受，他通过不断发朋友圈，展示自己，刷存在感；有些人发朋友圈时会考虑很多，非常慎重，因而很少发；还有些人只看别人的朋友圈，从不发自己的朋友圈。“人们在决定要表露或隐藏个人信息时，主要依据五个标准：文化、性别、动机、语境和风险收益比。”①即便是那些很喜欢发朋友圈的，可能是爱炫耀，可能是一种习惯，可能是自己很幸福想要别人也幸福，可谓动机各异。发朋友圈的不同频率体现了人们对朋友

① ［美］帕维卡·谢尔顿：《社交媒体：原理与应用》，张振维译，复旦大学出版社2019年版，第15页。

圈重视程度的差异,经常发帖的人相比不常发帖的会更看重朋友圈。有些人把朋友圈当作生意场所,用来做营销。对于自己创业或者做微商生意的人来说,尤其如此。有些人则把朋友圈看作一种晒幸福、塑人设的渠道。还有些人只是把朋友圈看作一种看热闹的渠道。一个人对朋友圈功能的定位不同,显然也会影响其发文频率。

(四)点赞

由于人际交往转移到了手机上,微信朋友圈成了人们展露自我、了解他人、互相交流的重要场所。线上的点赞之交取代了线下的点头之交,成了人们主要的日常社交活动。

一个人在朋友圈发布照片、文字、音视频,主要是给其他人看的。每个人的朋友圈就是自己的一个对外传播平台。当然,这个传播的范围可以由自己设定,可以面向所有的好友,也可以只面向分组后的部分好友;传播的时间也可以由自己设定,例如三日可见、半年可见等。既然是一种传播行为,就少不了观众。在微博,人们可以看得到具体的阅读人数;在朋友圈,人们目前没法看到具体的阅读人数,能看到的只是点赞、评论的共同好友。因此,这个传播活动的反馈,主要就是看有多少人点赞和评论。

人们总有一种心理,希望别人给自己的朋友圈点赞,点赞越多,越觉得开心,也越觉得自己受人喜爱和尊重。

在中国,人们非常注重礼尚往来。虽然线下的人情不再那么火热了,但是线上的人情开始兴起,并在一定程度上取而代之了。人们在朋友圈上发布图文,就像是举办一次仪式,需要朋友圈里的人随个礼、点个赞。如果你不给他点赞,对方就会觉得你俩的关系一般;下次你发朋友圈,他看到了也就可能不会给你点赞。

有些人是几乎从来不给别人点赞的,而有些人则几乎会点赞朋友圈的每一条图文。虽然点赞是举手之劳,但很多人是有所选择的。对于亲朋好友发的朋友圈,人们往往会点赞;对于不太熟悉的人发的朋友圈,人们则会根据其内容来决定是否点赞。如果实在觉得精彩,自己被感动了,会点赞,或者那天正巧心情不错,也会点赞。可见,点赞往往是基于关系经营、内容认同、情绪投射等因素做出的选择。

一个人发的朋友圈，要是从来都没人为其点赞，那很显然，他的人缘相对较差。点赞数是衡量一个人朋友多少、人缘好坏、社会地位高低等非常直观的指标。那些人缘好、社会威望高的人，其朋友圈总是不乏点赞者。

点赞是一种社交货币。很少给别人点赞的人，他发的朋友圈自然也不太会有人给他点赞。点赞也是一种劳动的付出，自己不付出，也就很难期待对方会付出。双方存在一定的交换关系。点赞是需要回礼的，别人给你点了赞，你需要之后也给别人点赞，不然就显得失礼。

有些人经常发朋友圈，很多人虽然看到了，但是不会一直给他们点赞，不然会觉得自己成了点赞机器，这种感觉是非常糟糕的。点赞是一种互惠行为，人们在给别人点赞的同时，自己在心理上也就有了一份对友情的确认，或者说一种对付出的认可。如果点赞是不开心的事，那么很多人会选择不点赞，不去维持这份关系。

若故意不点赞，虽然对方不会强求，但双方之间的关系可能会受到一些影响。亲友之间，如果不给对方点赞，关系也可能会有些疏远。点赞是一次互动，是一种对双方情感的肯定。每次点赞都会给彼此的友情或亲情增添一点能量。

还有一种点赞是发生在微信群里。看到别人取得的成绩，我们会竖起大拇指点赞。当其他同学或同事都点赞时，如果只有你不点赞，彷佛只有你不认可他、不赞美他一样，那么你与他之间的关系可能会疏远。很多时候，同事关系的维系也靠点赞。

点赞行为也是社会现实权力关系的折射。一般地说，地位相对低的人会给地位较高的人更多的点赞，如学生常常给老师点赞，员工经常给领导点赞。一方面，这是因为地位较高的人事务繁忙，没有那么多时间刷朋友圈，更别说点赞了；另一方面，这是一种权力的体现，社会地位低的人往往是鼓掌的人，而社会地位高的人往往在接受别人的鼓掌。并且，社会地位高的人往往也有更多值得别人给予掌声的时刻，他们获得的成就更大。不管怎样，点赞并不完全是均等的。

在爱情关系中，追求者往往会更乐意给被追求者点赞，这是刷存在感的方式，也是追求对方的具体体现。被追求者收获了点赞，心情愉悦，感受到对方的用心，才有可能接受对方。

三、手机爱情

不管是在文学作品中,还是在现实社会里,手机在人们爱情生活中有着重要意义。

恋爱过程中,经常会出现一方想要查看另一方手机的情况,给别人看自己的手机成了一种高度信任的象征。然而,很多人觉得信任和给别人看手机是两码事,即便彼此之间很信任,但也不会轻易同意对方看自己的手机。对于很多人来说,手机是贴身携带的物品,手机里有太多的个人隐私,因而不会给任何人看。

对于年轻人来说,有了手机之后,约会变得更容易了。过去,人们通过传纸条、写情书来表达自己的爱慕之情。电话出现之后,年轻人"煲电话粥"谈恋爱。但打电话需要知道对方的电话号码,因而打电话往往是熟人之间的交往。因此,两人往往已经互相认识,再通过电话进一步沟通以加深感情。

然而,手机的出现使得人们交往的范围不再局限于熟悉的人。社交媒体中的"摇一摇""搜索附近的人"等功能让人们可以结识很多陌生人,也使人们有了更多的选择来确立关系。

有时候,拨错号码也可以建立恋爱关系。笔者的一个高中同学,就因为对方拨错了号码,与她建立了关系,最终发展成了恋人,并走入了婚姻殿堂。当然,这种情况并不多见,打错的电话往往会被直接挂掉,之后便没有下文了。

微信的出现,不仅使熟人实现更紧密的线上互动成为可能,也为人们认识更多陌生人提供了条件。就如过去在街上遇到陌生人,如果想要与他/她交往,走过去与他/她搭讪,需要做不少的心理准备,对方也比较排斥;现在找个机会上前要对方加个微信,就此建立起恋爱关系,也是有可能的。

有了这些社交工具,人们就可以随时随地与对方联系,并且可以运用多种符号发送信息。通过查看对方的朋友圈,一方就有可能了解对方很多个人信息,比如他的长相、爱好,平时出入的场所,他有哪些朋友,他最近在干些什么,他目前的感情状况,等等。对于恋爱来说,事先了解这些信息还是非常有必要的,可以省去很多无谓的努力,从而更有针对性地寻找目标,并能更好地找到共同语言。

就找对象而言，线下的渠道现在相对狭窄，很多人开始转向线上渠道。除了自己在线上寻找意中人之外，专门的婚恋网站和手机应用开始大量出现，如世纪佳缘、珍爱网等。这些平台起到了中介的作用，让有需要的人直接在网上挑选，选中之后再线下联系，从而提升相亲的效率。

与传统爱情相比，手机爱情已经大相径庭。“爱情经由手机媒体被放大，从私人情感转变为一种公共生活中的情感分享，也部分反映了现代爱情观念的变迁。”①爱情逐渐变得没有那么神圣了，离婚率也在上升。对于青少年来说，由于微信等工具的存在，恋爱的年龄大大提前了。总之，手机对人们的婚恋方式产生了很大的影响。

第三节　人际交往手机化的原因及影响

随着人际交往的手机化，传统的交往逐渐萎缩，串门聊天、面对面交往日渐减少，从而进一步加剧了人们对手机的依赖，推动着一个全新的手机社会的出现。

手机具有随身性，人走到哪里，手机也就到了哪里。这个带着体温的媒介，使人们有了“随叫随到”的可能。“无论我们多么努力保护我们不想被别人打扰的权利，手机的势头和偏向总是在拓展主叫方的选择与权力。”②这对于主叫方来说是天大的好事，但对于被叫方来说很可能苦不堪言。人际交往手机化有其复杂的原因，也会带来种种后果。

一、人际交往手机化的原因

从社会背景来看，工业化、城市化的迅速发展，导致人口迁移加剧，大量乡

① 费中正：《手机与西江苗民的生活：城乡转型发展中的文化传承》，人民出版社 2016 年版，第 137 页。

② [美]保罗·莱文森：《手机：挡不住的呼唤》，何道宽译，中国人民大学出版社 2004 年版，第 150 页。

村人口转移到了城市,中西部地区的人口转移到了东部地区。在传统农业社会,人们固定在某个地方,很难轻易离开,人们生活的范围在方圆几公里之内,一个人走几步就可以直接找到另一个人。在这样的熟人社会里,面对面交往是主要的人际交往形式。但如果人口迁移比较普遍,那么人们就很难经常见面,无法维持原有的联系,彼此之间的关系会变淡。以手机为沟通渠道的新型社交关系可以打破距离的限制,满足居住在不同地方的亲友之间互相交往的需求。

通信技术日新月异的发展推动了移动互联网络的兴起,以及社交媒体时代的到来。如今已经是5G时代,移动网络的带宽在不断拓展,网速在不断提升。随着各种软件被不断开发出来,人与人之间的交往变得格外便捷。人们越来越多地使用手机登录各种社交媒体,社交媒体也早已实现了手机化改造,推出各种基于手机的软件。使用手机与人沟通在技术上没有什么困难,而通信资费则在不断下调,因此人人都能用得起。

手机已经经历了多轮演变,如今大多是智能手机,功能强大,可以拍出画质非常清晰的照片和视频,存储空间越来越大,上传到朋友圈的速度很快,大大满足了人们的需求。手机可以用来上网、看视频,与台式、笔记本电脑没什么两样,而且它体型小巧、携带方便,价格从一两千到上万元不等,人们可以根据自己的收入情况购买合适的手机。在很多国家,人手至少一部手机,手机普及率要高于台式电脑和笔记本电脑。手机的普及是人际交往手机化的前提。

"手机对人际网产生四种作用,分别是拓展、维系、选择性强化和补偿。"①从手机应用来看,各种软件的开发将人际网络转移到手机上,并大大拓展了人际圈。QQ、微信、微博、钉钉等社交媒体,将同学、同乡、同事等现实中的人际网络都一锅端地搬到了手机上。在这些社交媒体中,各种软件会自动地将一些与用户曾联系过的朋友推荐给他们并加为好友,这些好友在日常生活中很多已经失去联系了,但在这些软件中又重新找了回来。虚拟社群中有最全的关系网,并且,很多陌生人也可以通过搜一搜、扫一扫等方式轻易地与我们建立起联系,从而大大拓展我们的关系网。这是一个不仅熟人圈继续得以深化,而且陌生人交

① 樊佩佩:《从传播技术到生产工具的演变——一项有关中低收入群体手机使用的社会学研究》,《新闻与传播研究》2010年第1期,第82—88,112页。

往圈得到轻松拓展的社会。

从使用习惯上看，通过各种平台的营销、培育，人们已经成为手机的忠诚使用者。各种网上支付工具，在推动人们使用手机进行结算；网约车在鼓励人们放弃传统的出租车打车模式，转而使用网络叫车；购物平台让人们减少去菜场、商城、书店购物的机会，转向在网络上下单，各种社交媒体鼓励人们把认识的朋友加为好友，鼓励人们用手机谈工作、谈生意、谈朋友。因此，各种场景都少不了手机，人们也就一天都离不开手机了。

从使用效果来看，存在一种“超个人传播”(Hyperpersonal Communication)的现象。“当人们在网上，尤其是在身份线索较少的媒介平台上相遇时，似乎比面对面相见时更喜欢对方。”[①]线上线下的交往，由于手机的因素，存在很大的差别。

二、人际交往手机化的积极影响

自从有了手机，人际交往就变得不一样了，人们开始更多地在手机上与其他人进行互动和交流。“手机传播能够真正实现信息传播的5W：无论何时(Whenever)，无论何地(Wherever)，无论是谁(Whoever)，无论什么内容(Whatever)，能找到对方(Whomever)，即任何用户可以在任何时间、任何地点获取任何信息并联系上任何人。”[②]人际交往手机化带来以下积极影响：

一是打破了时空的局限。面对面的人际交往需要两个人走到一起才能进行，是处于同一时空下的交往。有了手机则不必如此，距离很远的两个人，不管是认识还是不认识，都可以进行语音、文字或视频的聊天。距离感逐渐消失了，人们不必因为不在一个城市而失去联系，同时，这种交往不同时进行，可以有滞后性，如对于一方的微信另一方可以有空时才回复，故时间不再是一种对人际交往的束缚。

---

① [美]南希·K.拜厄姆：《交往在云端：数字时代的人际关系》，董晨宇、唐悦哲译，中国人民大学出版社2020年版，第146页。

② 匡文波：《颠覆传媒——手机：新时代的电脑和器官》，华夏出版社2013年版，第27页。

手机的普及让我们的交际生活变得更加便利,就我本人来讲的话,因为我是从安徽嫁到浙江这边来的,原本一两年才能回家一次,现在因为疫情的影响好几年都没回去了,全是靠手机和老家的妈妈、弟弟、妹妹来联系。不管是和我老家的亲戚,还是上寄宿学校的女儿,只要有了手机,就可以随时随地找到他们。除了方便联系之外,我平时用手机的时间也很多,可以说根本离不开手机。(A,女,40,一线工人)

现在可以和以前同村的人直接微信联系,以前存了他们的电话号码,但没什么事情,一年到头也不会打几次。(B,女,50,退休)

二是扩大了交往的对象和范围。有了手机,天南海北、五湖四海的人,都有可能成为人们的交往对象,从而大大拓展了交往半径。过去仅限于当地社区、村落、同事等以地缘关系为主的朋友圈大大拓宽,被以趣缘为主导的关系取而代之。大家因某个共同感兴趣的话题而彼此联系。过去,一个人能够认识的朋友是很少的,但结成的是一种强关系的圈子。而手机时代,人际交往的圈子可以很大,但关系往往很弱。这种弱关系的圈子,大大延长了个体的“触角”,使他可以伸到很远的地方去。

手机肯定是方便了我们和别人联系、交流的。像我们这边有个亲戚,他和他老婆以前就是通过QQ聊天认识的,网恋了一段时间就结婚了,如果没有手机的话,他们可能都不会认识对方。(A,女,40,一线工人)

三是交往的频率和内容有了很大差别。基于手机的交往非常便捷,人们可以随时随地联系,并且发的信息不求完整,因此,这种交往是日常式的,与拉家常有点相似,一个人可以同时与多个人一起聊。由于大家都处在一张巨大的信息网中,可以接触到的信息无比丰富,可以分享的内容不仅限于自己的亲身体验,而是有一个巨大信息库作为支撑,因此,内容可以是无穷无尽的。

四是手机上的交往可以不必发出声音,从而具有更多应用场景。在有些场合,人们不方便说话,例如在开会、上课及一些公共场合,这时发一条信息给对方,照样可以达到交流的目的,且不会打扰到别人。

这种“沉默”的交流，对于那些社交恐惧症患者来说，不失为一种理想的交流方式。人们可以不用因为内心的担心而放弃交流，相反，远距离的交流可以让大家觉得更加放松，从而也可以让更多人加入进来，敞开心扉，分享更多的信息。

三、人际交往手机化的消极影响

人们花在手机交往上的时间相比过去多了很多，很多人对手机有很强的依赖性，从而导致有些人明明就住在隔壁，走过去不需要几步路，却经常在线上聊，而不愿当面谈。甚至同学聚会、公司开会，一个个也都是拿着手机在那里聊。

不管远距离还是面对面，我们都能通过手机进行交流。远距离交流时，手机可以让身体在物理缺席中虚拟在场。而现代手机人身陷的则是一种“在场的缺席”状态：虽然在物理空间内身体是在场的，但是心思却全都钻进了那块方寸大小的电子屏幕里，借助移动互联网游移到十万八千里外了。①

“无论是‘在场的缺场’对共享同一地点的社交的妨害，还是‘缺场的在场’对亲密关系的远距离的维护，它们都从本质上体现了由手机使用实现或强化的人们随时随地在两种并行（物理的和手机传播虚拟的）时空之间切换的可能性。”②由于手机，虚拟和现实空间得以联通。

此外，“串门”似乎已经成了历史，人们不需要进入其他人的家门，就可以拉家常。面对面聊天可以有很多目光交流，也可以有肢体接触，而手机交往是隔着距离的。这种方式在新冠疫情时期需要保持社交距离的情况下，是非常合适的。人们不必走到一块，不必冒着互相传染的风险，依然可以实现畅快的交流。但人际交往手机化会带来以下消极影响：

（一）人际关系肤浅化、表面化

由于手机交往不必面对面，人们可能会堂而皇之地戴着面具在生活和交

① 马丹晨：《信息传播视角下的手机人研究》，南京师范大学硕士学位论文，2014 年。

② 季念：《手机传播中的时空重塑：2000 年以来国外学者关于手机与时空关系研究述论》，《文艺研究》2008 年第 12 期，第 62—72 页。

往。人与人之间的关系呈现了一种经过粉饰和过滤的自我呈现虚假化的特性。“与我们生活的媒介环境‘拟态化’密切关联的,则是社交平台自我呈现的‘虚拟化、过滤化、虚假化’。”①

人们对另一个人的了解,可以通过对方的朋友圈等社交媒体平台上的数据来加以判断。人们在微博、微信、QQ、钉钉等各种社交媒体上会留下很多数据,他们上传的照片、转发的图片和文章、书写的种种文字以及点赞和跟帖等数据,构成了一个数字化自我。两个在现实生活中一起上学的人,毕业后可能身处不同的城市,平时很少有时间聚在一起,但彼此之间并没有完全失去联系,因为很多时候会点赞对方的朋友圈,在社交媒体中也会有一些交流和互动。这种交往是云端的交往,与现实生活中面对面的交往差别还是非常大的,在一定程度上是两个数字化的人之间的一种交往。数字形象之间的互动是断断续续的。人们在刷朋友圈的时候,会看到对方的信息,有时也会主动发送一些信息给对方。很多时候则只是在节日时发一些千篇一律的祝福短信。人们虽有一定的互动,但它是表面的、浅层次的。

爱美之心,人皆有之,人们在社交媒体中的形象是经过修饰的,不太会以本真形象示人。人们用美颜技术拍的照片,相比于真人要好看许多。人们上传的照片是从很多张照片中精心挑选的,有损形象的照片不会被上传。数字美颜的使用,大大美化了人们在朋友圈中的形象,在朋友圈里的颜值指数要远远超过现实中的。借助美颜自拍,那些不太自信的人也愿意展示自我,似乎找回了自信。从这一点来看,美颜自拍倒也有积极意义。美颜照片就是明目张胆地为自己的颜值加分,让原本不够美丽或帅气的自己有更多的魅力。人们总是希望自己看起来更美,这样在社交中会更受欢迎。对于人们来说,看到更美丽的自己也会更加自信、更加开心。不借助于外物,我们是看不见自己的脸的,因此自拍下来的美颜照片,其实对自己来说,不太能够做很多比较,而网络上的其他人,其实看不见自己的真实面孔。因此,由此构建起来的数字自我形象是很有欺骗性的,自己可能会相信,其他人也可能会信以为真。

① 毛玉西、罗迪:《掌媒:手机化生存》,南方日报出版社2019年版,第78页。

我有工作微信和私人微信，以前没有上班的时候经常发一些自己的日常生活，但现在基本上不发了。工作微信实际上并不是完全真实的，上面的内容其实是特意在用一些看起来高大上的内容来包装自己。（C，女，23，杭漂）

在社交媒体中我们流行的种种数据，是有时间性的，多年前的信息，也依然还在，这些人设有时候是会有冲突的。特别是对于明星来说，他们在微博中构建的形象，往往光彩照人，但是保不定哪一天自己的糗事、丑闻被曝光，人设迅速崩塌，这样的例子非常之多。特别是明星的婚姻关系，之前两人一直在秀恩爱，结果却因出轨分手。于是有些明星会选择在一夜之间删除之前的全部帖子，毕竟之前构建的形象与现在的有着天壤之别，与其落人口实，不如删除干净，让人觉得好像从来没有出现过一样。

“由于表演中最具关键性的秘密都可以在后台看到，演员在后台的行为也与他所扮演的角色完全不符。”[①]因此，使用美颜、分组等手段进行印象管理是普遍的做法。通过朋友圈，人们很难了解一个人的真实面，就是对我们自己来说也是如此，我们没法在社交媒体中完全记录真实的自己。除了照片外，展示的各种场景和事件也都是经过选择的。开心喜悦的时光，人们展示的会多一些；尴尬痛苦的事情，流露的就会少一些。在社交媒体中，人们努力进行形象管理，塑造一种自己想要呈现给他人的美好形象。当然，这样的形象只能是部分真实的，它与整体上的真实是有偏差的，以偏概全是其重要特征。

手机扩大了社交的广度，但是减弱了社交的深度，呈现出一种肤浅化、表面化、虚假化的状态。人与人之间互动的速度、频度在提升，但是关系的温度、热度却多少有些缺失。由于手机的介入，人际交往走向手机化，“人与人之间面对面的互动在减少，给人际交往造成了一道隔阂和情感交流的屏障”[②]，从而也容易导致情感危机、信任危机等问题。

---

① ［美］欧文·戈夫曼：《日常生活中的自我呈现》，冯钢译，北京大学出版社2008年版，第98—99页。

② 王萍：《传播与生活：中国当代社会手机文化研究》，华夏出版社2008年版，第74页。

（二）失去屏障的个人隐私

这是信息技术不断向前进、个人隐私不断向后退的时代。“博客、百科网站和社会化媒体的大量出现，意味着我们的个人隐私和名誉在任何时刻都暴露于不友好的审视之下，它们无处可藏。”①由于手机的介入，“人—机—人”的交往模式使得人际传播的信息都是数字化的、媒介化的，个人隐私被窥探、被窃取、被泄露的可能性更高。

但同时，很多隐私是人们自己主动泄露、自我暴露的结果。人们在晒朋友圈的过程中，将自身隐私予以曝光。在手机时代，很多人会过度分享。不同身份的群体，在自我展露上存在较大的差异。对于年轻的夫妇来说，他们可能是晒娃成癖；对于女性而言，她们发的往往是一些展现自己幸福一面的图片。不管怎样，手机加剧了隐私的暴露，如今，个人隐私已失去了屏障。

在这个日趋透明的社会，想要做些不为人知的事情，其实已经不太可能了。人们写下的文字、上传的图片，想要彻底抹去，也变得不大可能了。由于手机的存在，在大量社交新闻的生产和传播之下，人们失去了自我的空间。从这个角度来说，人的主体性也在一定程度上被消解了。在手机时代，我们要时刻注意：老大哥一直在看着你。人们可以保持沉默，但所说、所做的，都可能被公开展示，成为“呈堂证供”②。

那么，应该怎么办呢？

1. 对微信可见度加以设限

对于那些爱发朋友圈的人来说，如果微信朋友圈不加设限的话，人们可以通过微信朋友圈了解到一个人生活的方方面面，朋友圈就相当于将这个人赤裸裸地展示在其他人面前。每个人的个性、生活和心态都是在变化的，在某一种心境下写的一句话或上传的一张图，时过境迁，就变得不再适合公开了，否则可能会造成一种误解。年轻人交往的对象可能也会有变化，之前在朋友圈晒的亲

① [加]马修·弗雷泽、[印]苏米特拉·杜塔：《社交网络改变世界》，谈冠华、郭小花译，中国人民大学出版社2013年版，第92页。

② 厉国刚：《社会学视角的微新闻生产研究》，浙江工商大学出版社2021年版，第131页。

密照，如果里面的人已经成了前男友或者前女友，显然也不太合适将其继续公开展示。给自己的朋友圈加上期限之后，到了时间点，之前的朋友圈别人就看不到了，他们看到的是最近的一些状态，相对来说就可以省去很多麻烦。

2. 对朋友圈进行分组

微信作为联络的工具，每个人都会加不少好友。如果不分组，那么发在朋友圈的信息每个好友都是可以看到的，这有可能会给自己带来麻烦。有些信息，一般人看了没什么问题，但是有些人看了就可能会产生误解。因此，在发朋友圈的时候需要考虑一下对谁可见、对谁不可见。这样既可以满足自己发朋友圈的渴望，又可以避免给自己带来麻烦。

3. 对信息做必要的技术处理

对于在朋友圈上发的图文，需要做一些必要的处理，有些内容需要抹去或者虚化。例如，身份证号码、家庭住址等信息都不太适合直接发在朋友圈。如果不愿意让其他人看到自己朋友的正脸，也可以做些技术处理，打上马赛克或者加以遮挡。朋友圈发布的文字，有些信息没必要写得太清楚，做一些笼统的表达即可，或者直接不写。

4. 对其他人提出必要的要求

有些个人隐私是被朋友发在社交媒体上的，因此在朋友聚会、男女约会及其他公开场合，若发现在场的人对自己拍照、录音或录视频时，有必要提出要求：一是不许对方拍照或者录制音视频；二是可以拍摄，但对方不得将照片或者音视频上传到朋友圈或网络上。另外，在发表意见的时候，尽量不直接表明是自己的观点，而是假托其他人说的，也可以避免给自己带来麻烦。在有人发布了自己不愿意公开的信息时，也可以联系他，要求他立即删除。很多在私底下传播的信息，如果加以公开，可能会给自己带来麻烦。因此，在自己不公开的同时，要求其他人也不传播，是隐私管理的重要方式。

(三)长了翅膀的谣言

以色列学者尤瓦尔·赫拉利在《人类简史》中提出，人类是一种喜欢八卦的物种。人类语言真正最独特的功能,在于能够传达一些根本不存在的事物的信息。[①] 这是人类与动物相区别的重要特征。

在传统社会,人类传播信息的主要渠道是小道消息。在闲聊的时候,人们会传播各种道听途说的消息。这些小道消息不管是真的还是假的,都会被继续传播给其他人。小道消息作为传统社会的黏合剂,将人与人连接在一起。一般来说,小道消息都是私底下进行的。一个人告诉另一个人这些消息,那是对他的信任,通过传播小道信息,彼此之间建立了一种信任关系。

在手机出现之后,人类喜欢八卦的本性并没有改变。人们继续在各种社交媒体上传播道听途说的消息。并且,由于网络虚拟圈子的构建,全世界的人都或近或远地联系在了一起,不管是隔着六个人还是更多的人,一个消息从一个人传到另一个人,只需有人帮着转发就行。在微博里,各种消息满天飞,让人感觉格外喧嚣,但又缺乏可信度。

"鸡汤文、养生文、奇闻逸事是朋友圈经常出现的文种,这是利用了用户的好奇心和屌丝心态。"[②]有些谣言还采取道德绑架策略,让很多用户迫不得已地跟着转发。很多谣言还会反复出现,成了都市传奇。

微信朋友圈虽然具有一定的圈层性,但并非与世隔绝的秘密空间,其实依然是对外开放的公共空间。一个人发在自己朋友圈上的信息,可能会被另一个人截图发给其他人,或者一个人与另一个人私聊的信息,也可能会被截图作为证据来展示,或者传给了整个网络中的人看。手机构建起的社交网络,具有非常广阔的传播空间。一条信息只要通过手机上网,那么也就与整个世界建立了一种关系,其他人就有看到的可能。

在过去,一个人与另一个人的私下聊天,虽然隔墙有耳,但很难被确切地记录。但如今,在微博、微信、QQ 等各种社交媒体上的信息,已经难以被遮蔽在一个私密的空间。它长了一条四处乱窜的腿,不受人们的控制,并且轻而易举就可以达到路人皆知的程度。正如"Twitter 也可能是谣言或者彻头彻尾的谎言

---

① [以]尤瓦尔·赫拉利:《人类简史:从动物到上帝》,林俊宏译,中信出版社 2014 年版,第 25 页。

② 李梦雨、李惊雷、郭开蒙:《角色理论视域下的手机人现象解析:以微信朋友圈为研究对象》,《新闻爱好者》,2022 年第 1 期,第 90—93 页。

的传播渠道，一旦足够多的人相信它并认为它有趣，它就会成为一个错误信息的浪潮”①。对于各种社交媒体上的信息，人们只要拿出手机动动手指，就可以转眼将其传遍整个网络。手机是谣言的加速器。

由于每个人都在发帖，如此海量的信息，其实很难加以甄别和监管。“无限丰富多样的信息被不加控制地传播，易造成信息传播的污染，导致传播生态环境的恶化。”②由于缺乏把关，通过手机传播的各种谣言、传闻并不少见。传统媒体上的各种信息是经过层层把关和筛选出来的，虽然未必就是事实真相，但一般来说不会存在明显的疏漏或者造假。手机上的信息，则是在反映了一部分真相的同时，也掺杂着各种虚假信息、谣言，需要人们自己去识别。由于信息鱼龙混杂、真假难辨，个人的能力其实有限，没法加以准确判断，因此，人们往往把虚假的当作真实的，导致自己的认知受到影响。

当然，如何看待谣言，其实需要进行一番哲学式的思考。谣言作为自古以来就存在的一种事物，一方面很难杜绝，另一方面往往隐藏着某些真相，如果完全不让它传播，反而可能会影响人们发现真相。并且，到底由谁来判断这是不是谣言，也是一个很大的问题。就观点的自由市场来说，可以交由广大网友自行判断，但可能效率偏低，危害较大。而通过立法的形式禁止谣言的传播，则有可能产生寒蝉效应，使得人们不敢自由表达。如何把握好其中的度，对网络治理的决策者和执行者来说是一场考验。对于网民来说，提升自己的媒介素养、科学素养是非常重要的。不管是谣言还是其他信息，只有这样，人们才能够批判性地加以认识，不至于盲从。

从社会治理的角度来说，政府对于传播谣言有相关的政策法规。谣言如果对社会或他人产生了重大危害，传谣者是会被处罚的。当然，由于网络传播渠道太宽广，与事实不符的信息太多，政府不可能完全控制谣言的传播。虽然有些地方的网信办建立了类似“瞭望哨”的制度，“哨兵”会参与报告谣言，但是依然无法杜绝谣言。因此，对于很多接触谣言的人来说，他们依然会受影响。

---

①　[美]迈克尔·塞勒:《移动浪潮:移动智能如何改变世界》,邹韬译,中信出版社 2013 年版,第 157 页。

②　匡文波:《颠覆传媒——手机:新时代的电脑和器官》,华夏出版社 2013 年版,第 282 页。

第五章　时刻在线的学习与工作

第一节　随身携带的助手及认知的困境

手机给人们的学习带来了前所未有的冲击，改变了人们的学习方式，并导致了知识生产和传播模式的变化。

一、手机加速了知识的生产与积累

在原始社会，由于缺乏有效的记忆载体，学习知识主要依靠人脑。年纪越大的长者，由于经历丰富，留存在其大脑中的记忆多，其拥有的权威越大。长老统治是当时社会的模式。当然，依靠人脑记忆，不可能把所有的事情都记得那么清楚、准确，而且每个人的记忆也存在偏差。当时的神话故事、民谣诗歌、历史传说等依靠口耳相传的方式一代代地传下去。知识的总量很有限，带有个体很强的主观色彩，并不具备多少规范性。年轻人想获取知识，在很大程度上要依靠父母和长者。知识主要由长辈向晚辈单向流动，因此每一代能够积累和更新的知识较少，社会的稳定性较高，整体的节奏显得非常缓慢。

随着图书、报纸、杂志、广播、电视等媒介的出现，社会记忆被分离出来，储存在这些媒介当中。个人记忆也可以通过出版、录制转化成为社会记忆。对于个体来说，他可以到图书馆阅读以获取前人留下来的大量记忆和知识，不再需要依靠某个长者才能了解知识。知识的传播活动开始变得有效率了，普通老百姓只要受过一定的教育，就可以掌握大量的知识。知识和经验的积累不再那么困难，已经逝去的人通过他们留下的文字可以与当下的人进行一定的对话，当下的人与人之间也可以有很多知识的交换，并固化在某种媒介载体中留存给后人。知识生产、传播和储存方式的改变，对整个社会结构和运行模式都产生了巨大的影响。部落社会由此解体，组织更加严密的国家得以形成，并且对外扩张能力得以提升，进一步发展成为疆域辽阔的帝国。

到了智能手机时代，每个人都具有生产知识的条件，可以轻而易举地和其他人分享自己的购物、旅行、阅读、生活等方面的体验，能够以文字、图片或者音视频等多种形式记录个人记忆，并通过自媒体及其他各种网络平台将个人记忆传播出去，成为社会记忆的一部分。“在人类记忆 4.0 时代，信息传播技术轻易地消除了个体与个体之间的隔阂。”[①]那么多个人记忆和知识经验的加入，使得整个社会的知识、个人经验和记忆变得异常丰富。

在这个时代，个人记忆和社会记忆交织在一起。通过网络，所有用户都被联系在了一起，共同构成了一个“全球脑”。“‘全球脑’是指汇聚、存取、分享和传播全球人类全部信息、知识、思想和创新、发明的基于数字化、整体化的人工神经系统。”[②]个人记忆通过上传到朋友圈、自媒体等网络平台得以转移，不再单纯保存在个人的大脑中。某年某月一个人做过的事情、拍过的照片、有过的想法可能他自己都已经忘记，但在网络上却还可以被找到。前人积累的经验和知识也被数字化，并上传到了网络空间，供大家随时去阅读。类似中国知网之类的平台，将人们发表在学术期刊或者报纸上的文章进行数字化处理。知识的生产模式由此发生了变化，一方面人们可以了解很多其他人的研究和思考，另一方面却不能穷尽，人们只能在某个很小的领域进行深入思考和探索。

人们在社交媒体中分享的个人体验、思考和记忆，本身也是非常细小、琐碎的，缺乏足够的价值。在传统的图书出版和媒体中，这些信息很难被保留，它只不过就是个人的记忆，只在亲友圈子里传播。在网络储存空间日趋强大和社交活动在线化、数字化的背景下，个人记忆有了大范围传播和长时间保存的可能，不会因为个人的离开就轻易消失。就如一些人的微博，即便他们已经逝世，但

---

① 邵鹏：《媒介记忆理论：人类一切记忆研究的核心与纽带》，浙江大学出版社 2016 年版，第 314 页。

② 邵鹏：《媒介记忆理论：人类一切记忆研究的核心与纽带》，浙江大学出版社 2016 年版，第 318 页。

是人们还是经常会去看看其微博并在上面留言,网友之间也会互相进行对话交流。这些人由此长时间地活在人们的心中。这些记忆是社会记忆非常重要的构成部分,是这个时代的某种标志。

手机作为我们记忆的工具,协助人们记忆各种各样的事物,甚至在很大程度上取代了人们的记忆。如今,人们不需要记住他人的电话号码,不需要记住行走的路线,只要打开手机的相关功能,就可以把所需的东西找出来。甚至在上课时,很多学生使用手机拍照代替记笔记,只要拍下教师的 PPT,复习时就可以翻看。

智能手机作为一种新的记录工具,对于社会上发生的大大小小的事情,都可以加以直接记录和传播;对于社会上出现的危机事件,也可以第一时间告知大家;对于可能出现的风险,也能够短时间内大范围地提醒大家,还加速了科学知识的普及和传播。在这个时代,个人记忆和社会记忆的生产、传播和存储模式的新面貌,不仅对技术的变革、商业的交易有着巨大的推动作用,而且对社会结构、个人生活等更多领域也产生了深刻的影响。

智能手机使得人们的时空观念发生了很大的变化,宅男宅女的数字化生存成为现实,他们足不出户就能了解世界上正在发生的各种事情,并完成很多任务。

各种信息在数字化之后,具有极强的时空穿越力。尽管传统时代的摩崖石刻、雕塑建筑等历经千年,人们还可以观摩上面的文字,解读有关的信息,但这些事物往往是固定的,人们需要走近它才能了解,并且它们可以传播的信息非常有限。图书出版使得前人的知识、经验和记忆可以被后人掌握,但它主要也固化在图书中,有些只保留在图书馆、档案馆和博物馆当中,传播面受到限制。而数字化的处理,则使得所有这些前人流传下来的知识和经验可以轻而易举地被每个拥有手机的人获取。当下的人拥有的知识库存是前所未有的,不仅每年有大量新图书在出版,而且每个人每天都在生产大量个人知识,分享丰富的个人经历。由于信息数量越来越多,一个人不可能完全掌握,他只需要懂得如何检索就行,在需要的时候提取相关信息。

广播、电视、电影作品过去是线性传播,转瞬即逝,很难被保存。但在数字化、网络化之后,这些信息得以很好地储存,在爱奇艺、优酷、喜马拉雅等平台有大量的作品。当下用户可以因时、因地、因需地选择娱乐方式。用户不需要在固定时间打开收音机、坐在电视机前或者去电影院，而是在自己需要的时候，只要拿出智能手机，就可以观看视频、收听音频。因此，未必是当下热播的，那些曾经热播的，用户也可以观看或者收听。从娱乐内容和时间上来说，人与人之间不是同步的，而是异步的。人们具有一定的跨越能力，可以观看其父母亲当年爱看的某部影视作品。

总的来说，由于知识和信息生产形式、传播渠道的变革，“一种改变我们生活方式的新型经济体制应运而生，它就是‘协同共享’（Collaborative Commons）”①。在协同共享之下，知识的生产和积累显著地加快了，整个社会处于加速度迭代升级的状态。

二、手机带来的学习革命

这些年，中国慕课、智慧树等平台的线上课程大量出现。上至教育部，下至教师都在大力建设线上课程。这些课程不只是美国常青藤、中国北大清华等名校学生才有机会听，那些没考上名校的同学也有机会通过手机随时收看、收听名校名教授讲课。线上课程是对外开放的，来自全国甚至全球各地的人都可以进行注册学习。没有围墙的大学、打破国界的大学，随着大量在线课程的出现而兴起。除了国内高校的精品课程外，还有不少来自国外的人气课程。这些课程往往是由知名教授或者名校教师团队主讲和建设的。然而，相比线下的课程，线上课程的互动效果较差。线上课程需要学生自觉，因为教师未必会盯着学生，认真地督促他们。线上课程的考核方式相对而言不如线下课程那么灵活，考核标准也相对宽松。

由于经常上网课，大家都说教师成了直播网红。网红直播如今是社会一大热点。网红作为一种新职业，通过网友的打赏、直播带货、流量分成等方式获得一些收益。教师成了网红，知识的传播在线上进行，让很多人觉得教育有新的可能。

即便是传统的线下课程，很多学校也开始采取了线上和线下混合教学的方式。一部分课时通过线上的方式进行，一部分课时则线下进行，从而结合了线

① ［美］杰里米·里夫金：《零边际成本社会：一个物联网、合作共赢的新经济时代》，赛迪研究院专家组译，中信出版社 2014 年版，第 1 页。

上和线下的优势。学生可以在宿舍观看线上课程,也可以到线下参与交流讨论等完成学业。线上授课的方式有很多种,可以在学习通、钉钉等平台上进行。

很多年前有函授课程,那时电子技术还没有这么发达,因此学生主要通过邮寄学习资料的方式自学。在电子技术发达的今天,虽然还是远程教学模式,但授课方式已经大大升级了。

对于一些大中小学来说,新冠疫情期间,防疫管控要求减少人员的面对面接触,各个学校开展在线教学,学生可以通过手机、电脑等进行线上学习。在家里就可以听教师直播讲课,具有很重要的变革意义。

也正是在新冠疫情的刺激下,线上培训课得以大幅增长。一时间,网课盛行。学生可以通过各种App或者直播课程,学习数学、英语等文化类或者书法、美术等艺术类的课程。线上学习时,学生状态往往相对自由散漫一些,不过线上直播教学可以实现一位教师同时向大量学生授课,使教育成本变得很低。对于自律的学生来说,其学习效果与线下的也差不太多,因而让很多家长心动。虽然一直对着电脑或手机,对学生的视力会有一定的影响,但是相比掌握的知识、提高的成绩来说,很多家长觉得还是值得的。对于城市里的孩子来说,没有几个是没上过这种线上培训课的。一大批培训机构,如学而思、新东方等由此得到了巨大的用户增量,规模曾一度迅速扩张。

在手机时代,人们有很多机会参加各类在线的学术会议。过去学术会议往往是线下的,人们需要赶到距离不近的会议举办地才能参与会议。在新冠疫情期间,线下活动受控,各种学术会议以线上直播形式为主,人们可以参加的会议一下子多了起来。学术会议往往涉及的人员较多,组织起来费钱、费力,而线上的会议,可以扩大参与对象,省去了人员奔波的交通成本和时间成本,虽然交流起来的效果相比面对面的要差一点,但是足不出户就能参加线上学术会议和讲座的优势也是非常明显的:一是大大扩大了参与的人群范围,过去一个学校可能只有很少的几个人能够参与学术会议,现在则可以动辄上百人一起参加;二是在互动发言环节,人们既可以留言,也可以直接提问,增加了很多便利。三是大大促进了学术交流,拓展了学术传播的范围,从而提升学术举办者和主讲人的知名度。从知识传播的角度来说,这有着很不错的社会效益。同时,各种读书会和课堂讨论,也完全可以在线上完成。各种视频会议,可以让大家露脸来参与交流。主讲人的屏幕背景可以是现实的，也可以是虚拟的。

由于手机的不断发展，知识传播的方式有了翻天覆地的变化。从阅读的角度来说，纸质阅读在快速消减，手机阅读在迅猛增长。人们可以直接在手机上看网络文学作品，不需要购买纸质书。大量的新闻报道，在各种新闻 App 和微信公众号中被反复传播。人们可以按照自己的兴趣进行手机阅读，对感兴趣的内容可以看一看，对不感兴趣的可以不看。

在网络上，人们能够得到的学习资料非常多。过去师生之间曾经存在信息不对称，教师可以获得很多资料，而学生则相对困难。在这个时代，学生利用搜索工具可以获得的资料甚至比教师还要多。教与学之间的关系发生了变化，过去填鸭式的、灌输式的教学方式很难再受学生喜欢，因为学生有着数量众多、生动有趣的信息可选。整个社会进入由视觉传播主导的读图时代，人们很难静下心来好好阅读和学习。

中国知网、超星等数字图书馆的出现，为人们查找相关文献提供了巨大的便利。过去，人们查找文献，需要查阅一本本期刊，很不方便，而且人们可以接触的文献也很有限。但现在，可以按照某些要素搜索文献资料，把相关文献全都找出来。由于文献数量非常之多，一个学者不可能阅读大多数议题的所有相关文献。他们只需要抓取最前沿的、最重要的文献资料，其他很多文献虽然可以被纳入综述的范围，但很难全部阅读。在文献数量暴涨的同时，技术也在进步，文献资料的可视化是最近这些年被谈及较多并被很多学者使用的一种技术。通过将大量的数据进行可视化处理，数据一下子就变得生动直观起来了。

在大数据时代，各种手机软件也在不断升级，推出了很多好用又不复杂的工具，帮助人们在这个时代更好地掌握各种信息和知识。

对于很多学生来说，过去不懂的题需要去请教教师或同学，但如今各种 App 可以直接帮忙。做完的数学题，只要扫一扫，App 就会直接予以批阅，示以对错。对于不懂的题，类似小猿搜题的软件可以帮忙解答。有些简单的知识性问题，直接问 Siri、小度，也可以得到满意的回答。文心一言、ChatGPT 等更是功能强大，能满足人们多方面的学习需求。在这样的技术环境下，那些学习主动性、自觉性强一点的学生，依靠这些软件和工具，就可以自学到很多知识。教师的作用不再像过去那么突出了。事实上，教师也越来越多地把很多工作外包给各种社交软件处理。当然,这未必是一件好事。

不懂的题可以问各种手机上的App或者小程序。对于不认识的植物,只要拿起手机拍一拍,手机就会帮助识别。大自然的植物种类非常多,不是学植物专业的,很难弄得清楚到底这是什么花、那是什么草或这棵树叫什么名字。而百度软件,可以帮助大家识别这些植物。虽然有时由于拍下的照片不够清晰,或者植物之间存在相似性,它未必能够直接给出明确的答案,但是这种功能让很多人认识了很多植物,大大增长人们的见识。因此对于一些事物,我们可以即学即用,不必事先就完全掌握。只要带着手机,问一问、搜一搜,就可以找到相关的知识或答案。博闻强识固然不错,但如果记忆力没有那么好,只要搜索得勤快一些,也是完全可以拓展知识面的。

三、手机对学习的负面影响

随着各种平台的慕课大量涌现,传统的线下教学模式受到了极大的冲击。不管是纯线上课程,还是混合课程,学生未必都需要聚在教室,教师在家里就可以完成授课,因此,作为物理空间的学校还有多大的存在必要,是一个值得思考的问题。

过去,高校学生在教室里上课,忙着听讲和做笔记。但现在,由于手机的存在,很多学生在上课的时候很难集中注意力听讲。即使教师在讲台上滔滔不绝、绘声绘色,很多学生在底下却面无表情,埋头看手机,或与朋友聊天,或浏览手机上的各种App,或戴着耳机听音乐。虽然这些学生也不影响别人,但对于课堂秩序来说依然是致命的,因为它造成一种玩手机的风气,让更多同学加入进来,并会挫败教师讲课的热情,导致上课更加无趣。

虽然不少高校禁止手机进课堂,很多大学教室门口挂着手机袋,一度规定上课前手机上交、下课时取回,但手机袋往往空空如也。这主要是因为:一来学生不愿意交上手机;二来教师可能于心不忍,普遍管得不严格,睁一只眼闭一只眼。当然不是每个学生都在玩手机,但教师讲教师的、学生玩学生的课堂现象较为普遍。

不仅高校学生人手一部手机,而且很多中小学生也有手机。特别在新冠疫情期间，中小学生往往需要上网课，并在手机上打卡各种作业，这也给了他们刷抖音、看各种视频的机会。对于自控力还不够成熟的中小学生而言，手机成瘾的现象并不少见，深受其害的也不在少数。

在加拿大访学期间，笔者看到，高校学生上课期间玩手机或者接电话的几乎没有，基本上拿着手提电脑在做笔记，偶尔在电脑上偷看新闻、上社交媒体的现象是有的。因此，这里存在着文化和规则的差异。在国内，虽然大多高校对课堂上的手机使用都做了规定，但还难以真正形成大家都遵守的上课时不使用手机的规则。有些时候，教师自己的手机也没有关机，导致上课期间手机铃声突然响起，甚至直接接听电话的时候也有。

由此，手机成为课堂上的“一分子”。一方面，它不时地入侵大学课堂，使教学活动受到干扰；另一方面，学生主动进入“在场的缺场”状态，虽然身在教室，心却沉浸在手机的虚拟空间中，注意力根本不在课程上，学习效果大打折扣。

到了课间，教室内更加安静了，教师和学生都拿着手机在那里看。以往学生围着老师问问题的场景几乎看不到了，学生之间的欢声笑语也在日渐减少。每个人都对着自己的手机，陷在自己的虚拟空间里。虽然大家身处一个教室，但由于有了手机，其实每个人的空间都各不相同，因此，学生之间能够真正得以沟通的时空交织变少了。在这样的氛围之下，想要形成学习氛围，就某些话题进行交流和讨论就会困难很多。

于是，课堂改革被一再提及，要求增强互动性和趣味性等。其实知识的传授可以深入浅出，但知识未必对每一个人来说都是那么有趣的。有些看起来枯燥无味的内容，对于真正有兴趣的学生来说，它也是充满乐趣的，关键看学生的注意力在哪里。如果学生的注意力都已经被手机吸引了，沉浸在了一个由手机构建的虚拟时空中，那么对再有趣、再有用的知识，他都是提不起精神的。

以下是2021年笔者针对所任教课程的学生，让他们以自我报告的形式，就一天的手机使用情况所做的调查，如表1-6所示。①

① 相关数据统计由浙江工商大学2021级新闻与传播研究生林瑾、陈璐瑶、洪艳完成。

表 1　样本性别情况

项目		人数/人	百分比/%	有效的百分比/%
有效	男	41	17.52	18.89
	女	176	75.21	81.11
	总计	217	92.74	100.00
遗漏	系统	17	7.26	
总计		234	100.00	

表 2　样本年级情况

项目		人数/人	百分比/%	有效的百分比/%
有效	大一	115	49.15	56.1
	大二	34	14.53	16.6
	大三	25	10.68	12.2
	大四	1	0.43	0.49
	研究生	30	12.83	14.63
	总计	205	87.61	100.00
遗漏	系统	29	12.39	—
总计		234	100.00	—

由于笔者所在学校是以文科类专业为主的高校,本次调查对象以女生为主,并且主要以大一学生为主。虽然学生在性别、年级比例构成上存在一定的失衡,但也能在一定程度上说明问题。

表 3　手机使用时长情况　　单位:分钟

一级指标	二级指标	使用时长/分钟
样本量	有效	228.00
	遗漏	6.00
集中趋势	平均值	449.28
	中位数	442.00
	众数	370.00

续 表

一级指标	二级指标	使用时长
离散	最大值	907.00
	最小值	87.00
	标准偏差	141.608
	方差	20052.925
	平均值的标准误差	9.378
分布	偏度	0.364
	偏度标准误	0.161
	峰度	0.341
	峰度标准误	0.321

表 4 群组统计资料

指标	性别	样本量	平均值	标准偏差	标准误平均值
使用时长/分钟	男	38	390.58	124.170	20.143
	女	173	457.93	141.036	10.723

表 5 性别的独立样本 t 检验

检验类型		Levene的方差相等性检验		平均值相等性的 t 检验						
指标		F检验	显著性	t检验	自由度	显著性(双尾)	平均差	标准误差	差值的 95% 置信区间	
									下限	上限
使用时长/分钟	已假设方差齐性	0.269	0.604	−2.720	209	0.007	−67.352	24.759	−116.161	−18.542
	未假设方差齐性			−2.952	59.906	0.005	−67.352	22.819	−112.999	−21.705

Levene 的方差相等性检验的显著性为 0.604，大于 0.05，则选择“已假设方差齐性”这一行的 t 检验结果。平均值相等性的 t 检验中的显著性(双尾)为

0.007,小于 0.05,说明两组数据的均值存在显著差异。

这项调查表明,手机使用时长总体平均达到 7.5 小时,男生的平均时长是 6.5 小时,女生的平均时长超过了 7.5 小时。

表 6　各类软件使用时长统计　　单位:分钟

一级指标	二级指标	社交类	购物类	工具类	娱乐类	学习类
样本量	有效	199	161	166	194	166
	遗漏	35	73	68	40	68
集中趋势	平均值	159.04	30.2	42.35	166.96	99.61
	中位数	145	21	25	136.5	83
	众数	120	30	10	120	90
离散	最大值	603	490	380	600	460
	最小值	20	1	0	3	1
	标准偏差	97.963	47.720	56.122	117.900	81.010
	方差	9596.670	2277.176	3149.635	13900.367	6562.579
	平均值的标准误差	6.944	3.761	4.356	8.465	6.288
分布	偏度	0.927	6.084	2.790	0.988	1.141
	偏度标准误	0.172	0.191	0.188	0.175	0.188
	峰度	1.430	54.094	10.504	0.779	1.787
	峰度标准误	0.343	0.380	0.375	0.347	0.375

由表 6 可知,被调查的大学生使用最多的软件是社交类和娱乐类。

这些数据表明,至少在大学生群体中,沉迷手机的现象是非常突出的。每个人一天只有 24 小时,虽然线上时间未必都花在游戏和社交上,也有一部分时间花在学习上,但是把大量时间花在手机上,那么线下学习的时间就会受到很大的挤压,学习的效果会变差。在手机时代,人们想要静下心来学习并不容易。

由于人们经常使用电脑、手机打字,在需要手写的时候,很多人连一些非常简单的字也不知道怎么写了。受手机影响,人们提笔忘字的现象非常普遍,书写能力大为减弱。手机对人们的思维模式也产生了很大的影响,人们对于阅读长文章越来越缺乏耐心,很难静下心来阅读纸质图书。由于人们大量接触的基本是碎片化的信息，更是忙着为社交而生产与传播各种信息，很多人已经失去了独立思考的能力，在写作时往往脑子里一片空白。“如果一个人只对网络上的人际联系感兴趣，就会怠于独立思考及读书、写作，那么这样一来，其思维的基点就不再是个人，而变成集体，他就会成为一个 SNS 化的人。”①

由于知识呈现碎片化的特征，人们利用碎片时间，阅读一些碎片化的内容。于是，知识体系的逻辑性，让位于知识的丰富性。在这个过程中，知识分子成了“知道分子”，人们满足于了解最近发生的各种热点事件，以及朋友圈更新的各种内容，似乎懂得很多，但其实都不够深入，缺乏知识体系，所知的信息往往由大量碎片的知识堆砌而成。从这个角度来看，手机时代的阅读是读图的延续，人们思维的缜密性多少受到了影响。“这种碎片化思维发展到极致就会破坏人类媒介环境的协调与平衡，从而破坏人类文化的健康。”②

有问题“百度一下”，或者搜一下知乎，的确可以找到相关的答案。但这些答案经过算法的筛选，已经剔除了很多内容。事实上，在这个网络时代，信息爆炸，能够搜到的内容实在太多了，人们是看不过来的。因此，人们把选择的权力在很大程度上交给了算法。算法推荐似乎更符合个人的口味，但人类付出的代价是丧失了对知识的完全掌控。人与人之间的共同语言只会越来越少，人与人之间的知识结构千差万别，从而想要达成某种共识变得非常困难。

存在于主体间的知识，转为储存在计算机网络中。一切都数字化了，如果有一天出现了病毒，遭遇了黑客攻击，那么这些知识很可能就消失了，或者变得面目全非了。人们需要能够长久地高保真地保存某些信息，然而手机也好，网络也罢，其实并不能永久保留信息。由于手机使用太久或意外遗失，存储在手机中的很多东西可能会消失。随着网络的更新，许多旧的内容也可能会被删除或者淹没，而留下的信息鱼龙混杂、真假难辨，对于我们认识这个世界，未必能有多少真正的帮助。

网络世界实在太大了，因此，事实的生产，以及人们对于事实的认知都已经

---

① ［日］藤原智美：《迷失：你是互联网的支配者还是附庸》，王唯斯译，鹭江出版社 2019 年版，第 220 页。

② 陈莎：《警惕移动新媒介的反向驯化》，《现代视听》2016 年第 8 期，第 39—42 页。

发生了巨大的变化。戴维·温伯格将事实的近代历史分为三个阶段:经典事实时期、基于数据的事实时期,以及网络化的事实时期[①]。不同于经典事实和数据事实,网络化的事实往往是与各种虚假信息相伴随的。智能传播时代,网络化的事实一部分是由广大用户参与完成的,还有很大一部分是由机器生产的新闻。这些新闻可能包含着某种偏见,以及与事实的某种偏离。在这个"大到不可知"的社会里,人们需要具备批判性思维的能力,重新调整自己对事实的看法,这样他们对世界的认知才会更接近客观现实。

我们在把自己的判断力交给手机的同时,手机也就在帮我们做各种规划和决策。但这种决策是会出错的,例如导航系统不够准确,将人引到错误的地点。虽然这里未必存在主观的故意,但是如果系统的设计者和掌控者想要故意将人引入歧路,也是轻而易举的事。

到底手机只是一种工具,还是它越来越具有主导性,有一天会不会反过来控制人类,这其实是一个令人担心的话题。我们在把一部分技能交给手机的同时,也就交出了一部分决策权:手机帮我们选歌,帮我们规划路线,帮我们翻译句子,并培养我们的兴趣爱好。一旦算法存在问题,那么就可能会遇上各种问题。算法黑箱问题是一个难题,不容易被解决。因此,在这个过程中,人们需要坚持自己的主体性,不能让作为工具的手机反客为主,任其反向驯化。

四、在线看世界

手机上可以储存大量的信息,人们可以随时查阅,手机连接着网络,那里有一个无限的数字世界。在手机时代,人们对世界的认知方式发生了很大的变化。

手机改变了人们旅游、看世界的方式,一方面人们可以借助AR、VR技术在手机上来一场虚拟的旅行,可以非常逼真地参观各种场馆和景点。与实地游相比,虚拟旅行可以带给人们很不一样的体验,例如无人机拍摄下来的影像,人们若靠肉眼去看,未必能有那种视角。另一方面,在旅游前后,很多人都会搜索

---

① [美]戴维·温伯格:《知识的边界》,胡泳、高美译,山西人民出版社2014年版,第60页。

和查找相关信息，了解景点的各种信息，或者一边旅行一边看各种短视频，从而可以得到更多维、更深刻的旅游体验。

手机具有非常强大的拍照功能，过去带个相机出门，多少有些笨重，但现在只要随身携带手机，很方便。加上自拍杆的出现，一个人就能完成拍照。但很多时候，人们旅游变得不再是为了观看、体验了，而是为了拍照。人们到了某个景点，往往首先要做的就是拍照，以此宣示自己到此一游。拍下来的照片，人们会精挑细选一些上传到朋友圈，向其他人播报自己最近的动态、感受和体验，以及在路上遇到的各种人事物。这些是个人化的新闻，对于朋友圈里的人来说，有那么一些人是喜欢去查看阅读的。

因此，旅游在某种程度上成了一种拿手机拍照的行为。如果没有照片，或者没有上传到朋友圈，似乎这次旅行并没有发生过。只有在手机相册或者朋友圈中出现了的，才是真的存在过。

其实，虽然很多人拍下大量照片，在拍的时候，热情高涨，而拍完之后，传了几张照片到社交媒体，但是之后对这些照片可能就很少会有时间再去翻看了。很大的一个原因在于，手机拍照实在太方便了。这导致手机中有限的存储空间可能很快就会被用完；将照片下载到网络和其他地方，也存不了太多。这是一件尴尬的事情。人们忙着拍照、上传到社交媒体，却未必有时间去欣赏风景，其实也没有多少的时间去欣赏手机上的照片。风景只存在于拿起手机拍摄的一瞬间。

当然，从某种意义上说，个体很难逃脱各种力量对他的建构。在维特根斯坦看来，语言的边界就是我们认知的边界。在这个智媒时代，这句话可能需要做些修改：算法的边界就是我们认知的边界。我们对世界的认知必然地受到各种算法的影响。“人的主体性在算法机制的作用下不断被消解，以至于常常被平台操控而不自知，以为观看 JK 制服是自己的兴趣，但其实很大程度上这种对于 JK 制服的渴望与热爱是平台算法操控下的产物。”[①]出现在我们手机中的信息，不会无缘无故地出现，而是有针对性的，可能是因为我们最近对某些网页的

① 彭书琳：《屏幕内外的双向驯化现象研究：对抖音 JK 制服短视频中身体消费现象进行分析》，《新闻研究导刊》2021 年第 18 期，第 60—62 页。

浏览,在购物平台的某些点击,在社交媒体发言中的某些词汇等。基于此,算法给了我们这些推荐,认为我们对这些新闻感兴趣或者存在这方面的信息需求,从而构建了一种"信息茧房",我们被困在其中,成了井底之蛙。虽然这个井口可能是比较大的,但我们终究跳不出去,没法看清外面世界的全貌。柏拉图的洞穴人比喻非常适合我们。在这个算法时代,我们不是得到了解放,而是将会在洞穴中永远走不出来。这个洞穴,简单地说,就是我们的手机。我们被手机困在了一个看似非常宽广,但其实又格外狭小的世界中。

第二节　时刻在线的工作

手机的出现,改变了原有的工作模式。很多线下的工作转移到了线上,而上班时间的任务出现在了下班时间。工作上的交往关系不再限于工作场景,而是进一步延伸到了线上的、虚拟的空间。各个领域的工作,都逐步进入了一种手机化状态:没有手机,也就没法工作。

一、在线办公

人们的办公场景已经发生了很大的变化。传统办公室以卡座的形式出现,就如同生产车间一般,人与人之间是隔开的,每个人有自己的办公桌,有一定的办公空间,工作上各种任务的传递可以便捷地进行,开会的时候还有专门的会议室。

文山会海是传统办公的一种现象。人们经常需要开很多会议,也需要填写大量表格。每个人的桌上都会堆着大量资料。由于纸的生产会产生很严重的污染,并会消耗大量树木,对环境带来很大的影响,因此,在电脑出现之后,为了节约纸张以减少环境污染,同时出于工作便利的需要,无纸化办公运动开启了。过去,人们需要在纸上写材料,现在直接在电脑上打字输入就行。过去需要在纸上填写的信息,现在被录入电脑,然后传递给其他人。电脑记录和传播的效率更高,这对于办公来说是一场革命。工作信息的交流方式也开始发生了变化，人们通过电子邮件、各种软件来交流工作上的信息，不再需要走到对方跟前，也不需要经常出差就可以完成各项工作。

很多工作需要使用电脑来完成，人们上班的第一件事是打开电脑，最后一件事情是关上电脑，电脑是办公室必备的用品。对于很多公司来说，给每个员工一张桌子、一台电脑等简单物件就可以办公了。并且，有了电脑之后，人们也可以在家里办公。公司领导将工作任务通过QQ、电子邮件等方式传递给员工，员工可以在家里进行设计、撰写文案、联系客户或做各种报表等。截至2021年6月，我国在线办公用户规模达到了3.81亿人，占所有网民的37.7%①，相信还会有更多的用户加入在线办公的行列。

进入信息社会之后，电脑大大提升了工作效率，解放了社会生产力。一个人可以完成过去需要由多个人才能完成的工作。即便在生产车间，人们动手操作的强度和频率大为降低，很多事情只要动动手指在电脑上下指令，就可以自动完成。

数字化时代，由于每个人都可以在线上，各种工作关系也自然转移到了线上，人们的工作也在虚拟空间就可以完成。在网络中，人们可以寻找消费者，与客户交流，并实现销售。手机则变成了工作必不可少的助手，它储存了大量客户的联系方式和聊天记录，商业往来的各种证据在手机中得以保存。

二、在线会议

由于有了腾讯会议等工具，居家工作参加各种会议不会太难。线上的会议，同样可以让大家聚在一起。并且，即便是在路上及其他场所，也可以实现连接，大大促成了参会的可能性。相对来说，参加线上会议时，与会者更加自在，不露脸的时候在家里怎么坐都行。

在线会议可以实现线下会议类似的互动和交流，每个人都可以发表自己的观点和看法，其他人也都能够听到，并且可以提前上传各种文档资料，不需要打印出来，节省了资源。线上会议结束之后，如果没能准时参会，想要重新听的人

① 第48次《中国互联网络发展状况统计报告》，https://cnnic.cn/NMediaFile/old_attach/P020210915523670981527.pdf.

员,也可以选择回放。线上会议对于远距离参会者来说,显得非常友好,他们不需要长途跋涉前往某地参会,可以减少旅途的奔波,节约时间和旅费。线下会议受场地局限,往往参会人数不会太多,而线上会议不需要什么场地,却可以实现几百人同步参与。这对于提升会议的传播效果来说,是很有意义的。

有些时候会议多得让参会者可能忙不过来,分身乏术。不过对于那些主讲人来说,他们同时参加两三个线上会议,分别做报告,也是不成问题的。新冠疫情期间,到了周末,各种学术会议经常时间冲突,但可以看到不少学者在几个会议间穿梭。

在线会议,可以让大家不必出差或者去会议室,在家里就可以开会。在线文档协作编辑则可以帮助大家在填写相关资料或者签字的时候,不用费时费力地一个一个去通知。如今只要将文档发到微信、钉钉群里,到时大家打开相关应用,在手机上在线操作一下就可以了,非常省事。不管人们是在办公室、在家里,还是在外地,都可以在很短的时间内就完成相关材料的填写,大大提升了办公效率。学校教师经常会让家长填写相关材料,但家长不需要到学校就可以完成。很多单位也经常以这种方式让员工填写有关信息,例如工会组织的疗休养活动的报名、新冠疫情期间到过某地人员的统计等。学术会议的报名和相关身份资料的填写,也可以通过在线文档协作编辑的形式轻松搞定。

对于很多单位来说,其招聘员工也多了一个面试的方式,线上面试不知不觉流行了起来。虽然线下面试可以帮助面试官了解更多非语言信息,更有利于考察面试对象,但是线上面试也有很多优点,可以在新冠疫情期间或者其他必要的时候采用。

不过,在效率提升之后,文山会海可能会变得更加频繁。过去开个会时,要考虑各个成员的档期及成员是否在单位等很多因素;现在不管各个成员在哪里,随时都可以召开,这让大家很难拒绝。虽然在线文档方便了行政办公人员,但对于普通员工来说,他们则可能需要不分昼夜地填写相关资料,原本是在工作时间内做的事情,现在下了班还需要继续完成,从而增加了员工的工作时间。

随着技术的提升,工人需要付出更多的劳动时间,从而创造了更多的剩余价值。因为手机的出现,时刻在线的工作方式在某种程度上导致人们被异化了,并且异化程度在加深。

有了手机之后，在线办公的空间越来越大，人们的安排被各种消息提示音打乱。你又收到了一条新的消息，看还是不看？日常生活场景下，我们可以轻松应对，但若是工作需要的话，就需要认真对待了。及时回复信息是对每个员工的基本要求，很难不去理睬它。于是，我们的时空就这样手机化了。

三、在线政府

对于政府来说，越来越多的工作也需要借助手机来完成，特别是对于民意的了解来说，尤其如此。民意主要在各大社交媒体中得以呈现。在居民自发组建的微信群里，人们讨论着各种各样的事务。对于社区工作者、村干部来说，他们需要在社区居民群、村民群中及时回应居民的各种呼声。干部下基层，就需要进基层民众的微信群中了解和聆听群众的呼声。

很多地方政府还开发了各类 App、微信公众号、小程序等。居民如果需要向政府反映一些问题，可以直接拿起手机来拍照、录入音视频或文字等予以反映。政府部门如果需要传达某些政令，或者动员群众参与某些活动，也可以直接通过这些渠道。几乎每个人都有智能手机，因此，通过手机渠道，往往也可以实现信息的有效传播。上情下达、下情上传、政策下传等各项工作都可以通过手机来实现。

政府也渐渐变成了网络政府，以及进一步在移动网络中接触民众、为民办事、听取民意。政府机构和人民群众的关系在虚拟手机中得以构建。一切都是数字化的，也是数据化的，从而也便于政府部门更好地统计有关数据，形成更加科学的决策。在村民群、小区群里，大家讨论的事情，对于村民和居民来说，也许是他们生活中的某些事情；但对于村社干部来说，则是他们的工作内容。

微信群可以将各种组织搬到虚拟空间中，从而建立虚拟党支部、虚拟教研室、虚拟学习小组等。人们可以不用聚到一起，也可以完成很多工作。这些虚拟空间可以打破现实时空的局限，提升人们参与的积极性。不能到现场开会的，在线上也可以参加；线下不能聚在一起集体讨论的，线上可以展开。虚拟空间不仅仅是现实工作空间的延伸，而且构建了一种全新的工作空间及工作关系，对工作方式将会带来极大的影响。

在社会治理上,政府可以通过短信、微信、微博等方式将相关信息直接发送给个人,从而可以在短时间内就让每个居民都知道重要政策或者紧急事项,例如,台风将要登陆时防汛工作的有关部署,比赛或者会议的承办通告,某些路段交通管制通知,等等。

通过手机,政府机构与个人可以直接联系,从而构建了一种新型的官民关系、党群关系。

四、手机的角色

(一)无所不能的手机

"第五媒体是超级媒体、万能终端。"[①]现在很多工作都可以直接在手机上完成,手机扮演的角色实在是太多了,例如重要事宜的记录和提醒,名片交换与通讯录,日程安排,文件上传,资料分享,手机支付,等等。通过手机这个传感器,人们可以采集很多信息,实现更好的交流,办理很多业务,对传统的工作流程在很大程度上予以革新。

人们在办理很多事情时可以先在手机上预约好,到了预约的时间再去办理,就不需要再排队取号了,使社会的秩序感得以增强。办理很多业务需要填写相关资料,如今已经没必要像过去那样拿出一张表格让人们在现场填写了,人们可以在办理有关业务之前就先在手机上填好。等到办理的时候,直接报上姓名,对方就可以调取有关内容,从而大大提升了办事效率。

信息技术的不断变革,大大解放了生产力。对于普通民众来说,信息社会的优势直接体现在让人们节省了大量排队等候的时间、填写纸质表格的时间以及来回奔走的时间。

手机具有计算器功能。过去人们做生意的时候,经常会使用算盘或者计算器进行算账,不过有了手机之后,计算任务就可以交由手机完成了。一些相对复杂的计算,口算可能比较容易算错,那么打开手机,让它来计算,可以省去很

---

① 朱海松:《手机媒体:手机媒介化的商业应用思维与原理》,广东经济出版社 2008 年版,第 141 页。

多烦恼。在智能手机时代，各种智能语音助手出现，用户可以直接对着手机说算式，它就可以把结果报出来。在工作中涉及的计算任务，很多人都已经把它交给手机来做了。

手机的时钟功能，使得人们在工作中可以看时间。需要秒表计时或闹钟提醒时，不必找其他工具，只要打开手机就行。由于手机上的是电子钟，秒表可以非常精确。

手机还可以录音、录像，在开会、听讲座的时候，已经不再需要用笔记录了，直接拍下相关图片、录音或录像，之后就可以查找。有些重要的文件也可以通过拍照的方式留底。此外，拍照留档可以作为一种证据，通过录像可以证明工作是按照流程在做的。

手机上的软件还可以帮我们翻译各种外语。过去，很多没学过多少英语的人需要有人员翻译才能听懂外国人讲话，读懂外文；现在，手机翻译成了讲不同语言的人们交流的中介。很多翻译工作，已经不再需要去找专门的外语人才或者翻译公司了，人们带着手机就可以完成。手机就像是翻译人员，并且还是多语种的。手机可以让用户看懂外文，使得生活在全球各地的人都能实现良好的沟通和交流。手机翻译可以让地球村真正得以实现，巴别塔的重建似乎有了曙光。当然，手机翻译显得机械、生硬，对语言的深层意义未必能够翻译出来，但这种变化对于许多人来说依然是非常重要的。随着人工智能技术的进一步发展，翻译的精准性将会提高，通过手机与外国人直接语音对话也会越来越顺畅。

对于大学老师来说，他们可以在手机上查看学生提交的作业，可以通过手机以视频会议形式与学生交流互动，还可以在手机上指导学生的毕业论文。对笔者来说，一开学就会给每一门任教的课程建立一个微信群，这样学生可以随时与笔者联系，也可以在群里就课程的内容随时咨询。笔者也可以随时@某个同学，询问他作业提交情况及其他事宜。

在新冠疫情期间，每个学校都会要求学生或家长每天进行健康打卡。教师的很多作业是直接在钉钉群或微信群里布置的。很多通知，教师在群里@一下所有人，就算传达到位了，或者会要求以接龙的方式，报名参加某些活动，以及回复某则通知。

社保卡也已经电子化，现在人们去医院看病，只要拿着手机就行。人们也不必在那里等着领取纸质的检查结果,而是可以直接在手机上查看。

现在需要提交的照片或者资料,也不再必须是纸质版了,只要拍了照片传过去就可以。各种保险公司可以不用在小区门口摆摊拉客户了,直接通过电话或微信等方式就可以销售,客户也直接电子支付,在线接收电子保单。保险公司也无须邮寄纸质保单了。万一出了车险,车主通过App或者微信小程序提交相关材料,就可以直接索赔。理赔员不必到场,从而大大简化了理赔处理流程。

通过手机,人们可以便捷地查看股市信息,买卖股票、基金,也可以购买公交车票、地铁票、高铁票,很多售票员的工作已经被手机取代了。

通过手机,人们可以挂号、预约医生,可以按照预约的时间去看病,而不需要在那里排队。通过手机,人们甚至可以不用跑到医院里,就能实现远程医疗。

截至2021年6月,我国在线医疗用户规模达2.39亿人①。患者可以到互联网医院求医问诊,可以到电商平台购买药品,还可以在很多网站咨询。

随着中国老龄化程度的不断加深,老年人口规模不断增长,在线医疗业务的发展空间非常广阔。智能手机,可以为老年人提供多方位的医疗服务。当然,考虑到老年人的身体状况和文化水平有限等因素,数字化的医疗服务需要做一些适老化的改造,才能更好地满足他们的需求。

政府部门要求企业注册企业码,或者让人们直接在手机上提交各种材料,就可以实现无纸化和无接触办公了。甚至在有些酒店里,客人从入住到最后退房,都可以不用跟任何酒店服务人员面对面接触。

由于手机,各种工作都可以得到简化,人们没必要再提交大量纸质材料,也没必要跑这跑那了。浙江等地实施了“最多跑一次”改革,其实在手机时代,有时一次都不需要跑了。

手机虽然看上去非常小巧,但连接的空间却非常大,可以帮助人们完成很多任务。工作在线化,是现代科技发展的一种结果。随着智能社会的不断推进,相信还会有越来越多的工作场景在手机中出现。手机成了工作的助手,也是线上工作的办公室。

---

① 第48次《中国互联网络发展状况统计报告》,https://cnnic.cn/NMediaFile/old_attach/P020210915523670981527.pdf.

（二）不断升级的软件

用于工作交流的手机软件已经经历了多次升级迭代。一开始，人们使用短信、电子邮件。即时通信工具 QQ 出现后，人们开始使用 QQ 和 QQ 群。

飞信是一种类似短信但有更多功能的软件，它不需要花费像发短信那样高的资费，从而一度被很多单位使用。不过，使用前人们首先需要开通这一功能，不然收不到对方的信息。飞信由于具有群发功能，常常被用到工作中。例如，学校要发通知，在飞信上群发一下就很方便，因为如果给每个人单独发短信，那会很费时。不过飞信只是短信的升级版，由于缺乏社交性、推广力度不足，并没有得到广泛普及。在微信出现之后，飞信基本就消失了。

微信群可以用来发送图片、文字、音视频，还具有群发、自由聊天等各种功能，因此很受大家的喜爱。相关人员只要拉一个群，在里面发通知并让大家收到回复就可以，使用起来非常方便。微信群除了可以用于工作外，人们还会在大大小小的范围内组建各种微信群，这也是民间线上聊天的重要渠道。微信群由于很好地满足了人们的需求，因此普及率非常高，几乎每个人都会被拉入很多个群。

钉钉兴起于新冠疫情期间。由于受疫情影响，人们没法到单位办公和开会，因此定位于工作用途的钉钉一下子就兴起了，学校、单位要求员工下载和使用。对于学校来说，教师在钉钉群里授课、上传资料和答疑；学生在钉钉里上网课，接收老师布置的家庭作业；家长则要帮助孩子完成打卡任务，一时间深度涉入其中，直到 2021 年国家出台“双减”政策后才有所改观。对于单位来说，利用钉钉群开个会、发个通知、组织个讲座，变得普遍起来。不过，虽然人们在钉钉上也可以聊天、互发信息，与微信没有什么两样，但是人们要聊天的话，还是习惯用微信。IT 企业还开发出各种平台和软件，例如在线开会可用腾讯会议。但是对于用户来说，有一个其实就够用了。微信出现之后，人们就不常使用 QQ 了。随着软件的更新换代，人们会从一个平台迁徙到另一个平台。

钉钉上的功能其实挺多的，可以满足多种工作场景所需。人们一会儿要看微信，一会儿得上钉钉，但其实精力是有限的，因此经常会顾此失彼。面对钉钉群里的学校老师、单位领导发过来的各种信息，人们有时未必能够做出及时回应。平台开发得越多,人们被牵涉的精力就会越多,因为各种工作上的指令都可以在平台上传下达,并且它不是固定在某个时间,而是随时都有可能,因此,人们常常很难及时做出回复。很多人把钉钉、微信都设置成了静音,消息提醒功能形同虚设,因为毕竟各种消息实在太多了,要是每次消息提示声响起,人们都拿起手机查看的话,那么人们工作、学习和生活的节奏就会被打乱,时间也会非常碎片化,从而带来很多负面影响。将消息提示设置成静音,可谓"迫不得已"。当然,这样一来,在信息爆炸的态势下,没有及时对信息做出回应,或者错过某些重要信息,也是不可避免的事了。可见,在这些工具让工作变得便利的同时,其实各种新问题也层出不穷。

五、时刻在线:工作与生活边界的消融

在没有手机的年代,朝九晚五的工作虽然可能有些枯燥,但却是富有节奏和规律的。下了班之后的时间,人们可以自由支配,领导很难联系到员工,也就难以随时布置任务了。如果员工加班,那么企业需要支付额外工资。

到了手机短信时代,逐步出现下班还可能会被打扰的现象。不过这个时候,一个电话打过来,人们可以选择不去接听;一条短信发过来,也可以选择不去查看。万一领导之后问起,他可以以没带手机、手机在家里充电、没听到手机铃声或者没收到短信等理由予以搪塞。那个时候,没带手机依然是可以被人们接受的。

然而,到了手机微信时代,由于人们的日常生活已经高度依赖手机,手机成了人们身体的一部分,此时若再借口说没带手机就不再能让人接受了。给你打电话或者发微信,都被认为可以联系到你,你需要及时接听和回复,不然就会被视为失礼或者存在主观故意。我们每个人都是带着手机的,拨打了你的手机,就如同直接找到你一样。每个人都是社会网络中一个节点,都直接可以被联系和要求对方回应。微信为人类提供了一种新的在场方式——"静默在场",这是"一种打破线上—线下、真实—虚拟、言说—视觉、缺席—现身的众多区隔,提供

了融合两元的中介化‘永恒在场’”[①]。因此，任何人想要逃脱这个节点是不可能的。每个人都是默认为时刻在线的，在线是常态，离线只能是意外。

人们互相加了微信，一方面是为了交个朋友，便于联络感情，另一方面也是希望将来有一天便于生意往来、业务洽谈、工作咨询。工作在生活化的微信中得以持续进行，日常交往也在工作中得以延续。人们使用手机既可以支付各种商品的价格，也可以缴纳各种工作上的费用。手机既可以被用于工作，也可以被用于生活。虽然手机往往是人们自己花钱购买的，但是它又作为一种办公用品，出现在工作场合中。如果没有手机，相信很多公司都会要求员工自己去购买一个，不然没法进行工作上的交流。通过手机与其他人聊天或者打电话，既可以是在谈朋友，也可以是在谈生意。虽然手机是私人的，但是在工作场合出现，则又是被用于工作的。除了某些场合手机被禁止使用外，大多数时候，手机往往被默认是必须携带的。手机作为一种生产资料在工作中出现。没有手机，很多工作是无法开展下去的。过去，拓展客户、与客户沟通，人们在办公室里对着固定电话就可以。现在，很多单位已经不再给每个办公室都安装固定电话，人们谈生意也越来越倾向使用手机了。

由于手机，各种工作转移到了微信中来。原本需要到公司面谈的事情，通过微信就搞定了；原本需要在线下才能完成的签字，在线上就可以达成了。这对于工作来说，是一种便利。同时，这种便捷也会大大增加工作量。对于一个员工来说，他一天需要处理微信中大量的工作信息，即使下班后也可能需要处理。工作时间和休息时间的边界由此被打破。上班时，人们可能会收到很多亲朋好友发送的私人消息；下班后，人们可能还会收到来自工作单位的大量信息。老板一有急事就会在微信里发出一项项工作指令，可能是写个什么报告或提交个什么文件，也可能是在线会议和讨论。目前，只要工作上有需要，很多领导就会随时向下属、员工发出指令。因为手机实在太方便了，他已经没有了在上班时间才去找员工的习惯，而是每时每刻都想找到员工。

下了班之后，某些行业的顾客也会 24 小时随时都可能与你联系，跟你抱怨或者提出某种诉求，追踪你提供服务的进展，或者只是找你聊聊天。不见得每

---

① 孙玮：《微信：中国人的“在世存有”》，《学术月刊》2015 年第 12 期，第 5—18 页。

个行业都是如此，也不见得每个人每天都会碰到，但这种现象具有一定的普遍性。就教师来说，他们上班与下班的界限并不清晰。经常会有同事、学生通过微信、短信找他们谈这个事情或聊那个任务。对于学生来说，也是如此。教师会在课上、课后通过微信群发送学生需要完成的作业，要求学生提交作业。就一些培训机构来说，也是如此，经常会有客户找机构老师谈工作或孩子学习上的事情。曾经还爆出这样一则新闻：有个艺人凌晨给助理发了一条微信，在早上他还没有收到回复，于是他就在微博上吐槽，抱怨助理不上心。这个事情自然引来无数网民的“拍砖”。

人们对“996”颇有微词，对“007”意见更大，但是手机时代又何止如此？有些行业，人们需要24小时随时待命，几乎没有可以休息的时刻。

有些行业也有行规，提出了应对措施，如员工在下班之后，对于微信中的工作信息可以不予回复。例如车险行业，员工分白班和夜班，客户在夜班联系的理赔员，在白班时间未必能够联系得上，需要找另外的白班工作人员才行。人毕竟不是机器，需要有休息时间，因此没法24小时都在工作。对于员工来说，他们可以有选择性地回复，对于非常重要的信息，下了班也会及时回复，但是对于那些不是很重要也不是很紧急的信息，很多人可以选择等到上班时间处理。还有些人则会有两个手机号码：一个用于工作，另一个用于日常生活。一旦下了班，工作时用的手机号码就处于离线状态，以此来界定私人生活空间。

毕竟，人们还是有想要将工作和生活分开的需要。很多政府官员、企事业单位高管、公众人物等往往备着两个及以上的手机号码，以区分工作和日常生活。

但是不管怎样，对于很多人来说，由于手机的存在，工作就会一直跟着他。人们不时地会收到新的任务，经常地会被催促各种进度。工作和生活的边界已经很难分清楚，人们的生活是工作的一部分，工作也是生活的一部分，手机打破了这种界限。人们拿起手机，既可以是工作，也可以是生活。

第六章　带着体温的社交新闻

第一节　手机时代的新闻形态

纵观人类的新闻传播活动，可以发现新闻形态已经发生了多轮迭代升级——从新闻1.0发展到新闻4.0。“新闻1.0是大众传媒出现之前的原始新闻形态，新闻2.0是传统媒体时代的经典新闻形态，新闻3.0是社交媒体时代的微新闻形态，新闻4.0是智能传播时代的算法新闻形态。”[①]手机时代的微新闻具有很强的社会属性，是一种社交新闻。

在2004年《中国妇女报》手机彩信版出炉之后，很多传统媒体开始跟进，推出了数量可观的手机报。手机报的形式有很多种，一开始是以短信、彩信形式发布的。并且，早期的手机报是需要付费订阅的，一般采用包月的形式。用户订阅之后，每天就会收到很多手机报。那个时候公众号还没兴起。

随着手机的普及，其中有不少用户希望能够获得更多的信息。虽然订阅手机报每月需要花上3～20元不等的费用，但是相比过去订阅一份纸质的报纸要便宜很多，并且手机报毕竟是基于手机的，用户可以随时随地阅读。笔者曾经也订阅了多份手机报，每天固定时间手机都会收到信息。手机报上也会刊登一些广告，为了获取更多的读者，有些手机报后来以免费的形式予以发布。

回过头去看，短信和彩信形式的手机报是特定历史时期的产物。那个时候手机资费还比较贵，手机的数据业务还处于发展初期，人们还没法自由自在地使用手机上网，因此，短信形式的手机报满足了人们获取新闻信息的需求。手

① 厉国刚：《社会学视角的微新闻生产研究》，浙江工商大学出版社2021年版，第19页。

机报给纸质报纸带来了很大的冲击。虽然手机报中有很多就是纸媒创办的,但一旦读者习惯了在手机上阅读新闻信息,并且费用更低,他们就很难再回去看纸质报纸了。对笔者来说,一直养成的读报习惯还难以改变,虽然还会去图书馆看报,但渐渐地,频率越来越低。

手机报以短信、彩信形式进行传播。与纸质报纸不同,它的体量相对较小,没法使用大量的图片,因此相关的文字和图片都是经过精挑细选的,将最有趣的内容传播给读者。人们是通过一行行向上翻来阅读手机报的,因此手机报往往以线性方式进行编排。由于手机报体量有限,需要重点突出、内容简练,因此有些新闻只是传统新闻的导语部分,作为简讯来传播。有些短评也只有几百字,言简意赅。虽然会有图片,但数量很少,基本上起点缀作用,还是以文字为主。

手机报内容的生产者主要是一些传统媒体,报纸、杂志等纸质媒体是主体。手机报上的内容,虽然是经过特别编辑和改造的,但很少有独立的手机报经营者,往往依托传统媒体的内容,作为新闻作品的一种传播渠道而进行定位。普通网民往往没有机会参与手机报的内容生产,他们主要是信息的消费者。这在当时,还是可以被消费者所接受的。他们有信息需求,加上手机报形式新颖,并且可以随时随地阅读,具有一定的优点。但随着网上的免费信息越来越多,人们对于需要收费的手机报的热情自然在下降,特别是随着手机流量资费下调,手机上网越来越便利。

因此,手机报模式需要更新:一是免费,二是通过流量和广告获益。为了更好地实现闭环运营,传统媒体的手机化之路进一步向前迈进。各种公众号得以推出,而且新闻客户端越来越多。

随着微信用户的大量增长,传统媒体的微信订阅号已经成了很多人获取新闻信息的主要方式。譬如笔者,通过阅读《都市快报》《钱江晚报》等当地报纸开设的订阅号,了解发生在杭州及国内外的新闻,已不再订阅或购买纸质报纸,也不再去图书馆看报了。对笔者来说,阅读这些公众号上的新闻已经足够了。虽然有些报社还在继续出版纸质的报纸,但订阅量在不断萎缩,有些报社则完全停止出版纸质报纸,只保留电子版。或许有一天电子版报纸也不再继续出版,报社只发布微信订阅号,或者主要经营新闻客户端。很多传统媒体已经推出自己的新闻客户端，例如“澎湃新闻”“潮新闻”等。人们下载相关客户端之后，就可以在手机上阅读各种新闻。这些新闻客户端往往是免费的，主要依靠广告和各种活动获取经营收益。获取用户的注意力是经营的基础，因此想方设法争取用户的注意力资源是非常重要的经营目标。

就手机而言，传统新闻机构的新闻生产和传播方式已经发生了很大的转变。这些转变是移动通信技术不断迭代升级、数据流量资费不断下调，以及人们获取信息的渠道越来越依靠手机等因素共同作用的结果。

第二节　社交新闻的生产

社交媒体时代，新闻“是一种有机新闻，它是在不断生长的”①。新闻“不再是‘专业化’的生产，而是开放式。它面向广大的用户，任何人都可以参与，并且整个生产过程有了颠覆性的变化”②。不断革新的媒介技术显著提升了公众的新闻参与度，公众对新闻业的参与主要表现在新闻评论、草根报道、另类编辑、核查事实、晴雨表与放大器等方面。③ 社交新闻的主体是广大普通用户。

“博客人常常又被称为‘公民记者’，以强调一个事实：博客人不必是专业记者，却可以撰写并发布新闻。”④在这个社交媒体时代，人人都是记者。每个用户只要通过一定的程序，就可以在各个平台申请并设立自媒体账号。从此，能够相对自由地在其上发表各种新闻和评论。手机时代新闻形态的演化是信息民主化的表征。“信息民主化的本质就是传播主体的大众化和信息传播的自主化。”⑤一个人人参与为其主要特征的社交新闻时代由此到来。

---

① 厉国刚：《社会学视角的微新闻生产研究》，浙江工商大学出版社 2021 年版，第 88 页。

② 厉国刚：《社会学视角的微新闻生产研究》，浙江工商大学出版社 2021 年版，第 89 页。

③ 胡泳：《众声喧哗：网络时代的个人表达与公共讨论》，广西师范大学出版社 2008 年版，第 266—269 页。

④ [美]保罗·莱文森：《新新媒介》，何道宽译，复旦大学出版社 2011 年版，第 17 页。

⑤ 秦艳华、路英勇：《全媒体时代的手机媒介研究》，北京大学出版社 2013 年版，第 132 页。

一、社交新闻的兴起

手机的出现,大大降低了新闻生产的门槛。只要拿起手机,人人都可以是新闻人。过去专业的新闻记者,往往要扛着摄像机,拿着照相机,带着记录本和其他各种设备,全副武装,不是普通人可以做到的。如今,手机既可以用来拍摄视频,也可以拍摄照片,还能录下音频,更重要的是下一秒就可以将这些内容传播到整个网络中去,人们可以轻而易举地同步完成新闻生产与传播。

手机还具有一定的隐秘性。拿着手机,用户可以随时随地收集新闻素材,不必等到新闻出现之后,记者才匆匆赶过去报道。手机拍下的往往是真正的第一现场,由这些事件亲历者、目睹者拍下的、主导叙述的新闻事件,省去了中间环节,让新闻可以更本真地呈现在大家面前。

手机时代的新闻生产,从理论上来说,只要拥有手机就可以完成。当然,在拥有手机的这些人当中,受教育程度是不尽相同的。有些人受过良好的教育,具有较高的新闻素养,拍的照片、视频、音频更具有新闻价值,写下来的文字所包含的信息量更大。还有一些人,平时也不太看新闻,没有多少能力和意愿进行新闻生产。因此,从实际的结果来说,人们生产新闻的水平有高有低,并不是人人都具有同等的技能,而且每个人生产新闻的意愿也有大有小。

由于不可能每个人都接受过新闻专业教育,手机时代的新闻生产是相对业余的、不够规范的,与传统新闻有着很大的区别。

身边发生的未必都是重大的事件,有些是非常细小和琐碎的事情,这些新闻可谓是生活化的新闻,是关于家长里短的事情,或者是自己亲身经历的一些事情:今天丢了一张证件;家里有多余的物品,想要转让给他人;自己遇到的开心的事情、郁闷的事情……这些通过手机发到微信、微博等社交媒体中的消息,都是手机时代的新闻。

当然,一些突发的新闻事件,同样可以通过手机来报道。由于人人随身携带手机,新闻就在身边。手机时代的这类新闻,往往具有非常强烈的现场感。突发事件发生时,人们可以第一时间进行传播,从而大大加速了新闻生产的速度。

相比电话而言，智能手机等智能终端具有更为强大的功能，能够扮演多种角色，发挥各种作用。他们“就是携带了大量微型传感器的信息收集器”①。世界上大多数成年人拥有至少一部手机，这也就意味着世界上有数量相当惊人的信息收集器。每个用户都是信息收集员，用户看到的、听到的或身边发生的大事、小事都可以通过智能手机进行传播。在每个人都参与新闻生产的背景下，整个世界就处于新闻的覆盖之中，世界由此就变得透明了。在某种意义上，世界处于同步报道中，媒介所构建的拟态环境与真实世界无比接近。

一方面，手机不像笔记本电脑那么大且打字不太方便，使用手机输入文字非常便捷；另一方面，手机时代是一个碎片化的时代，适合篇幅短小的文字，以及各种音视频、图片来传达新闻信息。因此，这种新闻可谓“微新闻”。

二、社交新闻的生产者

在这个时代，“新闻的定义发生了改变：它从一种机构特权转变为一个信息传播生态系统的一部分，各种正式的组织、非正式的集体和众多个人都杂处在这个生态系统当中”②。

伦敦地铁爆炸案的新闻首先是由网民发出的。当爆炸案发生时，记者未必在地铁上，但地铁上到处都是拿着手机的网民，他们用手机拍下图片和视频，直接上传到社交媒体中，进行第一时间的新闻报道。当记者匆匆赶到的时候，现场的画面已然发生改变，他们未必能够拍到人们惊慌失措的画面，拍到的图像只能是事后的场景，缺乏现场感。并且很多时候，亲身经历的人在记者赶到的时候也未必在现场，记者寻找合适的采访对象其实也有困难，从而也就很难还原当时的情景。在这个手机时代，记者为了增强现场画面感，不得不大量采用网民拍摄的各种音视频和图片。而很多手机用户，除了上传图片外，还会直接讲述现场的种种情况，并写下自己的亲身经历。这些文字有些时候也会被记者引用，成为其新闻报道的重要内容。

---

① 沙烨：《跨越财富鸿沟：通往共同富裕之路》，当代世界出版社 2021 年版，第 84 页。

② ［美］克莱·舍基：《未来是湿的》，胡泳、沈满琳译，中国人民大学出版社 2009 年版，第 42 页。

在温州"7·23"动车事故中就是如此。那些在动车上的人,他们第一时间拍下了画面,写下了感受,上传到微博等自媒体中,很多人由此得以第一时间了解到这一重大事故。他们匆匆写下的文字、拍下的图片和视频,来不及修饰,但却是最为真实的,是非常鲜活的。这种新闻可谓是"动新闻",它是活的,非常有现场感,给人感觉就像是在直播。

2021年郑州遭受百年一遇的暴雨时,很多人被困在地铁里,这时候手机是他们与家人、朋友和整个社交网络联系的唯一工具,他们将自己困在水中的心情、感受、困难和最新态势呈现给大家。如果没有手机,在外地的人很难在第一时间获得第一手的信息,家人也很难了解其具体的位置和种种处境。在被困的时候,有人在绝望地交代后事,也有人在淡定地聊着天。不过,由于被困时间较长,手机电量会被用完,这个时候,不管是谁都会觉得非常懊恼和痛苦,因为手机没电了,也就意味着与外界失去了所有的联系。他没法拍照上传不断上涨的水势画面,甚至在生命的最后一刻,无法交代自己的身后事,无法与家人一一告别,这对于任何人来说都是残酷的。在我们享受了手机带来的种种便利、时刻都需在线的当下,显得尤为如此。

自媒体上的新闻及各种内容,并不是自己想怎么发就怎么发,而是需要经过种种审核。头部公众号"咪蒙"一度在微信圈呼风唤雨,成为大家关注的焦点,但它经常剑走偏锋,发一些引发争议的文字,吸引眼球,收割流量。终于在《一个出身寒门的状元之死》这篇编造内容、争议极大的推文发表之后,相关账号被彻底封杀。类似"咪蒙"命运的公众号其实有不少。一方面,各种自媒体给了大家相对自由的言论空间;另一方面,相关部门对自媒体的监管在不断强化、规范,并形成体系。对于自媒体人来说,写推文可能有很多动机,但不管是为了赚钱,还是为了出名,都需要在有关规则下运营。不遵守规则与底线,账号就可能会不保。即便如此,自媒体时代,新闻生产的参与主体和言论空间都已经发生了翻天覆地的变化,这是不容忽视的,想要完全回到过去已不可能,一个新的新闻时代已经出现了。

新闻生产者有各种类型,也有各种动机和目的。

社交新闻的重要意义在于广大普通网民有了新闻生产、表达、传播的空间。手机赋予用户一种媒体接近权,人们能够将自己的所见所闻自由地在自媒体上以图片、文字、音频和视频等各种形式加以呈现和传播。作为普通人，日常生活中遇见的不可能都是重要的、突发的具有非常强新闻价值的事情，更多是一些日常生活中发生的小事。这些生活化的新闻，是一种新形态的新闻，是这个社交新闻时代占据主要比例的新闻。它们虽然不具有传统意义上的新闻价值，但是在社交媒体中具有重要的社交价值。它们的生产和传播，让很多用户沉浸在手机中。

传统媒体时代，地方政府会召开新闻发布会，但不太会直接面向受众发布新闻。但社交媒体时代，各级政府把在微信、微博上开设的账号作为官方新闻发布平台，直接面向网民发布新闻。政务微博、微信等直接通过手机传播信息，非常方便，而且能够直接到达目标对象。从宣传效果的角度来说，党政报纸的读者群有限，电视新闻节目不太能够触及年轻人，手机则可以最大可能地将信息传递给不同的人群。

政府部门参与社交新闻的生产，可以增强政府部门的亲和力，同时又不失权威性。这是政府放低姿态的新闻传播，民众更愿意参与互动交流。

传统媒体由于受众人数流失，很多新闻机构已经开始转型，纷纷将重点转移到了社交媒体。作为专业的新闻机构，他们具有强大的新闻生产队伍，拥有丰富的新闻生产经验和媒体经营技巧。虽然社交媒体的新闻与传统媒体的新闻，在新闻形态、传播技巧、管理机制和运作模式等多个方面都有很大不同，但对于专业记者和编辑来说，这种转型未必是难事，他们在社交媒体竞争中依靠自己的专业水准而占据优势。

过去少量企事业单位会有内部的报社、电视台或电台，但这些往往是用于组织传播的媒介，面向内部员工。如今开设的各种公众号则直接面向广大消费者和全球各地的经销商，并且实现直接下单等多种功能。对于新闻传播专业的大学生来说，他们就业的范围一下子拓宽了，毕竟几乎所有上了一定规模的大中型企事业单位都有自己的公众号，都需要全职或兼职的新闻从业者。这些公众号上的新闻主要是为了塑造组织形象，其内容以企事业单位相关的新闻和具有实用性、趣味性的软新闻为主。

微商也利用微博、微信等做起了新型的“地摊”生意。他们也可能以语音、短视频等形式参与新闻生产。从新闻属性来说，他们的新闻主要是一种商业新闻,且是微观经济中的商业新闻,并不具有重大意义,但是对于圈子里的人来说,同样具有新闻价值,可以为消费者的购物提供具体信息。

当然,在微博中人们关注很多的是各类明星的生活、工作上的新闻。明星是社交新闻中最具有影响力的新闻生产者,甚至他们家里的宠物都可能借助他们的自媒体,具有很高的曝光度和知名度。他们的日常生活更是有很多人在关注、在模仿、在追捧。他们的个人生活和工作动态还吸引了很多传统媒体的报道。在这个时代,娱乐新闻攫取了网络空间大量的注意力资源。

记录乡村生活的短视频在这些年也大量出现。对于城市居民来说,乡村社会是充满各种浪漫想象的,特别是对于从小在城市里长大的人来说,乡村社会是陌生的、令人好奇的;而对于离开乡村到城市生活的居民来说,乡村则是故乡所在,令人怀念。在短视频兴起的当下,这些记录乡村生活的短视频迅速走红,造就了李子柒、张同学等多位网红。

李子柒的乡村美食记录短视频,给人唯美、典雅、富有文化的感觉。这样的短视频与现代乡村社会其实存在差异,乡村生活未必如短视频所记录的那么美好,但这样的短视频满足了很多人对于乡村社会的想象,从而吸引了很多人的关注。张同学的短视频展示了农村青年的生活场景,并不见得多么"高大上",但是非常接地气,让很多从乡村到城市生活的居民感觉到一种亲切感。而那些没有在乡村生活过的居民,则抱着好奇心在窥探一种不一样的生活。不管是李子柒还是张同学,近年来乡村的短视频还是挺多的,并且走红的也不在少数,这是值得关注的现象。其实这些网红,很多是回归到乡村拍摄的城里人,他们并不真正扎根在乡村。他们拍摄这些短视频,出于成名或赚钱的目的,通过构建一种理想的或土味的乡村图景,满足人们对乡村的好奇。

新闻生产者的身份、类型是非常复杂的、多元的,不仅将传统的新闻生产者纳入其中,而且催生了很多新的职业新闻人,并让每一个人成了业余的新闻人。过去传统媒体的新闻记者是新闻中介者,而新形态的新闻已经不再必须有这些中介,广大用户可以直接生产各种各样的新闻,实现了新闻更多元的功能和目的。

三、社交新闻生产的阶层性

在传统媒体的新闻生产中,普通人很难有媒体接近权,参与新闻生产的机会非常有限。而手机使得普通人的新闻生产权得到了彰显，每个人都可以将自己的生活作为一种新闻加以报道，从而实现生活新闻化，也可以将身边发生的大大小小的具有新闻价值的事件加以报道，由此公民新闻得以兴起：每个人都握有麦克风，人人都是记者。

在这场全民参与的新闻实践中，是不是新闻生产就真的变得平等了？那倒未必。作为那些传统媒体的新闻人来说，他们受过系统的新闻训练，更懂得新闻生产的规律和操作流程；他们拍摄的短视频或者图片新闻，显得更为专业；他们撰写的微信公众号中的新闻评论，也更能抓住人们的眼球；他们在朋友圈的"微新闻"也更具有新闻价值。总之，他们的新闻生产能力显然是更强的。即便对于那些非专业的普通用户来说，由于不同的人掌握的社会资源是不一样的，因此，在新闻生产、舆论引导上的能力也有差异。掌握着话语权的人，往往具有更强的新闻能量，可以影响网络舆论。他们自己未必作为意见领袖在那里发声，但需要发声的时候，他们还是可以将自己的声音由别人代发出去。而这些掌握媒体话语权的人，往往也是握有经济资源的人，当然也可能是拥有文化资源的人，往往也是意见领袖。

很多时候，各种力量是交织在一起的。总的来说，社会经济地位高的人显然能够产生更大的社会影响力，因而他们发的帖子底下点赞、转发和评论者云集，他们的观点会被很多人讨论，他们的意见会得到重视，并很可能会被落实。

此外，网红也同样可以吸引大家的眼球，具有很强的议程设置、新闻生产和舆论生发能力。在粉丝经济时代，娱乐明星在想方设法积累和增加自己的粉丝量。流量是其商业价值的基础，可以推动个人品牌价值的提升。明星具有很强的影响力，有些明星拥有几千万的粉丝，就像个人创办了一个有着几千万观众的电视台一样。并且不同于观众，粉丝还会将信息转发给其他人，因此具有相比观众大得多的二次传播量。这些明星在微博上的一条帖子，相较于普通人来说，其产生的威力自然不可同日而语。

在新闻生产层面，不是谁都具有新闻生产的条件，有些人没有时间和能力为自己的利益发声，给自己的生活做记录，以及塑造个人品牌。同时，不同用户生产的新闻所具有的社会影响力有着天壤之别。由于社会经济地位不同，人们所拥有的新闻生产资源以及所生产的新闻也就有着很大的差异。

第三节　社交新闻的传播与消费

手机对新闻业的冲击体现在各个环节。“手机新闻的兴起赶上了社交网络的热潮。来自所关注的他人/好友的评论、推荐等信息对用户阅读新闻内容、订阅新闻媒体、下载新闻应用等使用行为的影响愈加明显。”①就新闻的传播与消费而言，其需要借助社交的力量，才能形成更大的新闻效应，产生更大的新闻力量。

一、社交新闻的传播

手机出现之后，人们转发各类新闻就变得格外便捷了，可以说动动手指就能实现。手机大大提升了新闻传播的速度，一则新闻可以在短时间内迅速传遍大江南北，好事可以被很多人所知晓，坏事或谣言也快速散布开来，想要控制其传播的速度变得非常困难，想要捂住一则新闻更是不可能的了。由于手机的存在，人们可以足不出户了解天下事，通过大家的同步报道，世界也会变得越来越透明。

新闻从媒体到受众的单向传播，发展到了非常复杂的网状传播。人们看了某则新闻之后，可能会转发到自己的朋友圈、微信群和各种社交媒体上，因此新闻得以在更大范围内传播。当然不是所有的新闻都会被同等对待，有些新闻会被传播得更广一些，参与互动的人更多一些，有些新闻则可能很少被转发。在这个过程中，新闻被筛选了。人们对新闻的选择过程，是新闻价值得以变现的过程。在这个过程中，有价值的新闻会胜出，而缺乏价值的新闻会被淹没。而被人们关注的新闻获得的流量又可以让新闻生产者、新闻当事人、传播平台等获得知名度、曝光度和经济利益。

① 董开栋：《手机新闻的兴起与媒体融合创新》，中国传媒大学出版社 2021 年版，第 122 页。

(一)新闻的社交传播

手机时代的社交新闻主要是在社交媒体中传播，微博、微信、抖音、快手、公众号等都是社交新闻传播的主要渠道。社交媒体的主要属性在于社交性，人们传播这些新闻往往也是出于社交的目的，例如，通过传播这些新闻，塑造自己的一种人设；增强自己在社交中的社会资本；表明自己对某种观点或人物支持或者反对的立场和态度；满足其他人在情感上的、物质上的某种需求；祝贺某个人取得成就；赢得其他人的点赞、评论等，达到互动交流的目的；等等。

有些新闻，人们看了之后义愤填膺，很想让更多的人知道，特别是经常联系的亲友，因此，他们会积极转发。有些新闻是在自媒体上自己撰写的文字，想要通过扩散传播吸纳更多的粉丝。有些新闻自己看了觉得非常开心和愉悦，想要将这种积极情绪传递给其他朋友，于是积极转发。还有些新闻自己觉得很有实用价值或教育意义，也会转发给自己的朋友，让他们也能够从中受益。

在社交新闻时代，我们不仅是新闻的接收者，也是新闻的传播者；不仅传播自己生产的新闻，也传播别人生产的新闻。现在在社交媒体上传播新闻，类似过去人与人之间互传小道消息。以往人们针对具体的人传播小道消息，但是社交新闻的传播对象则是相对宽泛的一群人，即自己朋友圈里的人。不过从传播心理上来说，具有较大的共通性。

社交媒体时代的新闻要有话题性，能够挑起人们茶余饭后议论的才具有更大的传播性。对于一则一本正经、四平八稳的新闻，人们可能提不起什么兴趣。为此很多自媒体人在撰写新闻标题的时候，往往会取一个吸引眼球的标题，希望借此引起人们的关注，进而传播开来。当然，有些时候取一些华而不实的标题，也可能会引发人们的反感。“标题党”的做法其实并不可取。社交新闻还是需要回归内容，在具体切入角度和语言技巧上可以有所创意，但为了流量而“哗众取宠”，未必能够成功。受众需要什么形式和内容的新闻，是自媒体人需要好好思考的，但也不能过度迎合市场，不然低俗化就不可避免了。

(二)新闻的精准传播

随着大数据和人工智能技术的不断发展，基于手机的信息消费行为尤其容易被记录。根据精准的用户画像,手机时代的新闻是可以按需生产的即时新闻、个性化新闻,并能实现定向传播。例如,我们通过 Siri 等查到最新的天气情况、从某地到某地的路况、网络上提及自己的最新言论,以及某某同学最近在做些什么、在哪个区域活动等。这些新闻是为个人生产的,满足某个个体的特别需要。新闻不必大水漫灌地传播,而是应需传播。这类新闻往往也是由人工智能借助各种传感器,以及其他人包括专业记者采写的新闻整合生产的。由于大家的需求是不同的,因此新闻也就变得非常不一样,真正实现个性化生产、传播,以满足个性化需求。

今日头条、抖音等各种 App 上的内容大多是根据用户的兴趣和特点来推送的。不同的人打开这些 App,接收到的新闻是不同的,新闻以千人千面的方式得以呈现和传播。今日头条提出"你关心的,才是头条",智能手机时代可以实现新闻的精准推送。这一方面可以满足人们特定的新闻需求,另一方面则可能会导致"信息茧房"效应。"如同一个透镜,过滤泡通过控制我们看到的和看不到的东西来无形地改变我们所经历的世界。"[①]人们被某种信息包裹着,当他周边充斥着这些新闻时,他们就没办法接触到其他不同类型的新闻,这对他们的人生观、世界观和价值观等都会产生重大的影响。"兼听则明",人们需要了解来自不同渠道的不同新闻,这样才能了解到更全面的事实。

智能手机时代,人们接触的新闻数量相当惊人,但是新闻的多维性却未必有所增强,相反可能受到抑制,故新闻偏食现象变得突出。新闻偏食是用户主动选择和算法有意推动的共同结果。虽然位于供给侧的用户每天生产的新闻数量和种类是非常多的,但首页空间总归是有限的。从传播效率来说,如果优先出现在受众面前的新闻都是他们想要看的,那么受众在这个平台上停留的时间就长,点击率就高,广告和其他经营活动就有更大的获利空间。因此借助算法,海量的新闻被筛选之后,根据不同人的兴趣点被推送到不同人面前。不同人打开同一个网站的网页,看到的新闻却是各不相同的,千人一面的新闻传播格局被千人千面取而代之。这意味着用户的选择面一下子变窄了,他们只能在

---

① [美]伊莱·帕里泽:《过滤泡:互联网对我们的隐秘操纵》,方师师、杨媛译,中国人民大学出版社 2020 年版,第 84 页。

这些新闻中进行选择。而用户就推送新闻所做的点击和转发的动作，进一步确认了新闻推送机制的有效性，他们将收到更多类似的新闻，从而回音壁效应得以形成。人们生活在了一个个新闻泡泡中，成了洞穴人，对外在真实的、多彩的世界可能会渐渐变得一无所知。

由此可见，虽然生产的新闻可能非常丰富，呈现了一个透明而相对真实的世界，但是算法推荐机制导致的信息茧房使人们未必有机会接触那么多的真相。结果，人们视野依然狭隘，更加沉浸在自己的小世界中。

只有那些形成了热点的新闻，才会闯入用户的小世界，引起他的关注。舆论的形成主要体现在上微博热搜之类的。如果上不了热搜，那么它就只是微舆论，是在“水面下”的窃窃私语。上了热搜，则进一步推动舆论的传播，使其成了焦点事件。对于这些焦点事件，人们探出头来看了一会，又马上扎进自己的“水池”中，等待另一个吸引人的热点唤起他们的注意力。

整个新闻传播生态已然发生了很多的变化，它看似是去中心的，每个人都生活在自己的世界中，但它又不是。说它是再中心的，也不见得就能概括。各个平台借助算法推荐、热搜之类的，凭借掌握的数据可以有很大的话语权，但用户并不见得会一呼百应。因此，新闻传播生态处于去中心和再中心交融在一起的混沌状态。

二、社交新闻的消费

手机时代，我们不太爱看报纸、电视上的新闻，最多在开车的时候听听广播新闻。这个时代，我们接触新闻的主要渠道是手机。

朋友圈是我们了解新闻非常重要的渠道，很多人一有时间，就会刷刷朋友圈，看看别人的动态。朋友圈上的新闻，除了人们撰写的一些新闻，还有人们转发的各种新闻，以及人们“在看”的新闻。人们转发的很多新闻，往往来自微信公众号。微信公众号分很多种类型，有传统媒体转型创办的以新闻为主的公众号，也有各种时政评论类的公众号，还有企事业单位发布的以事务型信息为主的公众号，以及各级政府设立的某某发布之类的公众号等。这些公众号也是人们了解新闻非常重要的渠道。

微博曾经作为网络上具有影响力的公共空间,在网络舆论的生产和传播中起着非常重要的作用。人们在微博上一方面发表和转发大大小小的各色新闻,另一方面就共同感兴趣的新闻和话题做出这样或那样的评论,使得新闻与舆论密切结合在一起。人们转发的往往是那些具有舆论性的新闻。其实,即便没有跟帖留言,转发和关注本身就是一种态度和立场的体现。微博出现之后,对于许多人来说,看新闻就是看微博。微博上汇聚的新闻,是经过大家筛选的,往往与自己的兴趣点更为接近,从而也吸引了很多人的眼球。更重要的是,大家可以就这些新闻发表自己的看法,提出自己的建议,在互动参与的过程中实现对新闻的消费。不仅新闻生产者就是新闻消费者,而且新闻生产与消费的过程是融合在一起的。

在手机上可以下载各种新闻客户端 App。新闻客户端上集合了大量的新闻,是一个新闻的平台,这里既有每时每刻都在更新的新闻,也有已经过了很长一段时间的新闻。新闻客户端就像是一个新闻仓库,它不仅会把最新的新闻放到最前面,满足人们关注新鲜事的需求,也可以供大家查找昨天的、去年的甚至更早的新闻。在人们阅读新闻的时候,相关新闻经常会聚合在一起出现,供大家比较和参考。

在手机时代,人们关注的新闻主要不是那些重要的、重大的政治、经济、文化等领域的新闻,占相当比例的是一些生活化的、关于亲朋好友或者其他普通网民的,甚至上不了传统新闻台面的新形态新闻。人们对于这些“微新闻”的热情要远远甚于在地球另一边某个国家发生的一场交通事故或者枪杀案。人们生活在这个世界上,也生活在自己的朋友圈里,对于很多人来说,朋友圈上发布的各种新闻是首先需要予以关注的。了解身边人的新鲜事及身边人关注、转发的新闻,成了很多人新闻消费的主要内容。这是由现代人的生活状态所决定的,新闻是有距离的,在情感上距离我们更近的,我们会倾注更多的注意力。

在社交媒体时代,用户生产和传播新闻是一种关系传达的行为。“除了平台因素之外,看谁的朋友圈、关注谁的微博,以及要不要给他们点赞、转发,都是用户基于一种社交关系和互动体验来选择的。”①点赞是一种重要的社交新闻消

① 厉国刚:《社会学视角的微新闻生产研究》,浙江工商大学出版社 2021 年版,第 115 页。

费行为。新闻作为人际交往的重要内容，点赞是维系人际关系的润滑剂。新闻本来就是给人看的，是一种信息的传递。人们上传的图片、文字、音频、视频，不是为着商业的利益，而是借此机会自我展露，让更多人了解自己的生活动态，理解自己的某些情感和立场，而有了其他人的互动、点赞，才能让这些目标得以实现。人们在朋友圈上传或者转发的信息，别人可能看了，但如果没有任何人评论或点赞，大多数人会觉得无趣。人们的各种自我报道和展露，以及自己关注的新闻和事物，需要在互动的过程中实现其价值。新闻具有经济的、政治的、文化的各种价值，在社交媒体时代，新闻的社交价值变得格外突出。那些生活化的新闻，很大程度就是为了社交而被生产的。人们予以点赞或者转发，不仅是一种消费行为，也是对社交关系的一种生产。在这个过程中，友情得以延续和发展，关系得以加深和升华。

社交媒体时代的新闻消费同样具有圈层性，有些新闻只是在某个圈子里出现，如果不是这个圈子里的人，往往看不到里面的新闻。在社交媒体时代，新闻形态非常多，受众根据阶层、兴趣的不同而分成了不同的圈层。不在一个圈子里的人收到的信息是不对称的，有一部分信息是其他人未必知道的。一个人会隶属于多个圈子，如同事群、老乡群、同学群、兴趣群、社区群等，在不同圈子里会传播不同的新闻，有些信息是与这个群密切相关的，有些信息则是跨越了圈子，从其他群里传过来的。有了手机之后，人们主动或被动地加入各种交流群的机会就多了许多。就笔者的微信账号来说，加入的各种各样的群有几十个，每天在这个群或那个群里互动交流的新闻非常多。有些群热闹一些，有些群则相对冷清。就个体而言，一个人并不会在每个群里都有相同频率的关注和互动。对于有些群，我们会有更多的热情、责任和义务参与交流；而对于有些群，许多人只是出于某种原因加入其中，贸然退出有些不妥，或者觉得也有加入的必要，但一直处于潜水状态，只是偶尔打开群看看，从不发言。在各种群里就如在广场中一样，有人在说，你可以不听，也可以接上话头说说自己的看法。还有些群是工作群，是过去固定工作空间在手机空间的延续。

三、社交新闻与舆论表达

手机不仅可以记录场景，拍下某处美丽的风景、某个人物或自己的身影，也可以拍下各种资料以作为证据或备查的材料。手机拍摄可以产生巨大的围观效应。例如一些部门在执法时,要是言语或行为粗暴引起众怒的话,很可能马上就会有相关画面出现在自媒体上,从而导致一个舆论事件产生。社交新闻的传播是人们表达舆论的一种方式。

再如,人们在看到一些热点新闻之后,在微信朋友圈里转发,并加上评论,这是人们参与这个事件舆论的一种体现。网民在阅读新闻之后的点赞、评论、转发等互动行为,不只是在消费和传播新闻,同时进一步生产了舆论。

社交媒体时代的舆论生态与传统媒体时代的很不一样,它没法依靠单纯的引导就可以产生,而是需要点燃广大网民的热情,让他们参与新闻互动才有可能出现。

网民的参与是关键。他们不感兴趣的话题就形不成舆论。只有他们纷纷在点赞、转发到自己朋友圈,撰写微信公众号文章或者转换成短视频加以微评论的,才有可能形成舆论。那些标题党的新闻可能会吸引部分网民误点进来,但他们不会进一步转发或评论,仅限于流量增长,并不会促进舆论生产。

舆论是网民意见表达的结果,表达的形式可以有很多种,但归根结底,只有他们参与互动交流才能产生舆论。

社交媒体时代的舆论可以分成两种:一种是热点舆论,它引发了全网互动,关注度极高,往往会上微博热搜;另一种是微舆论,它仅在一定的圈子里形成关注焦点,具有区域性,涉及的利益不具有普遍性。

热点舆论和微舆论都离不开网民的参与,不同网民对这两类舆论的参与度不尽相同。有些网民公益心很强,关注整个社会的发展,他们就会对热点舆论有更多的参与。相反地,有些网民更关心小圈子的生活,关注身边的人和事,故他们更热衷于微舆论。

微舆论是社交媒体的产物。之前,人们会在私下聊一些彼此感兴趣的话题,但这一般只是朋友间的闲聊,聊完了也就结束了,不会产生进一步的影响。微舆论发生在圈子里、微信群或者其他虚拟社群中。大家在交流和讨论时,参与的对象未必都是熟悉的人。并且,微舆论可能会引发群体行动,例如大家一起到垃圾中转站建设工地抗议,或者发起签名请愿活动等。微舆论的传播并非在封闭空间中进行,而是开放的,会产生舆论的外溢,导致蝴蝶效应,有可能发展成热点舆论。

因此，即便是微信群、朋友圈里的微舆论，也蕴藏着爆发的能量。

在社交媒体时代，人们更容易找到共鸣者，从而更容易形成一个个小圈子。“通过高效、廉价的信息技术或设备迅速集结一大批具有相同爱好的人，这被虚拟社会研究专家霍华德·莱茵戈德称为‘聪明的暴民’（Smart Mobs）。”[①]他们在虚拟空间相聚，彼此交换信息，并组织其他活动。

社交时代新闻的生产和传播，以及舆论表达，是人们对社会建设的一种参与，也是政治表达和参与的一种体现。

① 匡文波：《颠覆传媒——手机：新时代的电脑和器官》，华夏出版社 2013 年版，第 185 页。

第七章　消费社会的“剁手党”

第一节　人们对手机的迷恋

在手机出现之初，它的价格是挺高的，因此销售手机是不错的生意。曾几何时，在利益驱动下，全国各地一度出现通过水路走私进来的水货手机在公开售卖的现象，由于当时的市场秩序还不是非常规范，这些水货手机并没有得到有效监管。对于消费者来说，花比较少的钱购买一部水货手机似乎也是一种不错的选择，毕竟这些水货手机在使用上除了一些小瑕疵之外，并没有多大问题，甚至有些水货手机比当时在市场上销售的行货手机显得更高档一些。水货手机在当时的盛行，从侧面反映了人们的收入水平并不太高，但想要拥有手机的心情却非常急切。

除了水货手机外，山寨杂牌机也在市场上一度流行。这些山寨手机中，有些是仿制品，看上去和行货没什么两样，甚至品牌名称也非常接近，但价格却要便宜许多，从而也吸引了一部分消费者；有些山寨手机则是基于各种创新、创意的拼装、改装、翻新的产物。例如外形像火箭、香烟盒的手机，在外形上有了创新，又或者在功能上有很多结合，突出照相机、电视机功能，等等；还有一些是没有正式身份，但有自己品牌的三码、五码机。不管是哪一类山寨手机，它们的价钱都不算贵，甚至在性能、外观上有新奇之处，某些用户也愿意花钱购买。山寨手机是一定历史时期的产物，满足了当时某些用户的特别需求。但随着手机技术含量的不断提升、市场的不断规范，以及消费者市场的不断成熟，水货和山寨手机也就渐渐地失去了市场。

如今，手机越来越显得不是一种普通的物品，而是具有很强的象征意义。

在中国这个讲面子的社会，每天都带在身边、经常要拿出来使用的手机，有些人宁愿花多一点钱，购买一款看上去更具魅力、更能给自己加分的手机。并且手机作为现代人必备的社交工具，人们在手机上的互动和交往可以给自己带来社会资本。手机这一商品本身就是社会资本的一种体现。它的重要性与人们出门携带的手提包、出行开的车是一样的，都既可能给自己的形象加分，也可能会给自己减分。

由此，手机的营销活动往往采取粉丝模式，诸如“果粉”“米粉”“花粉”等不断涌现。应该说，像手机这样人们如此迷恋甚至崇拜的物品，其实并不多见。人们不见得会为了某个品牌的衣服而成为其粉丝，但为了手机会；人们不会为了在第一时间抢购到某个品牌最新款的电视机而通宵排队，但为了手机会；人们也不见得会为了某个品牌的汽车而主动去参加新品发布会，但为了手机会；人们不见得会为了某个品牌的电脑而去参加粉丝活动，但为了手机会；孩子不见得会为了购买某个品牌的运动鞋而父母不同意时，就当街打骂父母，但为了购买自己心仪的手机，而母亲觉得价钱贵，就曾有女孩当街打骂自己的亲妈，又哭又闹，引来过路群众的围观；iPhone 的价格甚至曾经被戏称为“肾价”。

在众多手机品牌中，摩托罗拉、诺基亚等曾一度领先，如今苹果、三星，以及国内的小米、OPPO 等品牌备受关注。手机品牌的地位可能会此消彼长，各领风骚三五年。不过自从 iPhone 推出以来，人们对于手机品牌的崇拜现象就显得格外突出了。乔布斯是苹果手机的灵魂人物，本身就充满传奇色彩，相比其他品牌来说，他推出的手机具有更高的技术含量，并且更注重产品带给用户的体验感，他也被喻为“产品家”。在商家的有意营造和引导下，一群“果粉”出现了。所谓“果粉”，就是苹果手机的粉丝，他们宁愿花更多的钱购买 iPhone 而不是其他手机，他们也会想要第一时间拥有苹果品牌的最新款手机。他们是苹果手机品牌的忠诚用户，甚至是品牌崇拜者。在他们眼里，除了苹果手机外，其他手机都不值一提。这种粉丝的狂热念头和行为，过去我们在明星的粉丝身上可以看到。如今这些粉丝追捧的不是某个具有肉身的人，而是将其神化的一个品牌以及其产品，这是令人惊奇的。手机成了某些人的信仰。

也许是受苹果手机的启发，此后很多新的手机品牌开始有意营造这样一种氛围，制造一批品牌的坚定拥趸者，或者将所有的用户都标榜为自己品牌的粉丝,至于他们是不是真的如粉丝般狂热并不重要。只要对外宣称某某粉,那么就有了这样的粉丝现象。一种氛围被营造之后,不排除那些买了这些品牌的用户真的有粉丝般的热情和忠诚。总之,将用户升级为粉丝,并经常开展一些回馈粉丝的活动,那么品牌就显得更高大上了,营销就更容易成功了。

手机作为一种高科技产品,从使用寿命来说,它其实可以用很多年,加上修修补补的话,可以用更久。但是从商业的角度来说,如果手机成了耐用品,人们一直不肯换新机的话,整个产业的规模在手机普及之后,就很难扩张了,手机行业就可能会成为白色家电一样的夕阳产业。手机生产企业不愿意这样,于是通过广告的运作,逐渐将手机塑造成一种时尚品。时尚品的产品生命周期很短,可谓“来也匆匆,去也匆匆”,过一段时间产品就跟不上时代了,显得特别陈旧,消费者必须换一款最新的,心里才会觉得舒服些。于是结合技术的不断更新迭代,过个半年、一年就做些小的改动,不断推出升级款,手机这一时尚品就顺理成章了。对于很多粉丝来说,他们愿意去追这样的时尚,看到新品上市,就按捺不住要去购买。

随着新一代手机不断上市,旧一代手机不断被淘汰,就这样企业赚个盆满钵满,市值不断攀升。消费者则需要为了购买价格不菲的手机,花费相当一部分的工资收入。从功能上来说,价格便宜的智能手机其实也是好用的,并不会有多大的差别,但对于消费者来说不一样,品牌的魅力正在于此。它是一种符号,具有独特的意义,能够给人们某种心理上的满足感。对于很多人来说,他们虽然花了较高的价钱,但心里是美滋滋的。

手机的价格分三六九等,人们的欲望是无穷尽的,总是想要更好的。人们花了那么多价钱,并且投注了很多情感在手机产品上,因此在具体使用的过程中自然会对它不一样,一买到手机就给它贴上一层保护膜,给它套上一个保护壳。有些女孩还会贴上一些精美的手机贴。总之,要将其保护得严严实实的,打扮得漂漂亮亮的。早上起来第一个拿起的东西是手机,晚上睡觉最后放手的也是手机。出门必带着手机,要是见不到手机,内心便焦燥不安。手机是人们最重要的物件,也是最亲密的“人”。

第二节　在手机上做生意

可以说有了手机之后，没有什么生意是不可以在手机上完成的。人们购买任何产品，只要动动手指就行，商家会通过非常快捷的快递系统，直接送货上门。手机购物改变了传统的销售和消费方式，让人们觉得可以手机化生存。人们在手机上逛商场时，由于不需要走动，效率会更高一些。并且得益于VR技术的发展，在手机上看商品，也可以做到非常逼真，让顾客仿佛身临其境。就如很多房产中介平台都提供了VR看房服务，顾客可以360度看房，免去了东奔西走的辛劳。

在这个手机时代，人们已经不再需要出门去买东西了，只要拿起手机，就可以实现各种消费。也许商场上门可罗雀，但商家每天的交易额仍然可以很高，甚至有些商家已经不需要一个店铺了，直接在家里就可以完成销售。买卖行为和关系因为手机都发生了很大的变化。

一、微商

对于那些做生意的人来说，生意经营的场所已经发生了转移。传统经营模式下，商家往往需要付高额的租金来租个店铺，但很多时候辛辛苦苦赚的钱只够付租金；又或者在街头摆个地摊，经常会因为影响市容市貌，而被城管驱赶和罚款。但在网购平台上开店，只要有手机就行了，可以不用交租金，也无须担心城管。在微信、抖音等社交媒体上发图文、传视频，做微商生意，同样很方便。

很多微商也利用人们依靠手机购物的习惯，在微信群里销售各种商品，人们可以下班后直接在楼下领取，或者去拿快递就行。只要打开朋友圈，就可以看到各种微商广告，所售产品的涵盖范围很广，如日常用品、服饰、蔬菜水果、房子车位、教育培训等。微商不需要坐班，在家里发发朋友圈就行，工作时间相对自由，还可以有时间接送孩子、照顾家人，令很多女性心动。从微商的性别来看，实际上也是以女性为主。微商除了在朋友圈、微博、QQ上发布信息之外，还会到各个微信群里去发,并且往往会将常客组成一个群,专门为他们提供商品信息。这种模式就如同面向优质客户的一对多广告,可以随时互动、咨询,偶尔也发发红包等福利,增强用户黏性。

二、直播带货

各种微商、网店的兴起与非常发达的物流业是分不开的。很多平台一天内就可以将快递送到客户手里。有些稍微慢一点,不过也就三两天时间。并且,客户可以在手机上随时查看快递的路线和目前的位置。快递到达后,派件员要么送货上门打电话给客户让其下楼去取,要么投递到丰巢、菜鸟驿站等代收点,并第一时间发短信通知客户。在中国,快递业已经非常成熟。农村电商这些年也已兴起,农民只需花点快递费就可以将蔬菜水果直销到全国各地,省去了大量中间环节。

受益于电商的发达,各类农产品不再那么难销,销售范围不再局限于当地。对于消费者来说,他们也可以直接从数量众多的商家和琳琅满目的商品中找到自己想要的产品,能够更好地满足自己的需求。农村电商有助于拓展农民的增收渠道,以振兴乡村。而手机在其中扮演着非常重要的角色,顾客可以通过手机下单,也可以通过手机拍照提出索赔。顾客还可以在手机上通过看直播来了解有关产品的各种信息。在很多购物平台和直播带货平台,都可以看到网红或者普通卖家吆喝销售的场面。毕竟广告上的那几张图片能够传播的信息很有限,直播却可以全方位、多维度地来展示产品,商家也可以与顾客进行及时互动,给顾客更加直观的印象,并产生更好的说服效果。在手机时代,好酒再也不怕巷子深了,手机可以把各种商品卖到世界各地,跨境电商也随之越来越发达。

在直播带货兴起后,李佳琦、董宇辉等直播带货红人不断掀起一阵阵直播的狂潮。一场直播,观看的人数可高达上千万人次,销售额甚至达百亿元,让人叹为观止。直播带货虽然与过去的电视购物颇为相似,但在社交媒体时代,由于其具有互动性,以及手机的便捷性,故具有更高的人气。很多直播带货者都成了网红,或者很多网红走上了直播带货之路。从实业界迫不得已步入直播带货行列的罗永浩依靠直播带货还清了债务,新东方依靠直播带货成功转型,可以说，稍有知名度的人都可能动过直播带货的念头。直播带货某种意义上是另一种形式的“双 11”。顾客都是在购物狂欢的氛围之下，受各种利诱下单的。当然也存在粉丝经济的因素，很多用户是在粉丝心理的推动下进行消费的。网红正是在粉丝的支撑下才成为网红的，如果没有粉丝就不会有流量，网红也就难以获取高额的收益。热闹不已的直播带货，将消费者的情绪推向极致。人们为了购物而去看直播，这在过去是很少见的。在直播带货时代，可谓每天都是购物节，只要打开手机，看到“李佳琦们”在上面喊着“OMG！买它！买它！”，很多人就会忍不住下手。

直播带货不只是那些网红的事，在各个平台上，几乎每家网点都在开直播。直播成了数字时代的销售方式。直播其实与叫卖有相似之处，都是靠吆喝招揽生意。直播面对的是数量非常庞大的消费者，他们进进出出，在观看直播带货者的表演。在虚拟平台上的消费者来自世界各地，他们由于拥有相同的兴趣或者某种因缘巧合聚到一起。实体店也在开直播卖衣服、卖水果、卖家电……各行各业的都有。毕竟从成本上来说，只要弄个手机，就可以开直播了。直播成本是很低的，门槛也不高，加上物流非常发达，即便是在农村，人们也同样可以直播带货。在淘宝、拼多多等平台上，可以看到各地的农民使用直播进行销售。并且，借助直播，过去卖不出去的蔬菜水果一下子打开了市场，使很多人发家致富。虽然人们还在开实体店，但很多时候，实体店已经成了一个仓库，销售主要发生在直播间。由此可见，各个平台不仅将大量的生意收入囊中，并且在此过程中，彻底地改变了买卖方式。

三、手机支付

现在很多城市已经逐步过渡到无现金支付。作为淘宝、支付宝发祥地的杭州，就正是这样的城市：人们出门可以不用带钱包，只要带上手机就行。过去银行 ATM 机前经常排长队，但现在很少有这样的景象了。很多人的钱包里其实没多少现金了。甚至对于小偷来说，偷别人钱包是件高风险低收益的事。就连街上的乞丐，也得放个支付宝账号在旁边才行，不然即便有人想要行善，也拿不出现金来。

现在很多地方已经实现了手机出行。过去人们坐公交车,要是没带零钱,会显得挺麻烦的,但现在只要打开手机相关应用,上公交车时刷一下就可以了。之前乘坐地铁时,很多人挤在一起在自助购票机上购票,或者排长队在人工窗口购票。但现在乘坐地铁时,进站刷一次,出站再刷一次就行。过去在高速上通行过收费站时,往往排队等待缴纳过路费,的确有些费时。现在很多车辆都已经办理了 ETC(电子不停车收费系统),大大提高了通行效率。很多停车场都提供了支付二维码,车主离开前扫一扫,直接在手机上进行支付,大大节省了时间;同时,停车场也不再需要安排一个人专门负责收费了,大大降低了人力成本。

到超市、商场和小店购买各种商品时,只要扫一扫二维码,输入支付的金额和密码,或者直接出示支付码,对方就可以收到购物款。在支付宝、京东等平台上,有很多消费金融产品与信用卡是一样的,人们都可以先消费后还款。

这些年,有些商家还推出了无人销售商店。整个商店没有一个销售人员,顾客选择需要的产品后就可以直接离开,他们的手机上则会被扣除相关产品的费用。农夫山泉还在一些社区设立了自助购水柜,人们只要扫一扫,选择相应产品并付款,柜门就会打开,让顾客提走产品。大多购物平台已经开放了各种手机客户端,消费者的购物行为大都能在手机上完成。

四、外卖点餐

点餐也可以在手机上完成,人们只要在手机上下单,外卖小哥就会把饭菜送过来;大家也不需要亲自去超市了,只要在手机下单后,超市就会准时将物品送过来。截至 2021 年 6 月,我国网上外卖用户的规模达到 4.69 亿人,并且还在以很快的速度增加。

过去,人们外出下馆子,很多时候图的是一个热闹,现在在手机上点外卖,图的是一个方便。人们可以不用做饭,也无须外出,只要在手机上动动手指就行,点的餐就会在规定时间内按时送达。外卖小哥是非常赶时间的,他不能迟到,也不能让顾客给他打差评,不然有可能被扣工资。每次送完餐,几乎都要叮嘱一下顾客,记得给他一个好评。我们已经习惯给各种电影、电视剧以及服务打分评价了。这一方面是对顾客的尊重，大家觉得好才是真的好，另一方面，给服务打分，其实就是直接给服务员打分。有些服务员得了5星，有些可能只有3星，前者予以表扬，给他增加工资，或者予以晋升，后者就可能会被辞退。在英剧《黑镜》中，有一集讲的是人际互动中的各种打分现象，人们不仅会给服务员打分，就连一个人在朋友圈发的帖子，别人也可以给他打分，打分越高，表明他越受欢迎，地位越高，俨然社会上层人士，可以在银行贷款、找工作等各种活动中获得种种好处，如果分数很低，那么将会处处受到排挤和歧视。一个人的社会等级由别人给他的打分所决定，虽然有些夸张，但其实在现实生活中就存在这种现象。外卖小哥就非常看重顾客给他的好评，这些打分直接影响着他的收入、心情以及前途。

对于各大电商平台上的店家来说也是如此，顾客的评分意味着信誉和生意。对于打分偏低的店家，人们不太会光顾，下单时颇多犹豫。打分高的店家，则往往处于高光状态，可以轻易地吸引到更多的顾客。顾客的打分直接成了各大商家的品牌分值。对于电商来说，品牌不仅仅是依靠广告建立的，顾客的打分也是一项重要的影响因素。有了手机，顾客打个分其实很容易，其他顾客查看店家的分值也很方便。一种新的品牌建构机制、商家信誉形成机制和传播模式，以及顾客与店主的新型信任关系得以确立。

即便是外出就餐，人们不需要直接到前台去点菜或选择相应的服务，只要扫一扫桌上的二维码，就可以在手机上选购自己想要的菜品。通过手机，人们可以将各种商品的图片和价格信息看得清清楚楚，这对于顾客来说倒不失为一种不错的消费方式。下了单之后，顾客可以直接在手机上点击支付，同时服务员就会收到相关信息，并准备餐食，顾客过一会儿就可以获得相关的服务。相比过去顾客入座后，服务员才拿一个菜单过来，并用小纸条记录点餐的方式，现在顾客可以不必排队，坐在座位上慢慢选就行，商家则可以节省人力，并且能够更快、更有秩序地为顾客提供相关服务，可谓好处多多。并且，在顾客关注了商家的公众号或者小程序之后，商家可以直接把各种优惠信息发给顾客，从而实现更有针对性的营销。

第三节　社交营销

“病毒”营销、口碑营销等都预示着社交营销时代的到来。所谓“无社交不传播”,广告和营销需要借助社交的力量,才能得到更好的传播。

一、因地制宜的场景传播

手机号码的申领已经采取了实名制,由于如今几乎每个人都离不开手机,出门都会携带手机,通过定位,只要找到了手机,也就找到了某个特定的人。对于商业营销来说,精准营销就变得更具有可操作性了。由于每个人都有随身携带的手机,如同被打上了一种印记,并且这是可以被搜索的,因此人也就在一定程度上被数字化了。消费者可以通过他在手机上的各种行为而被精确画像,商家要找到具有某种特征的人不再是一件困难的事情。商家可以针对消费者的特定需求,推出有针对性诉求的广告以更好地说服消费者购买。商家还可以根据消费者手机的使用习惯,更好地把广告信息传递给他们。随着人工智能技术的不断发展,平台处理数据的能力越来越强,可以为每一个人定制一则广告,千人一面的广告不再风光,而千人千面的广告成了时代潮流。

根据手机出现地点的远近,商家可以发布基于某种场景的广告。例如,当消费者走进某个商店时,商家的广告就会出现在他们的手机上,邀请他们去购买。消费者在某个地方停留,商家会据此判断他们的特定需求,向他们推送相关商业信息。罗伯特·斯卡伯和谢尔·伊斯雷尔提出的“场景五力”,指的是移动设备、社交媒体、大数据、传感器和定位系统。① 场景营销是手机时代的产物,手机作为通信设备,具有定位功能,人们经常使用手机上的各种社交媒体进行交流互动。离了手机,场景营销就很难真正发挥其威力。手机的定位系统,让商家可以找到一个个人,大数据技术可以让消费者的分布图和行动轨迹非常清

① [美]罗伯特·斯卡伯、谢尔·伊斯雷尔:《即将到来的场景时代》,赵乾坤、周宝曜译,北京联合出版公司2014年版,第11页。

晰、直观地呈现出来。

根据不同场景的特征，以及消费者在当时的特定需求，广告商的信息就如同临门一脚，可以非常有效地推动消费者选择他们的产品。广告营销已经不应该再如过去那样广撒网、粗放式展开，而是既有必要也有可能实施精准沟通，各个击破。消费者有怎样的需求，就有怎样的广告出现在他面前。

由于每个人的广告都是根据其心理特征量身打造的，广告变得就如知心好友一般：不管消费者有什么需求，广告就立马出现在他们面前，向其推荐合适的产品。随着技术的不断发展，消费者可能会觉得广告才是最了解他的，从而对广告产生强烈的信任感。在大众传媒时代，以往很低的广告可信度可能就此被改写。只有精准传播，才能直击每个人的心，才能产生真正的销售力。过去有一句话这样说：“我知道有一半广告费浪费了，但不知道是哪一半。”如今，广告浪费的现象大大减少了。广告可以如同滴灌技术一般，因地制宜，因时而动，因人而异。

二、推销方式的演变

过去商家通过挨家挨户人员推销的方式宣传推广自己的产品，人员推销面对面地进行，可以比较好地了解对方的心理，能够更有针对性地提出各种诉求，从而一方面给消费者留下深刻的品牌印象，另一方面也比较容易达成销售。不过这种方式成本挺高的，但效率不高。因此，在电话普及之后，很多商家就通过打电话的方式进行推销了。电话推销不需要人们出去跑，只要待在办公室里一家一家打电话就行。接到这些推销电话，很多人多少还是要问一问对方到底是干什么的，在了解了对方的意图之后，才会决定是否继续交谈或者直接挂掉。对于推销人员来说，照着电话本，一个个地打电话过去，虽然经常会遭到拒绝，不过工作难度其实并不算大，一天下来可以打电话给很多人，效率挺高。但作为固定电话用户来说，很多时候人们并不在家，操作起来并不简单。手机则不一样，它是人们随身携带的，可以 24 小时与其联系。

当然，也有人会发各种短信广告，或者直接给人们打电话来推销各种东西。笔者一天接到的电话，其中有九成都是各种推销电话，来自工作或者朋友的电话其实并不多。这么多的推销电话,对我们来说不堪其扰。因此,一旦对方说什么“某某楼盘”“某某银行贷款”“某某期刊”的时候,我们可能就会直接挂掉了。相比于拨打固定电话,拨打手机可以直接找到对方,不太会无人接听。不过由于推销电话实在太多,人们会通过标注推销电话号码的方式,来加以直接拒绝。

提到推销,人们多少都是抗拒的,不太有信任感。人们更愿意相信朋友的推荐。因此,人们更容易接受来自朋友圈的消息。微商会在自己的朋友圈上发各种图片和文字,打各种广告,还会在一些微信群里推销商品或者服务。

微信推销可以减少对人们的直接干扰。微商可以在对方明确了具体意愿之后再与他联系,以取得更加理想的营销效果。类似拼多多的电商平台,也在试图利用人们通讯录中的电话号码,将整个朋友圈全部拉进来,从而一方面扩大潜在用户范围,另一方面构建一种信任感。信任感是增强信息可信度的重要指标,也是信息有效传播的关键。

在数据时代,很多人感觉自己的一举一动、一点小心思,都可以被别人轻易识破。这是因为我们在浏览和搜索时留下的种种痕迹,被商家作为数据加以利用了。因此,只要我们有什么需求,商家就非常有针对性地向我们推荐商品。这样的推荐可以因人而异,从而达到非常好的说服效果。在大数据面前,我们都是“裸泳者”,虽然别人未必能看清,但商家则看得清清楚楚。对他们来说,用户没有什么秘密可言。精准营销,从积极的一面来说,的确满足了人们的需求,各种商品正是我们所需的,如此一来,就不用再花多少时间去搜索了;但另一方面,我们在这个过程中,可能会逐渐丧失自主权和选择权,因为一切都是被计划好的、被安排好的。这样的生活相信很多人并不喜欢,因为人们没有自主选择的快乐,以及由此带来的惊喜。

三、无社交不广告

手机时代,广告需要在手机人能够看得到的地方展示。人们打开手机各种应用后可以看到的广告,才是在这个时代真正有效的广告。人们已经越来越少出现在电视机前,纸质报纸和杂志趋于消亡,很多传统媒体都已经实现数字化转型，转向了手机渠道。人们获取信息的主要渠道就是手机，广告显然也需要转移阵地。在手机出现之初，受带宽的影响，多媒体广告还没法传播，这时大量企业通过手机短信方式传播广告信息。这些短信广告，相对于正规的媒体广告而言，显得比较粗糙和原始，不过它可以直达消费者，广告信息的到达率很高。

短信广告一开始游离在监管之外，处于灰色地带，从而难免出现虚假不实、泛滥成灾等不良现象。手机短信广告也时常被称为垃圾短信，相比于正统广告，更加不受人待见。

与此同时，很多非法信息也通过短信广告进行传播，如赌博、色情、诈骗、开假发票、办假证、走私货、出售假币等。这些违法的或者不道德的信息，在正规渠道是被禁止传播的。但是这些活动却有着很高的利润空间。为了获得更多的客源，赚取更高的利润，不法商家会铤而走险。由于短信在过去缺乏有效监管，市场不规范，加上技术门槛低，只要有一部手机就可以发短信，很多不法分子便有机可乘。

对于商家来说，短信广告是非常便捷的点对点传播方式，而且广告费用相对便宜，效果并不算差。因此，即便国家对短信广告做了很多规范和限制，在其他形式的手机广告大量出现的5G时代，人们依然会收到短信广告。在群众的呼吁下，各方面的监管措施已经得以加强。消费者可以自行选择退订短信广告，这是与之前相比进步很明显的一点。在加拿大等西方国家，短信广告相对要少很多，他们较多使用电子邮件来发送广告，从而减少了对消费者的直接侵扰。

在文字形式的短信广告之后，彩信广告也曾一度流行。彩信广告在形式和内容上都更为丰富，可以传播更多信息，并且更容易被大家接受，效果更好。很多彩信广告是随着手机报一起推送的。

不管怎样，短信广告、彩信广告都是可以精准、定向地进行传播的，以点对点的方式进行。商家可以非常个性化地设计有关信息，并传播给特定的人。从而可以迎合广告对象的喜好，并且可以随时互动，及时解答广告对象的疑惑，以达到更好的传播效果。

尽管如此，短信和彩信广告并不是应广告对象的要求而传播的，也非来自朋友的推荐。它们虽然可以定制传播，但基本上脱离不了传统广告单向传播的模式。对于这样的广告,很多消费者还是会拒绝。并且,在收到广告短信的时候,一般都会有信息提醒。大多数是抱着看朋友或者同事发来什么重要信息的心态去查看的,结果看到的却是广告,多少会有些懊恼。人们虽然看到了大体的广告内容,但是未必会有好感,也就谈不上接受相关信息了。

不过很快地,由于网速的提升、流量资费的下调,以及各种手机应用数量的增多,手机广告开始有了更多的空间,短信广告和彩信广告也就变少了。

在移动互联网发展的早期,"除了人们熟悉的短信、彩信、WAP 广告外,手机广告还有嵌入式广告、彩铃广告、视频广告、二维码等其他形式"①。智能手机时代,人们的社交关系建立在微信朋友圈的互动上,大量广告也就出现在了微信朋友圈里,各种微商自不必说,微信公众号里也有很多硬广告和软广告。就如笔者的一位学生在本科毕业之后,主要从事微信软文营销工作。他开设的微信公众号上面发的全部都是软文。由于故事非常精彩,且软文紧跟热点,愿意留在公众号上看软文的用户并不少。他们明知是软文,在最后不经意的时候会来个神转折——在文章中插入广告内容,但是他们并不介意。这一方面与软文写得好是分不开的,另一方面则是受整个氛围的影响,如今人们觉得软文营销是很正常的事情。

软文广告具有一定的隐蔽性,广告信息与内容很好地结合在了一起,并且利用用户自发转发,达到了广泛传播的效果。之前,一度备受关注的咪蒙,一条软文叫价几十万元,便可以看出其价值所在。杜蕾斯的微博、微信广告也非常成功,它往往是借势营销,并且以幽默有趣的文字、图片等形式和富有创意的方式进行传播,从而吸引很多人的关注。虽然大家对广告基本持抗拒心理,但是像杜蕾斯这样的广告,很多人却愿意继续看下去。因为这种广告不会让人觉得累,也不会让人烦,相反往往令人开怀大笑,或者惊叹于创意者的出其不意。这类广告甚至会让用户产生一种期待:下一次会不会出现更有意思的广告。看广告成了一种享受和乐趣,这是手机时代广告的至高境界。对于这样的广告,人们会转发,或帮着传播,从而很容易就形成一种热点。广告需要大家把它当作一种娱乐加以欣赏,并主动予以传播,这样它才具有话题性。

---

① 刘滢:《手机:个性化的大众媒体》,人民出版社 2012 年版,第 171 页。

商家如果想要接触到现在的消费者，就需要利用好各种手机使用的入口和场景，不然各种营销活动就很难达到理想的传播效果。可以说，不在手机上传播的广告，不会有多少人可以看到。营销活动抓住大家的注意力还不够，需要进一步抓住人们的心，勾起人们的各种欲望，才能真正达到传播效果。商家需要非常准确地了解消费者的心理，在消费者需要的时候出现广告，推荐给他们需要的产品，因此基于大数据进行精准营销是必然之举。

在手机时代，无社交不广告，广告需要人们在社交中予以传播。关于这一点，拼多多认识得比较深刻。它经常会放出一些小诱惑，例如给用户一个红包，但需要朋友助力才能够兑现，于是很多人会将链接发给朋友，要求朋友帮忙。虽然收到这类链接实在太多，很多人是厌烦的，但一方面碍于朋友情面，很可能会予以帮助，另一方面，用户对拼多多也就变得熟悉了，甚至有一天自己也成为这个平台的用户。拼多多的营销活动设计得非常巧妙，更是具有很大的迷惑性。用户似乎可以得到很多优惠，但很多时候却又是白费劲，很多人都有过这样一种感觉：砍价永远差一刀。即便用户能获得优惠，也是建立在付出了金钱和时间的基础之上的，并且通过这些优惠活动，平台会将该用户锁定为多次消费的用户。

从成本效益上来说，这类营销活动的确是花小钱办大事。虽然由于这个过程给人的体验感并不好，一开始可能会参与玩一玩，但之后就很难会有用户继续理会它了。但是，很多人养成了使用这个平台的习惯，相当一部分用户会沉淀下来。从理想的角度来说，如果既能够给用户以良好的体验，又能促进用户积极主动地将其朋友拉到平台中来，而商家又不需要花费太多营销成本是最好的，但在现实中很难做到，反而那种有点恶俗甚至给人欺骗感的营销活动却经常有。不管是怎样的营销活动，都需要把人们在手机中的人际关系尽可能地拉到平台中来，让用户帮忙找客户，这是最省事的方式。并且，由于用户的关系网都在这个平台，那么用户使用这个平台的频率就会增加。之前的开心网，是病毒式营销做得很不错的一个案例。由于朋友在那里玩，或者是朋友将其拉到这个平台上，现实中的社交关系在网络空间中得以重现，这对于很多人来说就多了很多亲切感，从而吸引他将时间投入这个游戏中。

从信息源的可信度来说，人们会倾向于相信并接受来自朋友的推荐。广告的社交化有助于改变过去可信度很低的广告形象。同时,来自朋友的信息可以让人产生更强烈的亲切感,从而产生更多的社会意义。如果购买的是朋友推荐的商品,或者从认识的人那里购买的东西,人们不太会给予差评,即便有问题,也会选择原谅;相反,会更容易产生积极的评价,消费过程会产生更多的正面情感。

在手机时代,人们对于硬塞给他的广告是抗拒的。如果品牌营销、广告公关活动建立在社交基础之上,就可以实现大范围的传播,并且不需要支付太多的费用,从而大大提升传播效益。广告需要有互动参与,需要在社交活动中得到恰当的传递,才能真正有效。

第四节　消费主义下的手机人

“今天,在我们的周围,存在着一种由不断增长的物、服务和物质财富所构成的惊人的消费和丰盛现象。”[①]笛卡尔说“我思故我在”,在商业广告强有力的鼓吹下,消费主义盛行,很多人购物成癖,可谓“我消费故我在”。

一、剁手党

在传统媒体时代,广告塑造了数以万计的品牌,并日复一日地予以传播。很多广告甚至是洗脑式的,比如一句简单的广告语以高分贝的声音在不断重复。朗朗上口的广告语让很多消费者耳熟能详,成了人们日常生活中的流行语。广告文化是一种主流文化,人们时常提及。特别是品牌符号,成了很多人追捧的对象。身上穿的衣服非名牌不买,手上拎的包包非名牌不用,手腕上的手表非名牌不戴,开的车得是名牌车,喝的各种酒精饮料、碳酸饮料也得是一个名牌才行,全身上下都是名牌成了某些人的追求。那些经济条件不允许的人,也在想方设法弄些名牌货。

---

① [法]让·波德里亚:《消费社会》,刘成富、全志钢译,南京大学出版社 2001 年版,第 1 页。

“消费主义常常代表着那些远远超越了物质购买的目标和利益。”[①]在消费主义的刺激下，有些人成了购物狂。他们每次到商品琳琅满目的百货公司转一圈，都会拎回很多商品。但是很多商品并不是他们真的需要，甚至很多商品拿回家之后，就从来不曾打开过。他们追求的是购物过程中的快感。人们在想要拥有优质产品的欲望刺激下做出大买特买的举动。将货架上的商品放进购物车、刷卡付款的那一刻，他们觉得无比幸福。自从有了信用卡，人们可以超前消费，这让很多人在刷卡的瞬间觉得自己挺有钱的，不必为钱担忧，而最终沦为“卡奴”。为了满足自己的消费欲望，购物狂们不得不拆东墙补西墙。

电子商务时代，购物狂有增无减，几乎人人都是购物狂。在“双 11”的时候，很多人受商家促销活动的诱惑，总是按捺不住想要买买买，于是“剁手党”一词应运而生。

如今，拿着手机，面对自己喜欢的商品，只要用手指一点，就可以加入购物车。支付环节也非常方便，根本不需要输入卡号，甚至密码都不用，只需扫脸或者免密自动支付。由于不是直接拿着现金，人们容易产生这样一种错觉，仿佛购买这么多的商品都不需要花钱一般。在某种意义上，正是这种购物的便捷，大大催生了剁手党的盛行。

各大平台也在不断地用各种手段鼓励人们消费，各种促销活动可谓五花八门，令人眼花缭乱。通过社群裂变，这些平台将很多用户纳入自己的麾下，使其成为“羔羊”或者“韭菜”。其实这些用户是平台经济的主要血液，他们推动着各大平台快速运作。平台由此积累了大量财富。在算法、大数据等推动下，平台运营得如鱼得水。

对于平台来说，另一个很重要的策略是不断地制造节日。传统节日例如元宵节、妇女节、劳动节、中秋节等，都已被用来作为节日营销的噱头，商家动不动就推出各种打折、优惠等活动，刺激消费者下单。每逢这样的节日，手机上各种广告会铺天盖地而来，令人目不暇接。然而，这些传统节日在他们看来，显得还远远不够，于是他们还专门创造出一些购物节来，例如“双 11”“双 12”“618”之

---

① [美]彼得・N. 斯特恩斯：《世界历史上的消费主义》，邓超译，商务印书馆 2015 年版，第 182 页。

类的。这些节日不是为了庆祝或者纪念什么人物和事件,而是为了购物狂欢。商家都会利用一些小技巧在这些节日打折,例如先涨价后打折、虚构原价等,使商品看起来优惠的力度非常大,由此吸引了很多用户前来抢购。加上秒杀、团购之类的社交媒体时代的新玩法层出不穷,着实热闹。有些购物节是在零点开始的,很多人为此还得熬夜抢购,不然很可能就得不到那么多优惠了。

这些年,各大平台在“双 11”之类的节日中,销售业绩都非常可观,每年都在节节攀升。0 点一到,没过几秒钟,就有几亿元的销售额。数据不断被刷新,纪录不断被打破。为了尽可能地提高销售额,“双 11”过后,还经常会有返场,并从一日狂欢发展到三日、一个星期,甚至一个月。通过营造购物狂欢的气氛,到了这些日子,人们不由得手痒痒,不买上几件商品,总觉得对不起自己,显得很亏。各大平台不仅打造购物节,还组织了购物节晚会,将氛围推到一个极高点。

除了创造新节日外,各大平台还千方百计地让消费者借贷消费。花呗、借呗、白条、金条等为很多人下单提供了便利,并且平台还会不时地以减免一两元或者几毛、几分钱等小恩小惠,诱导人们使用这些工具进行支付。购物时几乎是不用自己出钱的,虽然过了一定的时间,借的钱都是需要还的,但人们抵不住这种便利和诱惑,纷纷选择使用这些支付工具。这些工具的出现无形中助长了人们的消费行为。

更重要的是,在这样一个消费社会里,很难有人可以置身其外、不为所动。大学生基本没有什么收入,各方面都需要依靠父母。有些大学生家庭经济条件会好一点,有些则一般,但是大部分人的消费欲望都很强烈。很多涉世未深的大学生,为了满足自己购物的欲望,向校园贷求助,甚至通过“裸贷”的方式,不惜将自己的隐私照片和视频作为抵押。不少人由于无法还贷而陷入尴尬的困境,或者虽然还了贷,个人隐私却遭恶意泄露。

这一切其实都是人们可以在手机上动动手指就可以完成的,从而助长了消费主义在这个社会的进一步蔓延。在这个生产过剩的时代,只有激发起大家的消费热情,经济才能得到持续的增长。不难看出,消费是当今社会拉动经济增长日显重要的一驾马车。没有了消费,经济很可能就会哑火。甚至,“在这个社会中，浪费式消费已变成一种日常义务”①。产品在不断迭代升级，人们的欲望一次次得以暂时满足，又一次次被重新勾起，可谓欲壑难填。

二、人脸识别

每个人都只有一张脸，人脸的生物特征具有唯一性。对于每个人来说，这张脸就几乎代表本人的身份。如今很多软件是需要人脸识别的，在使用手机进行注册时，往往会要求打开照相功能，然后让用户眨眨眼睛或摇摇头之类的。在确保用户身份的真实性方面，人脸识别的确是更真实的。通过人脸识别，可以判定这就是本人在办理，从而确保了数据的准确性。很多以前需要人们到现场去办理的事情，现在也可以通过手机得以完成。人脸识别的运用范围越来越广，很多小区也开始安装起人脸识别门禁系统。

一方面，人脸识别让人们的生活变得更方便；另一方面，人脸信息的安全性面临着越来越大的风险。平时，我们经常会收到各种各样的推销电话和微信，这意味着我们的手机号码被泄露和贩卖了。商家在购买了我们的个人信息之后，便会有针对性地给我们发送各种广告。我们并没有主动向他们告知手机号码，不过平时我们在注册账号或者办理各种业务的时候，经常会填写很多个人信息，这些个人信息可能会被有意窃取或者售卖给第三方。

自2018年5月1日起开始实施的《信息安全技术—个人信息安全规范》中对个人信息做了这样的定义：个人信息即以电子或者其他方式记录的能够单独或者与其他信息结合识别特定自然人身份或者反映特定自然人活动情况的各种信息，包括姓名、出生日期、身份证号码、个人生物识别信息、住址、联系方式、通信记录和内容、账户密码、财产信息、征信信息、行踪轨迹、住宿信息、健康生理信息、交易信息等。2021年11月1日起施行的《中华人民共和国个人信息保护法》中规定，个人信息是以电子或者其他方式记录的与已识别或者可识别的自然人有关的各种信息，不包括匿名化处理后的信息。虽然已有相关法律出台，但依旧很难保证我们的个人信息不会被窃取或贩卖。对于很多人来说，手

① [法]让·波德里亚：《消费社会》，刘成富、全志钢译，南京大学出版社2001年版，第30页。

机号码并没有那么重要。不过,对于大多数人来说,人脸还是很重要的。一旦我们的人脸信息被窃取或者贩卖,将可能带来非常严重的影响。

对于商家来说,只要他们有了消费者人脸的信息,就可以加以对照,从而获取他们更多的个人信息。商家在掌握了消费者的人脸信息之后,就可以推出更多有针对性的广告,开展更精准的营销活动,使消费者变得越来越无处可逃。过去,我们在数据上可能是透明的,如今则是在形体上变得越来越透明了。个人的信息将会变得格外完整和准确,在网络上行走的不再是我们的数据流,而是形象非常清晰、具体的个体。

此外,在深度伪造技术下,我们的人脸可能会被移花接木到别人身上,伪造出一些视频或照片,让别人误以为我们干了什么违法或者不道德的事情。由于我们的人脸是很容易被识别的,很多人信奉眼见为实,从而对这样的视频或图片深信不疑,这对于受害者来说是非常痛苦和烦恼的事情。

三、监视资本主义

人们的一举一动都可以作为一种数据,被商家加以收集和利用。纪录片《智能陷阱:监视资本主义》中有这样一个情节:一家人一起在吃晚饭的时候,家长要求子女不能使用手机。可是这一点很难做到。在影片中,由于儿子的手机坏了,于是母亲提出,如果他能够坚持一个星期不用手机的话,就给他买一个新的。这是非常难熬的一场考验。对于我们来说,手机几乎是24小时不离手的,如果有那么一刻不能使用手机,我们就会很难受。手机如同烟酒一样,让很多人上瘾。

一开始,这个男孩还能克制自己不去碰手机,但他最终经受不住一条关于自己暗恋对象与其他男孩在亲密互动的消息的打击,重新拿起了手机。如果这个男孩换成是我们当中的一位,相信很少有人能够坚持一周不使用手机。手机已经深深侵入了我们的工作、生活和学习。一天中发生的大大小小的事情,几乎都离不开手机。在这个人工智能、大数据的时代,用户是网络存在的基础,也是一切基于手机的经营活动的基础,因此,总有一种力量在推动着我们去使用手机。

围绕着手机构建起来的生意网已经将手伸到了各行各业，现在做生意没有可以离开手机的。而且，如今的资金流都是通过手机流通，大量资本的增值也在手机中进行。线下的大量商业活动被转移到了线上，例如线上的教育培训、线上的销售活动等。这些商业活动建立在大数据、人工智能的基础上。一方面，几乎每个用户都会将其纳入自己的视野之中，跨越时空的生意可以做得很大；另一方面，通过大数据的分析，商家可以实现精准营销，根据每位用户的需求特征，非常有针对性地加以说服。相较于传统的人际推销，这种营销能够更全面、准确地了解销售对象的方方面面，甚至比他自己还要了解他，从而能够达到非常好的劝服效果。

商业的各个环节都建立在对消费者"监视"的基础上。商家对消费者的了解甚至已经超过了消费者本人。通过大数据分析，商家可以知道一个年轻女性是否怀孕了，而她父母可能还不知情。通过消费者购买的食物，商家在一定程度上可以判断出他是不是容易得某种疾病，再根据消费者购买的药物，则可以非常直观地了解他最近罹患的疾病。很多家人、邻居和朋友未必知道的事情，可能都逃不过商家的算法。算法可以对一个人进行精准画像，甚至是动态的画像。一个人此时此刻打算浏览哪个网页、会停留多长的时间，平台都可以知道得一清二楚。每个消费者在互联网上的一举一动以及其使用手机的详细情况，都是数据，都会被加以收集和分析。

手机上进行的各种交易和支付活动，其金钱的流动轨迹是可以被追踪的。对于个体而言，当然，这意味着一种风险。如果使用现金支付，钱是怎么来的、怎么花出去的，别人可能很难知道，人们需要给它做一个跟踪器，才能知道它的路径。但是，在手机上的交易意味着每一分钱都是可以被追踪的，每一分钱的路径都是清清楚楚的，甚至每个人、每个家庭的财富积累和消费活动其实都是可以被窥视的。当然，国家机器未必会这样去追踪，各个平台迫于商业道德和法规也未必能这样做。其实，真要这样做的话，对普通老百姓的影响倒也不大；但对于一些政府官员来说，他们很难再徇私舞弊了，不然，账号里突然多了一笔钱，或者拥有超过其正常收入的财富，都意味着存在腐败的可能；对于那些从事非法勾当的不法分子来说，在手机时代，他们被曝光的可能性就会大大增加。我们经常在国外影视剧中看到 FBI 等机构会利用各种软件，查看某些银行账户,或者追踪某些资金往来,从而侦破某些犯罪案件。当然,从某种意义上来说,虽然手机时代是一个透明的时代,但个体还是应该有基本的隐私和安全保障,对于自己正当财富的获取和使用应当拥有足够的自主权。

由于线上支付的盛行,人们对微观的经济活动和宏观的经济运行都可以进行数字化分析,或者加以数字化监管。如果平台掌握了这些数据,则意味着它拥有左右政府的巨大权力。平台经济在某种意义上也是一种平台政府。算法和数据赋予了它们前所未有的权力。在商业经济上,它们获取利益的能力得到了巨大的提升,财富增长的速度是过去任何时代无法比拟的。

“从工业资本主义到金融资本主义,再到今日的数字资本主义,社会财富的创造速度与集中度已得到极大提升,并在技术效应的影响下不断放大。”[①]随着算法、大数据、人工智能等技术的不断发展,平台拥有的算法权力是无比巨大的。对于作为个体的消费者来说,他们没有多大的抗拒能力,他们可以选择不买,但实际上算法对消费者的了解甚至要远甚于其自身,它会投其所好,对任何一个消费者来说,都是很难拒绝的。人的欲望很难克制,而算法却又非常懂得诱导消费者的欲望,各种广告、促销、来自朋友的“安利”以及来自社群的“种草”等让其难以招架,最终会按照商家的设定去购买各种商品。在这个时代,商品的丰富程度是无与伦比的,人们想要的各种商品几乎都能够买到。

在监视资本主义下,对于商家而言,充分地挖掘每个消费者的消费潜力是其目标。如果能够让消费者产生一种错觉,觉得自己很有钱,并且很享受购物和消费,那是再好不过的。在这个时代,消费者不会感觉到一种剥削或者压迫,欲望吞噬了他的理性,情绪扼杀了他的思考,在手机上买买买是他的日常乐趣。“三日不购物,便觉灵魂可憎”的广告语已经得改改了,三日太久了。对于很多人来说,每天都需要购物,并且一天得购物多次。毕竟在手机上操作实在太方便了,购物是很多人的生活。工作是为了购物时的爽快,而购物甚至成了很多人活着的目的,消费主义由此日趋严重。

平台还会积极鼓励用户以社交的方式来帮它传播信息。在春节期间,各大平台都会推出很多活动,进行大肆营销。“集五福领红包”活动在这些年兴起。

---

① 沙烨:《跨越财富鸿沟:通往共同富裕之路》,当代世界出版社 2021 年版,第 78 页。

用户用手机扫一扫“福”字，就可以领取“爱国福”“富强福”“和谐福”“友善福”“敬业福”，如果集齐了五福就可以合成福卡，有机会在除夕看春晚的时候分享数亿现金。自己手头没有的“福卡”，也可以与其他人交换，从而使这项活动具有很强的社交性。人们经常会在朋友圈上分享相关消息，进一步起到了推广传播的效果。不过由于参与者甚众，比如 2021 年参与集五福的有 2.9 亿人，2022 年则有 2.75 亿人①，结果很多人分到的红包不过就两三元，还不如在微信群里抢到的红包多。但集五福已经成了春节的一种新习俗，而倒卖“福卡”甚至成了一种生意，在很多平台上都可以看到相关的售卖信息，由此可见这项活动的影响之大、人气之广。

这几年在春节联欢晚会期间，都少不了几大平台的身影。这些平台利用春晚扩大自己的声势，其所用的手段主要也是抢红包。这些红包往往需要购物才能生效，对于很多用户来说，他抢到红包却未必去使用，不过参与者依然不少。一方面是由于平台打出来的广告非常诱人，例如可以共同分享 5 亿元红包，让人觉得金额很大；另一方面这是手机时代人们消遣娱乐的一种方式，参与本身就是很多人的乐趣。

在我们对消费者层面进行讨论的同时，还需要注意到各大平台员工的生存状况。虽然现在很多互联网大厂开始采用人工智能，算法在审核内容及提供数据服务、客户服务等方面都已扮演了越来越重要的角色，但算法还不具备足够高的智慧。就内容审核来说，机器审核的出错率还是挺高的，遗漏的情况估计也不在少数，因此很多内容需要人工审核。不过自媒体上的内容实在太多，几千个审核员根本忙不过来。在“双 11”的时候，通宵达旦工作的人相当多。软件的开发主要由程序员完成，越复杂的软件需要投入的人力、物力就越多。并且，往往很多工作都很赶，需要在短时间内完成。因此，各个互联网大厂流行“996”“007”“大小周”等加班文化，员工的工作强度都很高。这几年陆续出现了不少针对互联网大厂加班文化的报道。2022 年初，就有关于某互联网大厂员工猝死的新闻。在很多互联网大厂，加班是常态，虽然由于受舆论冲击，表面上有所改

---

① 吴臻：《集五福才两块三毛五，倒卖五福猛赚过万？真相是……》，《奥一新闻》，2022-02-09。http://baijiahao.baidu.com/s?id=1724292632464297178.wfr=spider&for=pc.

变,但是实质上变化不大,员工的工作处境依然堪忧。

在平台经济态势下,实体店没有多大的生存空间,很多人的维生之路受到了极大的冲击。消费者为了满足不断滋长的欲望,而成了难以自控的剁手党。对于互联网大厂的员工来说,他们虽然拿着高额的收入,但需要承受巨大的身心压力。在这个过程中,各个平台的投资回报是惊人的,造就了不少亿万富翁。在监视资本主义下,大家似乎都在为IT行业的投资者服务,都是高速运作的平台经济的“燃料”。

第八章　边走边玩的“游戏人”

手机也是成年人的一种高级玩具、一个娱乐工具，是人们工作、学习之余放松身心的一种物品。“手机的泛娱乐化是科技发达、信息泛滥、消费至上时代的一种大众审美趣味，是一种以新型技术拓展想象空间的狂欢体验。”[①]手机的魅力实在太大，好玩的东西实在太多，很多人对手机可谓爱不释手，拿起手机后根本就停不下来：在朋友圈里东看看、西看看，在股市中这里瞧瞧、那里瞅瞅，在抖音上刷呀刷，或者是与朋友在微信、QQ 上聊来聊去。可以说，人们一整天对着手机都不会觉得厌烦，甚至到了晚上该睡觉的时候也还在继续。

玩手机已经成了现代人的生活常态，人们一有空闲，就会不自觉地拿起手机。有学者认为，手机的游戏性可分为三个层次：一是手机游戏的强游戏性；二是影视艺术的亚游戏性；三是物质生活的弱游戏性[②]。不管是手游，还是短视频，还是手机购物、点餐等应用，其实都具有一定的游戏性。

第一节　随时随地的手机娱乐

手机的娱乐属性是吸引用户使用手机的重要因素。手机的娱乐形式多样，并且可以随时随地进行。

一、手机音乐

就听音乐而言，各种工具已经出现了多次更新换代。留声机是早期记录音

① 江凌：《我国青少年手机传播中的亚文化研究》，中国书籍出版社 2019 年版，第 201 页。

② 王黑特、韩天棋：《论手机媒介的游戏性》，《现代传播》2022 年第 2 期，第 132—137 页。

乐的重要工具,音乐人将自己的歌声刻录在唱片上,留声机可以还原歌声。就现代人的眼光来看,留声机看上去很典雅,但它早就进了博物馆,不再被使用。收音机可以试听电台上播放的声音,不过只有电台上播什么,用户才能听什么,虽然可以在不同频道换台选择,却没法挑选具体的歌曲。录音机可以使用磁带来播放,人们可以听自己爱听的歌曲,虽然需要动手操作,但有自己的选择权。相对于唱片来说,磁带显得更为小巧,携带起来较为方便。不过,这几种工具基本上都需要插上电源,即便使用电池,可以拿到外面去播放,但多少显得有些笨重,不太方便。

为了能够在行走时听音乐,日本发明了 Walkman。人们可以把它别在腰间,戴上耳机可以边走边听,也不会打扰其他人。并且,Walkman 既可以使用磁带,也可以收听电台,具有多种功能,因此一度风靡全球。音乐由此"行走"了起来。

进入数字化时代后,更为小巧的 CD 和 MP3 等数码产品被接二连三地开发出来,这些设备走向电子化、数字化,人们将其带在身上非常轻便,同时很不显眼。蓝牙设备出现后,耳机可以不用长长的线了。可见这些物品朝着更加小巧、更加便携、使用时长更久的方向在发展。数字化时代,看上去很不起眼的东西却可以存储很多的内容,并且音质更高,给人更具沉浸感的享受。

智能手机时代到来后,很多功能得以集合在一起,人们听音乐不再需要带着一个专门的设备,哪怕它已经非常小巧,依然让人觉得有些多余。现在人们直接拿出手机,就可以听各种各样的音乐。连上网络之后,音乐资源更是丰富,可谓"取之不尽,用之不竭"。任何用户想听的音乐,资源库里都有,从而全面满足了人们的音乐需求。

通过在手机上下载各种 App,人们可以获得更多的服务,有专门的音乐播放平台,也有很多连带提供音乐欣赏的渠道。人们听觉的享受已经非常充裕了。

在听音乐的同时,很多平台还提供了交流的空间,用户可以把自己的想法和感受发上去,与其他人沟通。手机时代,用户不仅可以听别人唱歌,也可以自己唱歌,将声音录下来,供其他人欣赏。以前,人们可以在卡拉 OK 厅唱歌,作为一种群体交流活动;现在,人们可以在网络上唱歌,认识一群志同道合的朋友。

那些唱歌非常不错的人，甚至有机会利用自媒体获取非常多的粉丝，从而成为一位明星。这是一个可以全民造星，也可以自成明星的时代，正可谓“每个人都是15分钟的名人”。相比过去，那些真正有才华的人，得以脱离经纪公司并更加快速地成为“网红”，有更好的机会让流量变现，获得丰厚的报酬。

二、手机广播

利用手机听广播也是一些人的选择。特别是在喜马拉雅平台，集合了大量内容，人们可以在此听广播、听说书、听别人朗诵、听故事等。听觉作品的消费门槛要低很多，男女老少皆宜。特别是对于儿童来说，家长会有意识地寻找一些具有教育意义、可以增长见识的听觉作品，供孩子听。很多自媒体播主则专门提供相关的内容，靠此创业。

听故事是其中非常重要的一项内容。它作为一种既消遣娱乐又长知识的项目，很受家长和孩子的喜欢。并且，人们可以将广播设定为一种背景声音，一边听故事一边还可以做很多别的事情。

为了一举两得，很多微信公众号也主打听觉作品，或者将文字转换成声音，让大家在一边工作或者做别的事情的时候，一边也可以继续收听这些内容。在头部公众号中就有多个是做听觉内容的，可见其受欢迎程度。

三、手机动漫

手机是动漫作品传播的重要渠道。动漫作品一般较短，观众在手机上观看时不需要太多流量。并且这些动漫作品往往是搞笑的、有趣的，可以很好地满足大家的娱乐需求。

Flash技术的出现，大大降低了人们生产动漫作品的门槛。在众多网民都可以制作Flash的背景下，用户生产的动漫作品一下子涌现出来，造就一种流行趋势。

在2000年前后，雪村的《东北人都是活雷锋》被改造成为Flash作品，一度火爆整个网络，并且相关的视频还不止一个。在这个时代，生产与消费是一体的。人们在观看各种作品的同时,也非常乐意参与生产。网络文化是一种狂欢式的文化,“百变小胖”就是众人狂欢的典型。只要懂一点点 PS 技术,就可以生产一个自己的“小胖”,从而呈现遍地开花的局面。于是,在大量的作品中,多少会有一些优秀的作品,从而促进了更多人的消费。网络文化的生产和消费在相互推动下,不断向前发展。

Flash 作为用户参与动漫和视频内容生产的推动力量,之后更多的软件被开发出来,更多的作品被生产,并且进一步推动着这些内容通过手机等其他更多的渠道加以传播。

2006 年,胡戈的《一个馒头引发的血案》开启了网络恶搞视频的元年。之后,相关的恶搞视频开始增多。当然,这些 Flash 作品或者恶搞视频,一开始主要在网络上传播。随着网速的提升和带宽容量的进一步扩充,视频作品才得以流行。并且,视频类的用户生成内容(UGC)经过前期的积累之后,最终随着抖音、快手等平台的出现而得到了真正的发展和繁荣。

四、手机综艺

在 2005 年湖南卫视超级女声播出期间,很多人使用手机参与各种投票。虽然这些短信是需要收费的,但是依然抵挡不住人们参与的热情。仅当年这一节目的短信收入分成,湖南卫视就斩获了 3000 万元。其他综艺节目如《梦想中国》等,一时间都通过短信投票等形式让观众参与,从而获得丰厚的回报。

为什么人们愿意花钱为选手投票?这是粉丝经济时代的商业运行结果,各种节目需要让广大用户参与进来,产生巨大的流量,从而获得超额利润。粉丝是节目经营的基础,而在节目氛围的营造、粉丝文化的熏陶,以及粉丝经济的利益诱惑下,很多年轻人就会深陷其中。在这场全民造星的运动中,很多用户投入了热情和金钱,许多选手一夜之间成了家喻户晓的明星。制造明星成了一种生意、一个产业。而手机短信以及其他互动方式,是制造明星的重要渠道。各种粉丝群在百度帖吧和其他社交媒体中合纵连横,掀起了一场场声势浩大的造星运动。人们拿起手机在各种论坛和社交平台为自己喜欢的明星造势,做各种宣传,影响社会舆论。由于在网络时代,天南海北的人都能聚集在一起,因此,他们可以形成重要的舆论力量，对整个网络传播生态带来冲击。

在手机时代，综艺节目需要大家参与才能办好，而人们利用手机参与到各个环节，则能获得很大的快感。在商业资本的运作下，“饭圈文化”一时间甚嚣尘上，不同明星之间为了争夺流量及各种利益，在网络空间中四处“征伐”。那几年的“饭圈文化”，给人乌烟瘴气、混乱不堪的感觉，最终在2021年国家有关部门出面打压下，才得以清净一些。

很多网络平台办了不少综艺节目，例如《奇葩说》。人们往往在手机上看这些网络综艺。在手机的App及其他平台上，人们有很多机会主动或被动地接触到这些综艺节目，并且在时间安排上可以更加灵活。即便是电视综艺，年轻的一代也喜欢在手机上观看和参与。手机成了很多人接触综艺节目的主要渠道。虽然它往往以碎片化的形式在手机中呈现，但并不妨碍人们观看。

五、手机影视

在2.5G时代，手机电视业务就得以开发。2004年中国联通推出了“视讯新干线”，2005年中国移动推出了“梦视界”。

在城市的公交车上、地铁里或者行走的人群中，经常可以看到有人拿着手机在看影视剧。过去人们读书看报、听收音机的场景，现在都被手机取而代之。很多家庭都有电视机，它依然还是新房装修的标配，但是电视机的开机率越来越低，几乎成了摆设。相比于电视机，手机的屏幕小了很多，但它可以利用人们的零碎时间，满足了碎片化社会下人们的观剧需求，人们可以走到哪看到哪，不必一定要在家里对着电视机看。随着智能手机性能的改善，手机上播放影视剧的画质越来越清晰。同时，手机具有很强的私密性，一人一部手机，很少有共享的，因此，手机看影视剧满足了人们个性化看剧的需要。不再是一家人坐着一起看同一个影视节目，而是可以完全随个人所需，每个人可以选择合适的时间和方式看自己喜欢看的影视剧。

利用手机看影视剧的人，在一定程度上也是影视剧的深度消费者。他们花很多时间在影视剧上，下班回到家的空余时间用来看影视剧显得还不够，他们需要把所有零碎的时间利用起来。他们看影视剧不会等到影视频道上播什么才去看什么，而会非常主动地去选择影视剧。影视剧的个性化观看显然需要海量影视剧作品可供选择才行。手机上各种视频 App 的下载量是很大的，爱奇艺、腾讯视频、B 站、优酷等都是人们常用的平台。在这些平台上看影视剧的好处是资源丰富、画质清晰，可以随时随地满足人们所需。这些平台聚合了各种影视剧，人们再也不用像过去那样以线性的方式，只能在固定时间看影视剧。在这个数字社会，过去和现在均汇聚在当下，呈现出一种同时性的特性。从过去到现在拍的所有影视剧都会同步呈现在观众面前。过去，一个年代有一个年代的影视剧，有些热播剧会呈现集体同步追剧的现象；现在，影视剧已经可以不用去追了，它就在那里等着人们去挑选。影视剧的可选数量是前所未有的，20 世纪 90 年代出品的影视剧现在可以看，国外最新的影视剧也可以看；别人看过的影视剧，你可以现在才看，你看过的影视剧，别人可能将来才去看。反正只有你想不到，没有你想看某类影视剧而找不到的。可见，看影视剧不再具有同步性，使得每个人看的影视剧是五花八门、各不相同的。资源库里的影视剧数量实在太多，任何一个人都不可能全部看完。

不过，人们在选择影视剧时，还会参考其他人的意见。大多数影视剧可以由观众给它打分，并且会直接呈现出来，人们一眼就可看到观众看某部影视剧的人数，以及观众给它的评价。很多人会根据评分来选择影视剧，评分低的直接跳过，评分高的选择看一看。因此，虽然影视剧是不同步看的，但是多数人认可的影视剧则是很多观众会选择看的。只是观众群的人员构成是非常复杂的，一部“80 后”喜欢看的影视剧，可能过了很多年之后“90 后”也喜欢看，或者再过一些年“00 后”也爱看了。这可能是因为喜欢看这部剧的观众集中在某个年龄段。

通过手机上的各种 App，观众不仅可以看影视剧，而且可以随时发弹幕。现在的年轻人，不再满足于被动地观看，而是希望能够表达自己的看法，因此在看影视剧的同时发发弹幕是普遍现象。对于满屏弹幕的影视剧，很多年轻人看得津津有味，影视剧的内容不再只是导演完成的那个作品，而是包含了观众的弹幕。弹幕是不断叠加的，随着时间的推进，某部剧的弹幕会越积越多。弹幕是观众对影视剧的一种再生产，通过这种再生产形成了一个新文本的影视剧。观众发的弹幕甚至成了很多人看影视剧的主要原因或者注意力的主要聚焦点。

由于这些视频 App 的出现，传统的影视频道已经失去了意义。人们不再追着某个影视频道看节目，而是会追着各种内容。在这个手机时代，“内容为王”体现得尤为明显。对于优秀的内容，人们愿意去接触，并且不会问首先在哪个频道播出，或者从哪里来，因为这些都已不重要，人们没有必要去关注。人们只看那些内容，其渠道就是手机上的各种 App。内容是独立存在的，不再依托于某个固定的频道或者渠道。人们首先直接接触这些内容，然后消费它们。

当然，手机看影视剧，与电信资费的不断下调，以及 4G、5G 等技术的不断升级是离不开的。在这些技术的保障之下，人们在户外也有足够的流量可以使用，也能够在移动的环境下保持画面流畅不卡顿。虽然手机屏幕小，但人们在其他方面的观剧体验还是有所保障的，所以才会有那么多年轻人喜欢用手机看影视剧。

久而久之，人们不仅在户外零碎时间里使用手机看影视剧，即便回到了家里，也开始在厨房、卧室、厕所等各种场所使用手机看影视剧。手机可以随人走，这一点电视机是比不上的。因此，用手机看影视剧的场景进一步增加，电视机也就变得可有可无了。

六、短视频

除了游戏，抖音、快手等短视频平台也很容易让人上瘾。短视频短则只有十几秒，长的也就几分钟，似乎没有多少内容，不过短小精悍的短视频很容易抓住人的注意力。只要手指一滑，就会出现一条。看个几秒，如果没兴趣，则继续寻找下一条；看着喜欢，也就不过几十秒或几分钟，又可以看另一条。人们往往一条接着一条地看下去，很难停下来。这些短视频，有些是人们喜欢看的，有些未必是人们喜欢的。如果单纯碰运气，这么多短视频总会找到一些创意、制作还不错，自己也非常喜欢看的，不过需要费些时间。短视频智能推荐技术可以迎合人们的内心需求。你想要看什么，它就会出现在你面前。根据你之前的点击和停留，智能推荐的出错率并不高。因此，在抖音和快手中，人们是很容易沉迷其中、难以自拔的。短视频的数量非常多，一个人即便一整天在那里看，也看不过来。

玩抖音的人群很广。学龄前的小孩可以通过刷抖音找到他感兴趣的内容;正在上学的孩子,经常一放学,就拿起手机玩;甚至有些学生对学习渐渐失去了兴趣,大量时间就在刷抖音中被浪费了;已经工作的人,为了排解工作的无聊和疲惫,也会经常玩抖音,以此让自己的心情有所放松,为下次工作积聚能量。对于老年人来说,由于受教育水平的限制,读新闻、看文章并不多见,看电视的比例相对要高出许多。这些年,抖音用户中的年长者人数在增长。平时人们也会交流自己刷抖音的体验,以及分享在抖音中看到的各种好玩的内容。

抖音给人的感觉是一种游戏,具有很强的娱乐性。很多人玩抖音是为了打发时间或找一点乐子,娱乐性是其最为突出的特点。当然,除了娱乐性,抖音还可以实现多种其他的功能。例如知识的传播,抖音上也有很多科普信息,将一些科学知识传给大家;营销的功能可以让很多单位和个人借助抖音直销某些商品,塑造品牌形象,传播企业文化,如一些非遗机构借抖音传播非遗文化。抖音上也有很多新闻,传统媒体通过抖音实现了新闻的再生产和再传播。个人用户将各种其他形态的新闻进行短视频化,从而扩大了新闻的传播范围。抖音具有教育和学习的功能,例如书法、画画类的抖音博主,会分别教人们如何写出一手好字,如何创作美术作品。在这个过程中,很多人学到了不少技能。也有一些文化课在上面传播,教你如何解数学题、如何写作文等。在某种意义上,正是抖音具有如此众多的优点,满足了人们多方面的需求,才吸引了很多人去刷,并且每次都让他们觉得有所收获。

人们在手机上也喜欢看各种直播秀。如今,很多微信公众号开通了视频直播功能。一些传统媒体和政府机构通过直播方式,直接向手机用户传播新闻或者宣传有关政策,以及其他需要详细介绍的事情。直播直观生动,对于那些不愿意阅读文字的用户来说,是一个非常不错的选择。

在手机上除了抖音,还有微信的视频号,以及朋友圈、微信群中转发的各种短视频,都是人们可以在日常生活中零碎的时间里加以娱乐消遣的。

七、微信朋友圈

对很多人来说,在手机上看朋友圈也是一种消遣娱乐活动。人们发在朋友圈里的内容五花八门，有些是自拍照，有些是生活气息很浓的图片，有些是搞笑的视频和图片，有些则是一本正经的文字。不管是什么内容，我们就像看报纸、看电视一样在看这些内容。也就是说，很多人是将朋友圈作为一种类似传统媒体的娱乐工具来对待的。在报纸和电视上，我们可以看到各种信息，有用的或没用的，有趣的或无聊的。在朋友圈中的内容，大多数是网民自己创作的，与那些传统媒体相比，更能够满足大家的需求。一方面，很多都是自己认识的朋友发的，关于他们的事情，从情感上来说是很亲近的；另一方面，在朋友圈里我们可以点个赞，评论一下，或互相交流一番，以此满足我们表达和交往的需求。

很多人未必会刷抖音、追剧，但是他们一整天拿着个手机，在朋友圈上转来转去，不肯放下。朋友圈上丰富的内容，是他们了解这个世界非常重要的消息来源，也是他们打发时间的重要渠道。我们看电视可以看一整天，刷朋友圈也可以刷老半天。有些人加的好友很多，形形色色的朋友会不时冒出来发几条朋友圈。给这个点赞，给那个评论，就可以占用我们很多时间。

刷朋友圈是一种新的娱乐方式。除了看别人的朋友圈，自己发朋友圈在某种意义上也是一种娱乐。这就像我们在听别人唱歌之余，也会自己哼上几句一样。在微信开发视频号之后，我们还可以不时地上传一些音视频。这些图片和音视频，其实都谈不上是专业的，也就只是随手拍的。在这个时代，每个人都可以是摄影师，也可以是导演，可以很轻松地拍摄下自己生活的点点滴滴。拍下这些不是为了要去评选奥斯卡奖，也不是为了流传千古，很大程度就是为了好玩。出于好玩的动机，我们自拍各种照片和视频，转发搞笑的内容，以及写几句自己觉得有趣的话。

在微信群里，有些人发言或上传各种内容，其实就是在和别人拉家常，只不过这是一群人聚在一起聊，显得更热闹、更有氛围。而与别人一对一地聊天，很可能只是无聊，为了聊天而聊天。在手机上找人聊天是非常方便的。而在手机上抢红包，也可以成为一种娱乐。手机上抢红包有各种玩法，例如接龙发红包之类的，其实金额多少并不要紧，抢不抢得到并不重要，就是为了图一个乐子。抢了半天，也不可能有多少钱。但这个过程，有些人觉得很刺激。

在手机时代，我们玩的方式有了转变，玩手机成了很多人的业余爱好。

第二节　手机游戏的低龄化

“近年来,手机以前所未有的深度和广度,‘侵入’并‘弥漫’于青少年的日常生活之中,成为青少年成长过程中的重要经历。”[①]随着手机的不断“入侵”,手机使用者的低龄化现象日趋明显。有些小孩只有三四岁,刚上幼儿园,手机就已经玩得很熟练了。使用手机刷抖音,一刷就几个小时的也有。有些爱学习的,则用手机学认字、学拼音等。各类寓教于乐的教育 App 中也有很多游戏,小孩子经常会玩得入迷。对于很小的孩子,家长一般不会直接给他们买手机。出于让孩子学习的目的,给他们买 iPad 的倒是不少。这些孩子虽然也是会学习的,但是游戏也不会不玩。有些家长由于工作忙、下班也累,就会放任孩子玩手机。有些孩子看着家长整天捧着个手机,自己也手痒痒,跟着玩起了手机。玩手机上瘾之后,哪怕父母亲不给,他们也会趁着父母亲不注意的时候偷偷地玩。就笔者对身边认识的孩子的观察和访谈,发现这是很多小孩的普遍状况。

对于上了小学的儿童来说,有些家长为了让孩子能够自己查看老师在微信群、钉钉群里布置的作业,让他们自己提交各种打卡任务,会给他们购买一部手机。但有了手机之后,他们对手机的使用往往会脱离家长的掌控。很多孩子每天都会玩一下游戏。现在小孩子的学习压力挺重的,玩游戏对他们来说是一种放松,当然也可能是一种逃避。玩手机游戏上瘾的小孩越来越多,这是不难理解的。游戏世界太迷人,随着智能技术的不断运用和心理学家的持续参与,新一代的游戏被设计成越来越懂玩家的心理,让人非常容易上瘾。

三四十年前,笔者小时候玩的游戏,往往是在现实世界中找三五个玩伴一起玩的。对儿童而言,游戏总归是有很强的吸引力的,那时候条件简陋,游戏也不复杂,但大家一样玩得很开心。并且与同龄的小朋友一起玩游戏的过程也是一个社交的过程,大家由此建立了深厚的友谊。

---

① 朱秀凌:《青少年的手机使用与家庭代际传播研究》,中国社会科学出版社 2017 年版,第 113 页。

"过去，地理位置相近是建立友谊、合作、游戏和邻里关系等一切的基础，而现在的孩子们则完全不受地理的束缚。"[①]任天堂等游戏公司曾开发出很多电子游戏产品，一度非常风靡。电子游戏产品可以不需要约上玩伴，自己一个人想什么时候玩就什么时候玩，因此玩游戏的场景是不限定的。在电子游戏中，一局终了，另一局可以马上开始，不需要等待，关键是人们的任何表现，它都会以言语进行激励，充分激发人的多巴胺分泌。

大型电子游戏机设在游戏机室，需要购买相关的代币或者按玩耍时间付费。虽然大型电子游戏机没有手持游戏机来得方便，但是它有它的好处：一方面体验感更好，另一方面可以约上几个朋友一起玩，这种朋友之间的互动让很多人觉得更有趣。

在网络时代到来之后，网络游戏被不断开发出来。人们是在线玩网络游戏的，既可以一个人与机器玩，也可以约上熟人一起玩，还可以和很多陌生人一起玩。"手机游戏消除了传统的物理位置与社会场景间的关联，彻底改变了信息传播的本质特征，打破了以往社会群体的身份藩篱。"[②]互联网是 24 小时运行的，只要有一台电脑，人们随时可以上线找人一起玩游戏，极大地满足了人们的娱乐需求。

并且相比于电子游戏来说，游戏的画面更为精彩，游戏的类型也更加丰富，游戏的故事和情节更加引人入胜；同时，网络游戏中也有很多适合女性的游戏，大量女性加入网络游戏中。没有电脑的人可以去网吧一起玩，有些人甚至通宵达旦地玩。

随着智能手机的出现，各种手游被不断开发出来。人们不必去网吧，也不必在家里对着电脑才能玩游戏了。人们随时可以拿出手机，利用琐碎的时间玩上几把游戏，借此打发时光。人们也可以在家里，拿着手机玩上一整天，反正只要人们想玩，就可以随时随地拿出来玩。

笔者曾玩过一段时间的"吃鸡"游戏，也有玩得半夜不睡觉的时候。这类游

---

① ［美］尼古拉·尼葛洛庞蒂：《数字化生存》，胡泳、范海燕译，电子工业出版社 2017 年版，第 231 页。

② 袁潇：《数字边际人：新生代农民工的手机使用和社会认同》，社会科学文献出版社 2019 年版，第 129 页。

戏,会让你一次次不断地想要玩下去,这次也许输了,你期待着下次能赢;这次成绩很不错,你希望下一次能够继续给你带来这种快乐。不过,每次不得不停下来的时候,你会发现自己的大脑一片空白,陷入被掏空的状态,大脑的能量似乎被游戏给耗尽了,从而造成了某种损伤。这种让人觉得很不好受的状态,需要靠下一次的游戏才能被消除。当然还有另一种办法,那就是卸载了游戏,出去散散步、在家看看书,或者做些别的事情。有些时候会依旧想起游戏带给自己的巨大快乐,会忍不住重新下载,继续玩个天昏地暗,但是如果能够控制住自己,那么游戏带给自己的快感,也会随着时间渐渐变淡,从而也就不会有那么强烈的欲望想要玩游戏了。

据笔者了解,一方面,有些学生玩手机游戏很投入,他们很难控制自己不去玩;另一方面,玩游戏的同学平时会互相交流,从而形成一种氛围,其他孩子也会加入,或者群体的压力和激励机制,让别的孩子很难放弃游戏。不玩游戏就会显得不合群,一旦出现这样的格局,对孩子的影响是很糟糕的。很多自控力比较差的孩子就会想方设法去玩游戏,不让他玩就会哭天抢地。久而久之,手机游戏的“毒瘾”就会在他大脑里生了根,造成不良的后果。

例如,2022 年 3 月 13 日,杭州某小区花店门口,两个家长在聊自己的孩子:

“说起线上学习,真是令人讨厌。小孩吧,每次都说要线上学习,给他手机,大人在的时候装模作样在学,大人不在,就偷偷地玩起手机上的游戏。”

“不给他手机就要闹,脾气还很大,说什么‘烦死了,不要我们管’。”

“是啊,管也管不了。”

“我对他说,总有一天会后悔的。”

总有人会说,适当玩一下手机游戏无伤大雅,但是如何能够控制得住呢?不是谁都有那么强的自控力,加上在手机游戏的成瘾机制作用下,很多人玩着玩着就上瘾了。“青少年心理、性格、认知及需求等方面的特征会在不同程度上影响其手机游戏成瘾行为的形成。”①青少年或儿童的天性是好玩的,但具体选

① 刘毅:《青少年手机游戏成瘾研究》,中国社会科学出版社 2020 年版,第 82 页。

择玩什么，其实是需要成年人引导的。如果成年人都在玩手机游戏，那么他们有样学样，玩起手机游戏也就顺理成章了。成年人起的头，反过来又要求小孩不玩，那是很难有好效果的。父母亲如果不一整天对着手机，不玩消消乐、王者荣耀、“吃鸡”之类的游戏，那么小孩子认真学习的可能性就会大一些。

但是这是手机社会，想要让成年人远离手机似乎并不现实：那么多零碎的时间，大家需要拿手机来打发；那么多工作或生活中的事情，离不开手机。手机已经成了我们身体的一部分，已经深深地介入了我们的生活。如果离开手机，就需要有一个比手机更高端的工具来取而代之，这样才能填充人们生活的空虚，才能满足大家对信息、娱乐、交际等各方面的需求。目前，在还没有更好的替代物之下，作为手机人是没法离开手机的。那么，学习和模仿能力很强的青少年和儿童，使用手机玩各种游戏也成了情理之中的事了。

手游的玩家数量大为增长。各种层次的手游都有，可以满足男女老少各种人群的需求。当然，这一切离不开市场之手的操控。在打开网页时，各种游戏的广告经常跳出来，并且其画面非常有吸引力。商家还推出各种促销和激励手段，进一步推动手游玩家数量的膨胀，从而使手游产业的规模进一步扩张。

手机游戏是很大的产业，很多公司和个人参与其中。很多手游公司上市融资，规模做得很大。手机游戏作为一种知识产品，程序开发需要很多人参与，费时较多。由于游戏产品很多，营销费用也在上涨，打造一款受人欢迎的游戏并不轻松。不过一旦成功，则后续的维护成本并不高，二次销售不需要花费很高的成本。除了流量分成，各种虚拟装备、虚拟货币都可以带来巨额的利润。手游是一种轻资产，利润率很高。资本是逐利的，哪个行业利润高，资本就会流向那个行业。游戏开发不会造成环境污染，但带来了严重的精神污染，需要引起警惕。不是所有利润高的行业都值得支持，而需要采取种种政策对其予以规范，甚至抑制其野蛮成长。

缺乏有效监管的资本，会竭力做大产业。手机游戏的蓬勃发展，可以看出大量资本深度参与其中。行业的发展虽然也有一些规范要求，但往往形式重于内容，并没有起到实质性的约束作用。青少年玩游戏并不会受到太多严格的限制，对其身份的核查缺乏规范的执行，玩游戏的时长也很难有强制的规定，相反留有很多漏洞，可以轻易找到规避的手段。甚至在某种程度上，游戏商家采取各种营销手段不断鼓励更多人玩游戏、每天都玩,越久越好。如此一来,资本就可以取得更大的回报。在游戏商眼里,游戏玩家不仅仅是消费者,也是注意力的生产者,正是游戏玩家付出的大量劳动,为其带来了超额的利润。

在这样的背景下,2021 年,我国有关部门出台了一项规定:游戏运营商只能在周五、周六和周日晚上 8—9 点之间面向青少年开放游戏;青少年一周只能在规定时间内玩 3 个小时的游戏。这个规定是非常严厉的。对于青少年玩游戏的治理过去也有,但力度不大,很大程度上靠游戏平台和个人的自觉性。在玩游戏的时候,各个平台都会提醒用户注意防范沉迷,或者也有些平台真的开发了防青少年游戏沉迷的系统,不过实际上形同虚设,没有起到真正防沉迷的作用。很多青少年依然会玩,并且上瘾,深陷其中难以自拔。

现在出台了新的政策,如果能够严格执行的话,那么青少年就很难有机会去玩电子游戏了。如今的政策要求游戏平台面向青少年的游戏,除了在规定的时段之外,其他时间不允许开放,这当然可以彻底杜绝青少年沉迷那些电子游戏。但是面向成年人的游戏,青少年是否可以玩,这首先需要对游戏玩家的身份能够予以识别。通过人脸识别登录账号,一下子就可以将很多青少年用户拒之门外了。相反,如果让玩家自己填写年龄,或者要求由家长来控制,都可能会有漏洞,但可以作为补充措施。

防止青少年过度沉迷电子游戏是需要多方努力才行的,从供给侧角度进行治理,那些规范的游戏平台和公司自然会遵守,不守规矩的则会面临惩罚。从消费侧来看,还需要加强管理,例如家长不要过早给青少年购买手机、iPad、电脑、游戏机等电子产品,并且加强游戏账号的注册和登录管理等,这些都有助于预防青少年玩游戏上瘾。

第三节 “游戏人”走向何方

当然,对于手机来说,游戏只是其中的一个模块。手机中还有很多其他好玩的事物,在向每一个手机用户发出召唤。很多用户拿着手机爱不释手,玩得天昏地暗。即便抛开手游,手机的其他功能对于很多人来说也不啻为一种新型的手持游戏机，相比于早期任天堂开发的手持游戏机来说，要好玩成千上百倍。

手机将很多传统的娱乐纳入其中，打牌、搓麻将和下棋这些棋牌游戏，被搬到了网上，人们同样可以随时随地拿出手机来玩。过去三缺一可能就玩不了的棋牌，现在可以轻易地聚齐一桌，如果有人离开，马上就会有人补上，重新开一桌。

一、手机娱乐的魔力

手机娱乐具有很多优点，人们只要拿起手机就可以玩，而其他很多娱乐载体都不如手机方便，需要到某个具体的场地或者等待某个具体的时间点。因此，手机娱乐在满足人们娱乐享受上更占优势，也更有吸引力。

1.手机娱乐的移动性

人们可以随时随地获取手机娱乐，并将零碎的时间加以利用。看电视，或者通过台式电脑看影视作品，或者到网吧玩游戏，都需要在一个固定的地方。这就需要人跑过去或者待在家里，一旦离开了固定的场所，基本上就没法娱乐了，人们随时随地娱乐的需求就会受到条件的限制。手机则是与人形影不离的，不管走到哪里人们都可以拿出手机玩一会。它是移动的，人们可以一边走一边玩。移动性的特点可以大大增加手机娱乐的应用场景，并且只要用户戴上耳机，它不会对周围的人产生打扰，它是一种贴身的娱乐方式。

2.手机娱乐的碎片化

由于在手机上玩游戏、看剧或者进行其他活动，是随时随地进行的，因此，很多时候人们利用的是一些碎片化的时间。这些年，抖音、快手等短视频平台的兴起是碎片化娱乐的显著体现。人们很难有耐心看完长篇的影视作品，短视频几分钟就可以看完，在任何时间的间歇都可以完成，因此，它会给人一种错觉：自己能够充分地利用好每一分每一秒。但实际上，正是手机娱乐的碎片化，使得人们的时间被不断地切断，人们很难静下心来学习、看书。碎片化的娱乐进一步刺激了人们的娱乐需求，从而扩大了手机娱乐的产业规模。

3.手机娱乐的社交性

过去人们到一个场地，很多人聚在一起看热闹，例如庙会、看戏、露天电影等。这种娱乐方式具有群体性、聚集性和社交性的特征。很多人与其说是去看戏、看电影,不如说是去凑热闹,或者借机找个对象啥的。在这样的场合下,大家有说有笑的,看的是热闹。这在非常强调集体行动的社会环境下,是与当时社会文化相符合的。而在手机娱乐时代,人们可以一边看剧,一边发帖,一边玩弹幕,具有更强的互动性。人们可以邀好友一起玩手游,也可以在玩手游中认识新的朋友。由此可见,手机娱乐是一种社交活动。

4. 手机娱乐的个性化

如今是个性化非常强的时代,人们的娱乐活动是个性化的。一家人聚在一起看春晚是难得的场景,很多时候,大家各看各的电视剧。每个人都有手机,可以非常方便地满足大家个性化娱乐的需求。什么时候开始,什么时候结束,都由自己说了算。手机上的娱乐并不是说不需要玩伴,只是这时候的玩伴是不固定,是即时组配的。在这样的情境下,大家可以各取所需,不必为了某个玩伴将就时间。

5. 手机娱乐的上瘾性

借助大数据工具,算法推荐的各种娱乐节目或者游戏画面,可以很有针对性地迎合个体的需求。通过对用户进行精准画像,商家对每个用户的娱乐要求、什么时间玩、对哪些内容感兴趣等信息都可以了解得一清二楚,从而可以有针对性向用户推荐相关内容。商家还可以基于大数据开发出更符合用户需求的游戏产品。如此一来,用户就更可能会沉迷其中,从而上瘾。手机娱乐上瘾性更强,想要玩的时候,总是不愁找不到玩伴,可以说,自己想怎么玩,就可以怎么玩。每一个用户都有这样一种感觉:它是以自己为中心的。因此,更容易让用户产生心理上的满足感和依赖性。

二、手机娱乐的影响

手机上的各种娱乐是人们离不开手机的重要因素之一。手机对于很多人来说,是一个非常好玩的玩具。手机娱乐会带来多方面的影响。

1. 娱乐需求大为激发

在手机上看剧时,可以与很多人进行交流。弹幕是人们表达看剧感受的一种方式，很多人会一边看剧，一边看弹幕。

百度贴吧等网络虚拟社区为人们观剧提供了更为广阔的互动空间。网友会专门建立某部影视剧的贴吧。在贴吧上，人们会提出自己的疑惑，发布自己在观剧中的一些感想，或者征询别人关于影视剧资源的出处。特别是美剧、韩剧等海外影视剧，很多剧并不是在电视上播出的，它们的传播渠道就是网络。收费的资源在各个平台上可以找到，免费的资源则不是那么容易找到的，因此很多用户会在贴吧上询问哪里能够找到免费资源。

过去，人们想要玩些什么，是需要到一个个地方去寻找的，并且往往需要三五成群一起玩。但是在手机上各种游戏 App 上，人们可以轻易地找到适合自己的各种游戏，以及愿意和自己玩的、并不认识的其他用户。手机上还提供了其他一些为人们娱乐和游戏服务的平台，人们可以了解最近哪里有什么好玩的事物、哪些是流行的东西。有些人的需求可能是比较小众的，在现实世界中未必能够那么容易找到玩伴。而网络之大，为各种需求的人提供了连接，使人们轻易就能找到很多志趣相投的玩伴。

手机游戏将很多人捆绑在手机上。人们只要拿起手机，就变得兴奋起来。在玩手机的过程中，很多人不会觉得疲劳。手机上吸引人的游戏实在太多了。大家都可以各取所需。游戏商家投其所好，开发出各种各样的游戏。

手机游戏作为一个非常具有发展前景的领域，很多资本也涉入其中，在通过各种渠道和形式鼓励更多用户加入。庞大的用户资源是游戏产业大力发展的基础。通过培育用户，手机行业规模得以不断扩大。人们对手机的依赖性则不断上升。

2. 游戏上瘾更为普遍

学习和工作具有一定的难度，加上激励机制不足，上瘾的人不会太多。但是游戏就不一样了，在手机上人人都可以找到自己能玩的游戏。人们并不是独自一人玩游戏，而是在网络上和很多人一起玩，这与传统游戏一样具有社交性。虽然手机上的玩伴未必是固定的，但是如果加对方为好友，也能使其逐步固定下来，从而成为一个熟悉的玩伴。由于同样喜欢玩某一款游戏，而彼此相识的人是挺多的。

3. 娱乐渠道手机化

手机娱乐内容日益增多,将其他传统娱乐方式加以吸收,导致其他一些娱乐方式日渐减少,人们变得不再需要其他设备了。手机成了很多人消遣娱乐的主要渠道。只要有一部手机,就可以满足其各种娱乐需求。人们与手机之间的关系由此愈加紧密,手机本身在一定程度上成了人们形影不离的玩伴。

4. 大量时间被手机占据

由于不需要找现实中的玩伴,随时随地可以拿起手机玩各种游戏,人们花在游戏上的时间就必然会暴增。手机很容易让人上瘾,人们一旦上瘾,就很难放手,因此就会浪费很多时间在手机上。一有空就玩手机的现象越来越普遍。一个人一天的时间是有限的,分配在手机游戏上的时间多了,那么学习、工作的时间就会减少。很多人的时间都被手机吸走了。手机特别是手机上的各种社交媒体,"已经异化为'时间的窃贼',并且充分发挥它'社会麻醉剂'的功能,让人在对它的依赖与迷恋中沉沦,让人的惰性毫无节制地放纵,从而不愿从事任何现实中更有创造性的活动"①。在学习、生活、娱乐和工作等不断媒介化、手机化的过程中,人们被反向驯化,并且现实人生越来越虚拟化,第二人生所占的分量越来越重。

5. 影响现实人际交往

在闲暇的时间,人们已经不再需要找其他人聊天谈心、运动或者玩耍。过度沉浸在游戏的世界里,现实世界中的人际交往必然就会减少,从而严重地影响了人们现实的人际圈子。现实世界在人们日常生活中的占比也会不断降低。也许有一天在大街上除了看到快递小哥在奔走,都找不到几个闲逛的人。此外,"实验调查显示:我们对虚拟世界的看法和在其中的看法,会对我们现实生活中的行为产生影响"②。因此,手机游戏中的暴力、色情等不良体验也会影响现实生活和人际交往。

---

① 李彪、杜显涵:《反向驯化:社交媒体使用与依赖对拖延行为影响机制研究——以北京地区高校大学生为例》,《国际新闻界》2016 年第 3 期,第 20—33 页。

② [美]雪莉·特克尔:《群体性孤独:为什么我们对科技期待更多,对彼此却不能更亲密?》,周逵、刘菁荆译,浙江人民出版社 2014 年版,第 233 页。

6. 生活维度变得单一

手机成了很多人生活的重要内容,因此他们对现实生活中的其他活动就没了兴趣。人们在手机上可以体验到很多有趣的内容,爬山、潜水、旅游或者探险都可以在手机上完成,并获得强烈的体验感。但归根结底这些都是虚拟体验,至于现实世界的生活体验,他很难有时间去参与。世界的数字化、虚拟化,最终是生活空间的虚拟化,人们除了对着手机,除了沉浸在虚拟世界里,无处可去。

三、"游戏人"的未来

技术的发展,可以营造一种更具有沉浸感的娱乐体验。戴上头盔,感受 VR 的世界,可以让很多人觉得非常逼真和过瘾。而借助仪器玩各种手机游戏,也可以让玩家更具真实感,获得前所未有的体验感。

手机游戏已经发生了多次的迭代升级。过去二维的游戏,例如贪吃蛇可以在一个小小的平面里随着玩家手指的移动而移动,但是不会给人多大的真实感。4G、5G 时代的很多手机游戏则不一样,它可以给玩家很强的身临其境之感,就像玩家自己在战场上开枪射击、奔跑跳跃一样。当然以后的游戏沉浸感会更加突出。就像《黑客帝国》一样,当玩家在游戏世界中打斗时,他们的身体可能也会有反应。很多科幻电影中展现的游戏场景不久可能会真正出现,对于玩家来说,这种游戏玩起来可能更过瘾,但也更容易让人沉迷,影响人们对真实世界的认知。

各种手机游戏的画面越来越精致,类型越来越丰富,玩家觉得越来越好玩、越来越刺激,体验感也越来越逼真。并且,手机游戏还在不断开发中,很多新的技术将会被运用到游戏中。毕竟游戏产业是一个很大的"蛋糕",谁都想咬上一口。

2021 年,证券市场中元宇宙概念股异常火爆,"元宇宙"成了当年的热词。元宇宙是下一代的互联网。从游戏的角度来说,元宇宙游戏将是未来主流的娱乐方式。

在影视剧中,人们对元宇宙的游戏已有一定的了解,例如《头号玩家》《失控玩家》中呈现的场景。未来,人们可以沉浸式地"进入"虚拟世界中玩各种游戏。

当下很多网络游戏是二维的,但以后的游戏将会越来越立体。人们戴上头显设备之后,可以进入一个非常逼真的虚拟空间,它是现实宇宙的一种映射,凡是现实世界中有的,在虚拟空间中也都有。人们可以随心所欲地扮演各种角色,甚至可以大开杀戒,满足其各种欲望。在美剧《西部世界》中,人们可以到一个以很多机器人为背景人物的实景游戏场所,参与真实性、互动感都非常强的游戏。

随着技术的发展,游戏的不断升级是必然的,它总的发展方向是越来越逼真,越来越具有沉浸感和体验感。并且,从算法的角度来说,快乐、兴奋等情感体验,是可以直接通过刺激大脑而获得的。以后人们想要开心一下,可能就没必要那么麻烦了,就像在《仿生人会梦见电子羊吗》中所描绘的,直接按一下按钮,就可以获得相关的体验。

第四节　手机上瘾

在传统媒体时代,有所谓的"电视人",网络出现之后有"网虫",这些与手机人一样,其实都是一种媒介依赖现象。在智能手机出现之前,对于手机依赖现象就有所呈现。一开始,短信是人们使用手机社交的主要应用,"短信成瘾"现象在部分用户身上有明显体现。"短信成瘾实质上是一种技术成瘾(Technological Addiction),是指因过度使用手机短信而引起的明显的社会、心理损伤的现象,属于一种包含人机交互的行为成瘾。"[①]手机短信人际传播有其优势,对很多人来说有着强烈的吸引力,使他们深陷其中。进入智能手机时代之后,微信是人际交往的主要应用,手机短信不再常用,"短信成瘾"转变成了对手机的全方面依赖。"当手机能很好地满足个体现实生活中未能得到满足的需求后,就可能促进他们更多地使用手机,进而通过不断地强化,最终形成手机依赖。"[②]因而,不少用户逐渐手机上瘾,出现了严重的手机依赖症。手机依赖症

① 倪桓:《手机短信传播心理探析》,中国传媒大学出版社 2009 年版,第 165 页。

② 蒋怀滨:《青少年手机依赖的机制及干预对策研究》,中国轻工业出版社 2019 年版,第 109 页。

(Mobile Phone Addiction)又称手机综合征、手机焦虑症、手机瘾,是指个体因为使用手机行为失控,导致其生理、心理和社会功能明显受损的痴迷状态[①]。

一、手机上瘾的表现

技术本身有其目的,未必完全按照人们设定的路径在走。技术具有强大的力量,人们未必能够对其理性使用,以及最终可能会无法驾驭。具体地说,首先体现在人们对手机的依赖性越来越强。人们外出,没有不带手机的。在走路的时候,很多人都低着头,不是在看路,而是在看手机。于是,可能撞上了路边的花草树木、建筑、车辆或另一个在看手机的人。这样的事时有发生。在地铁、公交车上,几乎没有人不是对着手机的。手机吸引了大家的眼球,很多人陷在其中,已经很难离开它了。

智能手机为人们设计了数量可观的功能,将人们日常生活场景搬到了手机中。拿着手机出门,一切都可以有,万事如意;忘带手机出门,则两眼睁眼瞎,诸事不顺。不带手机,不仅生活上有种种不便,而且在心理上总有些空落落的感觉,让人觉得不踏实,生怕错过重要的来电、有趣的信息或最新的新闻。手机是人们最主要的信息渠道,让人们拥有更宽阔的视野和更强大的听力。有了手机,人们可以知道更多的信息。

离开了手机,有些人就不知道该怎么办,这是一个现实问题。手机不仅仅是一种通信工具,对许多人来说,失去了手机,就如同失去了生命的某一部分。

一项 2013 年发表的调查显示,在 642 个有效样本中,无手机依赖的大学生占 13.7%,绝大多数大学生对手机都有一定程度的依赖。[②] 一项发表于 2015 年的调查表明,在 255 份有效问卷中,对手机不依赖的大学生仅占 9.8%,严重依赖手机的大学生占 10.59%。[③] 随着智能手机的不断普及,人们对手机的依赖程度日益加剧。

---

① 师建国:《手机依赖综合征》,《临床精神医学》2009 年第 2 期,第 138—139 页。

② 旷洁:《媒介依赖理论在手机媒体环境下的实证研究:基于大学生手机依赖情况的量化分析》,《新闻知识》2013 年第 2 期,第 99—101 页。

③ 陈梅、田书格等:《大学生手机人族群化趋势研究》,《上海工程技术大学学报》2015 年第 1 期,第 86—90 页。

人们追剧已经不再需要等到下班或者放学回家,在坐地铁或者排队、吃饭等各种场合,可以随时拿出手机,插上耳塞,沉浸在一个人观剧的世界中,不会打扰其他人,也不与其他人交流,与外界是隔离的。过去几家人聚在一起,或者一家人围坐在一起看电视的场面已经消失不见了,看剧成了一个人的娱乐方式。人们的交流活动是与陌生人展开的,通过弹幕或者网页上留言等方式,人与人实现了非即时的跨越空间的交流。

更令人着迷的是那些抖音、快手上的短视频。在这个碎片化的时代,这些短视频可以满足人们充分利用零碎时间娱乐的动机。并且,每个短视频往往将最有吸引力的兴奋点予以突出,虽只有十几秒或者几十秒时间,却可以给人们很大的满足感,大脑的兴奋状态被一次次地激发出来。抖音的算法推荐功能,还可以根据不同用户的特点,有针对性地推送一些内容,从而给人感觉每一条抖音短视频都是那么有趣,那么合自己的口味,从而手指一滑,一条条地就这样看下去。看完一条,还有很多条具有同样吸引力的短视频在等着,人们很难停下来,因为短视频的数量是无穷无尽的,每天都会有大量新的内容被生产,被上传分享。继抖音、快手之后,其他很多 App 也开发了类似的功能:打开天气 App 看天气预报,上面也可以看到很多短视频;在网上买个电影票,同样可以看到很多短视频,反正几乎到处都是。

还有很多直播平台上,一个个网红在展示自己的才艺,或者作为一种网上的摆摊人,在卖力地叫卖着自己的商品。这些直播数量非常之多,随便打开一个看看,都可能会遇上自己喜欢的内容,从而或者停留在那里欣赏,或者因为吆喝而选择购买商品。

手机上的种种娱乐,给了人们很大的自主性,让人感觉什么时候开始、什么时候结束都是掌握在自己的手里。但其实很多时候,一旦开始了,就很难停下。棋牌、游戏等的数字化使得积分可以累计,每个人有一个账户,他过去的战绩如何可谓一目了然。在好胜心的促使下,人们就会经常拿出来玩一玩。玩家的这种心理与赌徒是非常相似的,输了想要赢回来。虽然积分再高也不能当饭吃,但心理上可以产生极大的满足感,多巴胺会促使玩家一次次去玩。

在玩这些手游或者棋牌的时候,大家都是非常兴奋的,并沉浸在这个虚拟世界里难以自拔。一旦离开了,多巴胺分泌减少,空虚感变得格外强烈,大脑就像被掏空一样，人们只能赶紧拿出手机继续玩，才能再次兴奋起来。这与吸毒上瘾的感觉十分相似。

有些年轻的爸爸妈妈，由于看手机太过入迷，甚至小孩走失也不自知。在“开心网”风靡一时的时候，有些人会半夜设置闹钟起床“偷菜”，或者在高速上突然停车“偷菜”，甚至有医生忙着“偷菜”而导致医疗事故发生。各种沉迷手机游戏的现象可谓举不胜举。手机，作为老少皆宜的玩具，谁都难以抗拒。老年人玩抖音，结果上瘾的不在少数。

不仅大人容易沉迷，而且小孩也会上瘾。就如小西同学，面对升学的不如意，在有了手机之后，“整个人的状态不对了，经常晚上熬夜玩手机，白天睡懒觉，三天两头请假不去学校。有好几次，因为手机问题，小西和妈妈发生冲突，母子俩都狠狠把手机摔在地上”。医生诊断是网络上瘾，建议少玩手机。“爸爸妈妈也始终认为是手机害了小西，他们穷尽办法，让小西尽量远离手机。小西上学时，手机交给班主任管理，每周五放学才能拿回手机。但这样的做法并没有让小西的情绪好转。这期间，小西整个人精神面貌都发生了很大改变，人发蔫，没精打采，眼神空洞，不爱搭理人。”[①]这正是手机上瘾的表现。

手机吸引人的地方不仅在于其有很多精彩好玩的东西，对很多人来说，最重要的一点是手机越来越个性化，在很大程度上已是人们的虚拟化身。在手机上，我们展示自己的音容笑貌，披露我们日常生活的方方面面。算法通过分析我们在手机上留下的文字、照片和音视频，完全可以解读出我们到底是怎样的人，平时喜欢购买什么物品，主要浏览哪些内容的信息。手机号码就是我们的身份号码，在虚拟的网络中，我们以手机为象征的虚拟化身出现，发表我们的看法，下单购买各种物品，以及与其他人进行交流。我们显然很难离开自己的虚拟化身，它代表着我们，其他人会向其发送各种信息，单位也会向其发布各种通知，甚至别人还会转账到我们微信、支付宝上的虚拟钱包里。

---

① 金晶、张煜锌：《“我好后悔，我们把他保护得太好了”小升初没有摇上心仪的民办学校，男孩变得厌学、孤僻是青春期叛逆、是矫情还是作？》，浙医在线公众号，2021年10月10日。

二、手机上瘾的原因

很多人对手机有着强烈的依恋情感。它满足了我们各种各样的需求,就像婴孩哭闹时塞到他嘴里的奶嘴一样,让人们感觉不再孤单,得到了莫大的安慰。这可谓数字时代的"奶头乐"。我们越来越倾向在手机上寻得心理上、情感上的各种慰藉,而不是在现实世界找个同学、朋友倾诉一番。

在现代的城市生活中,人变得越来越原子化,手机将大家联系在一起,并努力保护个人的内心不至于因为快节奏的生活及种种压力而分崩离析。

这是一个个性越来越强的时代,人与人之间的相处也就变得更加困难。而手机提供了一种新的相处之道,一种远距离的间歇式的交往。对方不必在身边,不用强求每时每刻都待在一起,而是在需要的时候,进行交流和沟通。

手机吸引人的外部因素是现实社会压力太多、节奏太快,并且与人们的欲望相比它也是很不完美的。也许身边的爱人并不完美,居住的环境未必舒服,工作也不尽如人意,生活不够舒心,但是在手机世界中,人们却可以获得各种满足,在玩游戏的时候,算法会主动称赞我们,在朋友圈也不难收到点赞,在与网友线下见面之前,各自都怀揣着美好的想象而对对方不吝赞美之辞。除了人与人之间的互动,我们还可以"磕 CP""吃瓜"。虚拟空间的生活是非常忙碌的,可以让我们不再在意现实生活的压力和不如意。

虚拟网络构建的各种关系,不管是熟悉的人之间的强关系,还是陌生粉丝间的弱关系,对很多人来说都是一种牵挂。为了那些粉丝,我们忙着更新自己的公众号、微博、朋友圈。吃饭前,先拍上几张照片,犒赏一下朋友圈里的人;拍下的美景,也首先给各位粉丝奉上;自拍的照片,修了几遍图之后感觉完美无缺了,上传到社交媒体上,让别人捧着"鲜花"给自己点赞。这种感觉实在太美妙了。智能手机给了用户一个以自我为中心的虚拟世界。于是,很多人会有一种错觉,觉得这个世界都是围绕着自己转的:朋友发了很多图是为了给你看;粉丝每天向你汇报各种各样的事情;新闻也是为你量身定制的;推送给你的都是你想要购买的商品;等等。当然,这是一种错觉,但很多人会犯这种错,就如电影《她》中所展示的,男主人一开始会以为自己与那个算法制造的"她"是彼此排他性地相爱的，但其实“她”同时在与很多人谈恋爱。这种恋爱会让我们产生一种错觉，毕竟那个“她”实在太懂自己了，比任何人都懂。每个人的智能手机一方面是自己的化身，代表自己在与网络上的其他化身进行联系；另一方面，智能手机也是一个“她”，让我们不由自主地爱上了“她”。

手机就是我们的情人，“她”对我们可谓体贴入微，我们的任何需求都可以从“她”身上得到满足，并且手机经常给我们以鼓励和安慰，提供各种娱乐游戏让我们放松。这个“她”似乎对我们情有独钟，只为我们一个人全身心地服务。我们可以拒绝其他物品，但是很难拒绝手机。

手机在一定程度上是“活”的。各种消息，“她”会予以提醒，并且具有记忆功能，能够记录下我们的活动。Siri 等智能语音助手的开发，更是让我们可以直接与其对话，向其发出各种提问，“她”会予以回答。手机闹钟让我们起床，提醒我们某个时刻到了。日程工具可以提醒我们做某种事情。手机就像是我们的私人助手，“她”帮我们完成很多事情。有些事情甚至我们人类越来越难以办到，而“她”则可以轻而易举地完成。例如记住某人的电话号码，过去有人还能去记它，并且记得住，现在大多数人除了自己的电话号码，其他人的基本上说不出来了。对技术的过度依赖产生了这种名为“数字健忘症”的现象[①]。不过，这并不妨碍我们拿起手机直接与其他人交流。通过智能语音助手，甚至不需要拨号，直接说出“拨打×××的电话”，手机就像一个秘书一样，会帮我们接通。

手机扮演的角色，随着各种 App 的开发和技术的进一步发展，会越来越多样，并且做得越来越出色。一声令下，手机就会帮我们办成。由于手机上储存着太多重要的信息，我们变得越发离不开手机。对于很多人来说，手机丢失是一件非常难受的事情。手机是我们身体的一部分，相当于我们至关重要的大脑。

对于手机上瘾的原因，很多心理学家做了实证研究，已经得到了很多的研究成果。总的来说，主要有以下几个方面的原因。

---

① [美]亚当·奥尔特：《欲罢不能：刷屏时代如何摆脱行为上瘾》，闾佳译，机械工业出版社 2021 年版，第 171 页。

(一)手机因素

智能手机外形小巧、携带方便，我们可以随时拿出手机上网玩游戏、刷短视频。手机上的棋牌游戏不需要事先与朋友约好或凑齐了人才能玩。相反，网络之大，使得一个玩家随时可以找到一起玩的玩伴，即便不想找其他玩伴，也可以与“机器人”玩，各种算法为我们设定了很多“机器人”，并且它们的技能可以按玩家的需要做一些调整。手机存在的种种优点，可以说是过去的电子设备不具备的：电脑不方便携带，电视机需要在家里看，游戏机往往不联网，找玩伴有困难，报纸需要花钱购买，电影院放映的电影都有档期，去实体店购物需要出门，去银行办业务需要排队，去车站买票时间很赶……用智能手机，可以弥补这些缺点，这是让人们对手机如此依赖的重要外部因素。其实，“光是手机的存在(哪怕并不主动去使用)，也极具破坏性。它们叫人分心，因为它们提醒我们，外面有个超越眼前对话的世界”[①]。手机太美妙了，我们用得很投入；手机太强大了，我们产生依赖感是很自然的。

(二)社会因素

智能手机不只是一个工具，它是在线的，时刻连接着移动互联网络。而在网络中，有很多的关系在吸引着我们，随时有人可能会打电话过来，发短信给我们，在群里@我们，在微信上与我们互动，在朋友圈等着我们给他点赞。手机强烈的社交性，使得我们没法离线，因为离线就意味着在这个移动互联网中我们与他人断了联系。我们必须随时在线，随时随地等待来自亲朋好友、上司同事、业务伙伴及许许多多陌生人的召唤；并且在自己需要的时候，自由自在地与其他人取得联系。智能手机就像是一条条线，将所有人连在一起，组成了一个巨大的网。很多人因为这一条条线的牵绊，就把大量的心思放在了上面，产生了强烈的依赖感。

毕竟这个社会依然是一个网络社会。现实世界中发生的大大小小的事情，

---

① [美]亚当·奥尔特：《欲罢不能：刷屏时代如何摆脱行为上瘾》，闾佳译，机械工业出版社 2021 年版，第 12 页。

在网络上几乎都可以找到，并且有大量事件，不是在现实事件中出现，而是直接在网络空间中生成的。因此，很多人会担心如果不使用手机，自己会不会与这个时代脱节。别人知道的事情，可能自己就没法第一时间了解了。别人会用的网络热词或者流行符号，自己没法理解或不会使用，也就很难与同龄人进行交流了。

当然，我们不可能完全将自己排斥在手机世界之外，但需要控制手机使用的时间，不要过度使用，让自己沉迷其中，那样并不会与世隔绝。只是这种跟不上时代、害怕错过什么信息的心理很难消除，对于很多人来说，一般手机不在身边就会焦虑。因此，有些人手机上瘾，不是因为玩游戏，而是因为这种心理在迫使着他们，没过一会就要拿起手机，一离开手机就会心里不安。

（三）个人因素

不同的人具有不同的性格特质，而不同的性格特质具有不同的易上瘾性。那些心理特质具有易上瘾特性的人，不管是对于手机，还是对于其他的活动，相对其他人都可能更容易上瘾。这类人看影视剧可能会上瘾，玩游戏也更容易上瘾，其他很多刺激好玩的事物，都有可能让其上瘾。因此，面对手机，这类人也是更可能会上瘾的。不见得每个手机用户都会上瘾，总是有些人更容易上瘾，而有些人则不太会上瘾。那些情绪稳定性比较差的人，更容易通过手机寻得一种安慰。而情绪稳定性高的人在使用手机之后，更容易抽身，而不是沉陷其中。理性且自律的人会不断提醒自己正确对待手机的使用，不让自己沉迷其中。而感性的人，则很可能为手机上的各种社交关系、娱乐游戏等所牵绊，并且不太能够控制自己而导致过度使用手机。要控制对手机的使用，首先需要对手机有清醒的认知，并且能够严于自律，对自己的行为加以约束。不然放任自我，手机的使用时长就会不知不觉拉长，手机依赖症的特征就会越发明显。

抗压能力也是一个重要因素。在生活中，难免会有学习、工作、人际关系等各方面的压力。面对压力，如果能够很好地调节自己的情绪，那么就可以重新精神抖擞，解决好各种问题。相反，如果没法正面应对压力，就可能会选择逃避，进入虚拟空间，沉浸在由智能手机提供的种种诱惑之中，这是很多人很容易想到的逃避方式。而事情就在那里，逃避并不能解决问题。结果则是越逃避，问题就越严重,对手机的依赖就越强,从而导致恶性循环,难以自拔。

现实世界中良好的人际交往,以及获得社会支持可以让人更注重现实的社会互动。在空闲的时候,可以找一些朋友一起去运动或旅行,可以把生活安排得充实些,也就不会有太多的时间玩手机了。在郁闷、烦恼或需要安慰的时候,如果有知心人帮助排忧解闷,从而得到鼓励和安慰,那么对手机的需求也就相对减少了。在现实世界中的这些朋友,能够让我们少些孤独感。在需要聊天的时候有人陪我们聊天,在需要玩耍的时候有人陪我们玩,在需要陪伴的时候有人就在我们身边,那么我们就可以更好地度过心理的低谷期。内心的孤独感少了,就没有必要在手机上寻找自己的存在感了,也就不会用种种手机游戏、刷抖音等活动来填充自己的空虚心灵了。

在生活中有明确目标的人,会把自己的时间投入对事业的追求上,他们没有多少的时间去发朋友圈,或者从事其他与目标不太相关的活动。他们将手机的使用严格限定在必要的范围内。如果没什么目标,那么他们就很难合理利用自己的时间,混乱的生活会把他们推向手机,在虚拟空间中达成所谓的升级,例如让游戏一步步过关。

但总的来说,手机上瘾是在很多因素的共同作用下产生的。手机上瘾也可能具有一定的阶段性。在暑假期间,因为没有什么事情做,某个同学玩手机玩得天昏地暗,茶不思饭不想,玩上瘾了,但是一旦开学,他及时抽身,又控制住了自己。这样的人也是有的,从症状上来说,可谓轻度上瘾者。但重度上瘾者靠自己不玩手机已经回天乏术,需要借助外力才行。

三、手机上瘾的危害及其治理

张斌总结了手机依赖的危害,认为过度使用手机既会影响身体健康,具体表现在危险驾驶、肌肉骨骼疾病、眼部疾病、电磁辐射、细菌感染、睡眠质量、神经生理功能,又会影响人际关系、学业成绩、家庭关系等。[①]

由于手机可以帮助人们记住很多事情,人们也就不再费心思去记很多内

① 张斌:《青少年手机依赖及其协调治理研究》,中国社会科学出版社 2021 年版,第 12—17 页。

容，因此人们的记忆力在一定程度上会下降，或者变得不是那么重要了。有学者提到，“韩国专家透露，过度依赖智能手机，会使右脑退化，造成集中注意力削弱、记忆下降，最终连认知能力也退化，出现记忆力下降，被称为‘数码痴呆症’”[①]。在这种状况下，人们的某些能力在退化。手机上瘾造成身心俱伤，虽不至于就此痴呆，但危害并不小。

对手机上瘾的影响，很多人其实也是有所感觉的。

（一）手机上瘾对身体健康的影响

就个体而言，手机上瘾对他生活的方方面面都会产生影响：人们长时间看手机，眼睛会疲劳，手指会出现损伤，而且一直固定一个姿势，身体会僵硬。手机过度使用者也被称作“低头族”。看手机的时候，由于手机是拿在手上的，并且屏幕很小，人们往往是低着头的。长时间低着头，很容易导致颈椎病，并且进一步影响其他部位的身体健康。

虽然已经有了一些小设备，可以让人们将手机加以固定，但一般来说，大多数人还是直接将手机拿在手上使用。时间久了，对手部肌肉和骨骼来说是不小的负担。加上长期使用拇指，拇指也容易疲劳，从而导致手部疾病的出现。

对很多人来说，长时间看手机，眼睛会吃不消。很多人拿着手机不放手，两眼长时间对着这个小屏幕，得不到休息，过度疲劳，从而视力下降，并有可能导致更严重的后果。

手机是有辐射的，虽然目前关于手机辐射给人体带来的影响还有待进一步研究，但是使用不当或者过度使用的话，影响肯定是有的。有些人甚至贴着手机睡觉，或者把手机长时间放在腰间或者胸口，显然不是很妥当。

有了手机，人们心心念念的是手机上的各种消息，容易心神不宁。加上很多手机上瘾者，熬夜玩手机。如果不关机或开飞行模式睡觉的话，手机铃声或者信息提示音还会把人们吵醒。自从有了手机，很多人的睡眠质量就明显受到了影响。

《中国睡眠研究报告（2022）》显示，2021 年民众每天平均睡眠时长为 7.06

---

① 江凌：《我国青少年手机传播中的亚文化研究》，中国书籍出版社 2019 年版，第 194 页。

小时，比 10 年前少了近 1.5 小时。其中，在向调查者询问“因花时间在手机上而导致失眠”的情况时，31.19%的被调查者选择了“有时”，18.73%的被调查者选择了“总是”，仅 7.98%的被调查者选择了“几乎从不”。在询问“每天睡觉前看一会儿手机”的情况时，53.65%的被调查者选择了“总是”，20.15%的被调查者选择了“有时”，仅 2.61%的被调查者选择了“几乎从不”。21.62%的被调查者有时因上网而睡觉不到 4 个小时，30.02%的被调查者有时因熬夜上网而导致白天精神不济。[①] 中、青年群体因看手机、上网导致睡眠拖延和失眠的情况最为突出，睡眠拖延这一“主动熬夜”的现象在年轻人中十分普遍。

（二）手机上瘾对心理健康的影响

如果手机不在身边或者没法取得联络，那对很多人来说，感觉都是很糟糕的。由于人们对社交的渴望，以及把手机看作是自我的延展，因此“手机失联焦虑”就会出现。国外学者 King 等人提出了“无手机恐慌症”的概念，具体是指“手机联系不畅通时的恐惧及焦虑心理”。[②] 手机无法联系，可能是手机没有信号，但这种情况现在越来越少，除非在野外，也可能是手机没电了，还有可能就是忘带手机或手机丢失等。出门忘带手机的情况，很多人都可能遇到过。如果时间还来得及的话，很多人会折回家里去取，这样才觉放心；如果没有办法回去取，那这一天就会心神不宁，很不自在，期待着手头的事情赶紧结束回去拿手机。拿到手机后，则会第一时间查看有没有未接来电、未读消息等。无手机恐慌症人群害怕的不是错过了这一天发生的各种新闻，而是担心失去联系，没法及时了解各种通知，或者难以在第一时间回应朋友圈上的信息。微信群里有人在发红包时，如果没有及时去抢而错过，有些人也会在那里叹息：感觉错过了一个亿。这种心理使人们渴望参与，不愿意错过自己手机上发生的一切事情，这种在线感给很多人一种心理上的安定感和满足感。如果离线，那么微信群里的热闹或者朋友圈上的互动，就没法及时参与和体验了。在第一时间参与和体

① 我国民众平均睡眠时长 7.06 小时，比十年前少了近 1.5 小时，https://export.shobserver.com/baijiahao/html/462744.html.

② 张斌：《青少年手机依赖及其协调治理研究》，中国社会科学出版社 2021 年版，第 46 页。

验，才有在场感。因此，这种症状也可以被称为“离线恐慌症”。

(三)手机上瘾对社会的影响

人们过度使用手机，对学习、工作都会造成影响，因为毕竟人的时间和精力是有限的，花在手机上的时间多了，那么花在学习和工作上的时间就少了。

在开车的时候，如果手机铃声响了或者消息提示音响了，相信很多人会控制不住去拿手机接听或者查看，有可能危及驾驶安全。玩手机上瘾，即便不是手游上瘾，对于学生来说，他们上课就不会好好听讲，复习功课的时间也会减少，从而影响学习成绩。手机上瘾的人把手机当成了唯一的朋友，整天对着手机，注意力都在手机上，那么对身边的人就会漠视，很难与他们建立起良好的关系。人与人面对面的交流，与在手机上的交流是很不一样的。在同学聚会的时候，大家都对着手机，这样的聚会就没有多少的意义。手机上瘾对于整个社会来说，都会带来很大的消极影响。

手机对现代社会的婚姻也会造成一定的负面影响。家庭成员中要是有人一整天对着手机、沉迷手机，而不愿跟身边的人交流，那么家庭出现矛盾和冲突就不可避免。手机为人们交往提供了更多的可能性。过度使用手机的人往往在手机上遇到很多网友，由于热衷于与这些网友互动和沟通，对现实世界中的另一半的关心则会减少，如此一来夫妻感情也会出现问题，甚至可能导致家庭破裂。

四、避免手机上瘾的对策

手机上瘾有种种危害，那么，如何避免手机上瘾？

(一)设定每天使用手机的时间

一天的手机合理使用时间到底多久？很多人可能并没有关注，其实人们在手机上都可以查到当天及最近几天的手机使用时长。为了避免手机上瘾，就需要控制手机使用的时间。比较切实可行的做法，就是给自己一个时间限定。如果目前平均每天使用手机 7 个小时，那么接下来就给自己一个目标，将手机使用时间先减少 1 小时,即每天不超过 6 小时。坚持了一个月之后,可以继续减少。当然,我们不可能不用手机,但加以有意控制、尽量减少使用还是很有必要的。

(二)删除不必要的 App

下载游戏 App 之后,手就会痒痒,不玩一下心里会很不痛快,久而久之,很容易养成习惯,导致过度使用手机。对于其他 App 也是一样,很多人经常会去刷一刷,导致时间在不知不觉中被浪费。为此,可以将自己手机上的 App 审视一番,尽量删除那些不是很必要的 App。如果不想把时间花在游戏上,那么也将游戏 App 删除。因为下载和安装一个游戏 App 需要流量、时间,多少有些麻烦。删了之后,人的惰性会开始起作用,觉得重新下载太麻烦,就不玩算了,从而可以控制住自己。如果不将游戏和抖音等 App 删除又想控制时间的话,则需要很强的意志力,有一定的难度。

(三)减少无效社交

每天打开微博、微信朋友圈等,看看其他人发的各种帖子,其实也很容易上瘾。看了之后,点个赞,评论一下,有时互动交流一番,时间很快就过去了。其实这里的很多社交活动属于无效社交,对个人成长并不见得有多大帮助。少一些这类社交,将时间更多地花在学习和工作上,可以给自己带来更多长远的收益。

(四)多些手机之外的兴趣爱好

一个人如果有一些兴趣爱好,就不会把很多时间花在手机上了。例如跑步、打球等体育爱好,对身心健康都很有利;阅读、写作等兴趣,是对自己未来的投资,坚持下去可以带来很多好处。哪怕聊天,也尽量到线下面对面聊天,这样更容易达成心灵的交流,培养友谊。有益的兴趣爱好,会吸引我们将时间花在上面,我们自然而然就会减少手机的使用了。

（五）树立人生理想和目标

如果为自己人生设定一个明确的目标，那么就会放下手机，将更多时间花在自己的事业上。清晰的人生目标会生成一种动力，促使人们为了这个目标而努力。很多人手机上瘾是因为没有什么目标，内心空虚和无聊，感觉无事可干，于是从手机中找乐子。如果每天都有任务需要完成，并且是自己想要做的事情，那么就不会想要通过手机寻求心理上的慰藉了。每天充实且美好地度过，手机就不会对自己产生很大的吸引力了。

第九章　手机社会的社群与圈层

第一节　虚拟社群

如今，微信、微博、抖音、QQ、钉钉等把人们都联系在一起了，使虚拟社群得以形成。手机构建了一个真正的地球村，每个人都主动或被动地纳入其中。

微信群有很多种。社区居民（村民）在传统社会基本上是相识的人，即便不是很熟悉，也经常会遇到。而微信群将人们转移到了网络空间。现在，很多乡村也建起了村民群，将村里每家每户有微信账号的人都拉到一个群里。虽然有些村民常年在外，但微信群让其依然有家的感觉。通过微信群，在外的人可以及时了解村里发生的一些事情，而在村里的人也可以看到外面的世界。微信群经常也被用于发送各种通知，是社会治理的重要手段之一。得益于这些微信群，政府可以实现政令畅通，可以对村情村况、民情民意了解得更清楚、更直接。通过微信群，构建起了一个更加公开透明、更加民主、更多互助的微社会。在这些村民群里，经常可以看到一些村民的求助，例如"我家小孩还没回家，谁见到他了？""哪里可以去报兴趣培训班？""什么时候可以接种新冠疫苗？"等。除了这类事情，还有村委、党支部的各种通知及一些要求。村民群在很大程度上是一个工作群，是政府行政职能的一种延伸，是社会治理的"微细血管"。这些微信群的存在，使数字治理变得更有可能。

正是因为微信群、钉钉群等各种群的存在，个体成了虚拟社群的一分子。虚拟社群的交往是可以随时随地进行的，不管你身处何地，其他人都可以在群里@你；不管你在不在线，别人都可以给你发信息。

心理学家斯坦利·米尔格兰姆提出的"六度空间"理论认为，世界上任何两个陌生人之间，只要经过六个朋友的朋友就能联系上。从某种意义上说，世界上所有的人都是朋友，或者是朋友的朋友，距离并没有想象的那么遥远。虽然世界很大，但通过手机来联络，会发现世界其实并没有那么大。

手机构建的网络并不是固定的，而是流动的。各种群里的成员有进有出，很少是固定不变的，成员有些时候是被踢走的，有些时候是自己选择退出的。退出一个群，并不意味以后就不会再加入。但在退出之后的这段时间里，你就从这个群的空间消失了，群内的讨论和各种信息交流与你不再相干了。

过去，人们隶属于一个个单位，单位在人们的生活、工作各个方面，都有深度的参与。后来由于社会变革，单位的许多功能开始社会化，单位不再管得那么宽了，甚至在某种意义上消失了。“随着经济改革的进程，个人不断从各种社会组织中抛出，即所谓结构性的‘脱嵌’，反映了中国独特的个体化进程。”[①]不过，在手机时代，另一种“单位”复活了，同时复活的还有各种关系。作为个体，人们开始生活在各个群里，而群开始扮演管理的角色，群里会传达各种通知，讨论各种小道消息，还会交流一些家长里短的话题。很多人即便不在群里发言，但还是经常会去翻看一下其他人的聊天记录。在群里留言，是一种公开表达，群里所有人都可以看见。在过去，同个村子里的人，除了开全村大会，往往也会有一个个小圈子的聚集，例如吃晚饭时，大家走到一起交流信息，在有些地方这被称为“饭市”。[②] 由于生活方式的变迁，“饭市”不太多见了，大家将其转移到了群里，构建了一个全村村民共同参与的大“饭市”。一方面，每个村民都可以在这个大“饭市”上发表见解，发布信息。当然，微信群具有记录功能，最初主要是文字表达，因此需要一定的文化水平，这对于老年人来说存在一定的障碍；另一方面，由于它不再是一个小圈子的“饭市”，具有公共领域特征，大家的发言显得相对谨慎。从政策法规的约束来看，也必须得慎重，不然容易惹上各种麻烦。

---

① 楚亚杰：《去网吧：城市青年的日常生活与社会交往》，复旦大学出版社 2018 年版，第 245 页。

② 陈新民、王旭升：《电视的普及与村落“饭市”的衰落：对古坡大坪村的田野调查》，《国际新闻界》2009 年第 4 期，第 63—67 页。

“公域与私域常常互为背景或者互为条件,可以说是‘有边无界’。”①在某种意义上,微信群是公域和私域的交叉地带。

第二节　区隔与圈层

一、区隔

虽然手机架起了一座座桥梁,让人与人得以连接,但同时手机也是一道道屏障,阻隔了交流的空间。

在乘坐电梯、公交车时,或者在一些群体聚集的场合,一个人低头看手机,基本上也就意味着他与周边的现实物理空间建立了一道屏障:他不是很愿意与别人交谈,只沉浸在自己的虚拟空间中。在“低头族”的世界里,他或者与身处其他地方的人在聊天,或者浏览网页,又或者看短视频。他的人虽然在这个物理空间,但是他的心思飘到网络的其他空间了。如果没有手机,两个人身处同一空间,多少会说几句话,寒暄一番,但是因为手机,大家可以不用交流,彼此把对方当作空气。

“正是媒体的迅速发展,使得‘媒体鸿沟’越裂越宽,媒体高接触率者和媒体低接触率者有着明显不同的生活空间,人们在不知不觉当中被‘隐形’了的媒体文化区隔成了不同的类群。”②媒体对文化养成和趣味形成起了重要作用。布尔迪厄认为,趣味是一种区分的手段,不同的趣味对应着不同的群体。“一个人按照他的趣味选择,就是对财产实行定位,这些财产在客观上与他的位置一致并彼此协调。”③就手机的使用来说也是如此,各种目的和动机都有:有些人主要是

---

① 胡泳:《众声喧哗:网络时代的个人表达与公共讨论》,广西师范大学出版社2008年版,第332页。

② 孙慧英:《多重视域下的第五媒体文化研究》,北京邮电大学出版社2010年版,第151页。

③ [法]皮埃尔·布尔迪厄:《区分:判断力的社会批判》,刘晖译,商务印书馆2015年版,第361页。

用手机来追剧的；有些人则主要用来刷抖音、玩游戏；有些人除了工作和人际沟通之外，很少用手机的其他功能；有些人使用手机主要是为了做微商生意。不同的使用动机导致用户在手机空间中的出没状况也不一样。

每个游戏都可能会形成玩家圈子，他们在一起交流、一起玩。手机空间是无比复杂和庞杂的，每个人都可以找到自己想要的空间，也可能会迷失在自己的小圈子里。

在大哥大时代，谁拥有手机，谁就是有身份、有地位的人。如砖头般的手机非常显眼，作为身份的标志，一目了然。随着手机不断小巧化和手机普及率不断提高，虽然人人都有手机了，但手机依然可以作为一种身份标志。

如今，人们主要以品牌来区分。不同的手机品牌，定价不尽相同，有些手机相对便宜些，有些则显得较为昂贵。那些价格高的手机品牌，往往是具有一定财力的象征。就如苹果 iPhone，价格相对其他品牌要高出不少。128G 的 iPhone12 初始市场价是 6799 元。对于工薪阶层来说，买个手机需要花费一个月的工资，并不是唾手可得的，而是需要思量斟酌一番的。iPhone 在手机品类中，就相当于贵族，可谓轻奢品牌。不过，就其总价来说，又不算太贵，因此，很多人都想拥有一款 iPhone 手机，在新款上市之时多次出现整夜排队、疯狂抢购的现象。这些被称为“果粉”的人，是资本运作下粉丝经济的代表。“果粉”的队伍并不小，苹果手机一年的出厂量名列前茅，因此，拥有苹果手机的人其实随处可见。它是中产阶级的象征，更是某一种生活方式或者某一种文化趣味的象征。除了果粉，还有“米粉”“花粉”，以及其他一些粉，这些品牌的忠诚用户构建了一个属于自己的虚拟社区，并与其他品牌社群之间形成了一定程度的区隔。

二、圈层

手机时代，构建各种社群变得非常容易。传统社会的圈层也是存在的。手机时代，圈层可以多种方式进行构建，圈层化成为一种普遍现象。

不同社群之间是相互隔阂的，一个人如果没有加入群，那么群里面的各种信息就接收不到。当然，有人可能既在 A 群，又在 B 群。一个人虽然在 B 群，但由于另一个人的转发，他也知道了 A 群讨论的一些事情，但是这种情况并不多见。相同群成员的身份具有很大的共性,不同群之间的成员虽然有交叉,但整体而言,差异要大于共性。不同群有着不尽相同的成员,也就有着不同的利益、立场,交流的内容是有较大差异的。人们可能很难看到一些人在一个群里发言,他基本上是消极对待的。在某种意义上,他只是形式上的加入,并没有真正"在场"。那些他积极参与讨论的群,往往是他看重的,还可能有着很多的利益交织在其中。

就一个学校来说,校级领导会有自己的群,院级领导会有自己的群,各个系教师会有自己的群,全院老师也还会有大群。在不同群里讨论的内容肯定是不一样的。不同级别的领导会有自己的关注点,在工作事务上也会有不同安排。在全院群里发布的一些政策,往往是已经在干部群里反复讨论和交流过的。

在社会上,某些行业的大企业会建有自己的群,或者社会上的一些企业家因为某种原因而建立起富豪群、行业群、企业家群等。这些群,小老百姓未必能够进得去,他们讨论的内容往往是与行业、政策等有关的。人们需要了解各种信息,但是并不是所有人都具有相应的渠道可以了解这些信息。小道消息是人们获取无法从正式渠道了解到的信息的重要方式。在各种群里,有些是官方的正式渠道,还有很多则与人们传播小道消息很接近,在上面发布各种信息是相对自由的,并没有经过严格的审核,因此,这些群可以让人们了解很多非官方的信息。

不同用户有着各自的信息需求,在内容生产上也存在着明显的"区隔"。大众社会随着互联网、智能手机的发展而分化,出现了一个个有着不同意识形态、价值观和媒介趣味的社群。他们生产和传播的信息是不相同的,很多人对层出不穷的网络热词并不了解,这是网络原住民与移民的区别。而在亚文化圈子里,逐步发展出来的各种"网络黑话",更为小众。麦克卢汉说媒介即讯息,曼纽尔·卡斯特则认为:"在新媒体系统里,信息即媒介,亦即信息的特性会塑造媒介的特质。"[①]在网络中的各个圈层,不仅有其特定的信息,也有着自己的语言、仪式和空间。

---

① [美]曼纽尔·卡斯特:《网络社会的崛起》,夏铸九、王志弘等译,社会科学文献出版社2001年版,第421页。

三、性别差异

从性别的角度来说，也有专门为女性群体开发的手机。女性的手机由于外形设计上的特别处理，加上很多女性化的元素，整体而言更显小巧，更符合女性的心理需求，不过在使用功能上并没有分别。虽然 iPhone 并没有在外观设计上专门做安排，不过它提供了多种颜色。例如，女性可以挑选相对更女性化的红色。

从对手机功能的具体使用情况来说，女性对新闻 App、新闻类的公众号不见得有多大兴趣，这个与过去女性不太看报纸和电视新闻节目是一致的。男性会更多地关注这个社会和世界上发生的新闻，女性则主要是关注发生在家庭和朋友圈中发生的各种“微新闻”。女性不是不关注新闻，而是她们关注的是一些软新闻，包括各类明星的新闻。这类新闻更具有生活气息，给人更多娱乐感。女性对海外购物类 App、图片摄影类应用的兴趣相比男性更高，使用得也更多。男性和女性在对这个世界的兴趣点毕竟还是有区别的。他们的生理、社会性别和性格特征上存在客观差异。这些不同意味着面对手机上的各种功能，他们在具体选择上也有区别。

即便是男性和女性都会玩游戏，但不同的游戏在玩家性别比例上还是会有差异，像“消消乐”这一类软性游戏，女性玩家相对多一些，而像“和平精英”之类的枪战游戏，男性玩家则会多一些。在现实社会中，人们从小就被培养了不同性别的角色特征，男孩子喜欢那些打打杀杀的游戏，以及玩具枪之类等；而女孩子则选择过家家之类的游戏，以及布娃娃之类的玩具。从游戏需要的技能来说，不同游戏所要求的技能也是有差异的。有些女性会对复杂的游戏有一种畏惧感，他们不太会想要通过在这样的游戏中获得征服感和挑战感。对于不同性别来说，游戏的意义是不一样的。男性玩手游的概率要高于女性。女性沉迷于游戏会面临更大的社会压力，因为人们对于男性玩游戏持更宽容的态度。

从手机影视节目类型来看，女性对电视剧和综艺节目的兴趣更高一些，而男性对体育节目的兴趣更浓一些。

从手机的使用时长来看，女性一点都不输于男性。从某种意义上说，手机的小巧便捷使得女性更容易掌握。并且,女性本身就是偏社交的,他们更可能在朋友圈上给别人点赞。碎片化的抖音其实也更具有女性化的气质,具有很强的娱乐性和社交性。作为感性的人,她们对于其他人的点赞也更为敏感。相比于男性来说,女性上传自己居家生活的照片会更频繁一些。社会分工的不同,使得女性有更多时间去关注和回应社交媒体上朋友发布的信息。利用零碎的时间刷一刷抖音,是女性用以打发时间的消遣。

虽然手机给女性带来很多娱乐的乐趣和社交的便利,但是女性固有的身份、性别地位并不会因为手机的出现而被彻底打破。这一点对于农村女性来说,尤为明显。“无论农村妇女如何使用手机,她们也不能超越由城乡、地区、技术与经济的支配性力量重叠交织的生活世界,只能继续以牺牲家庭前景的都市漂流来获取基本的生活资源。”①社会的区隔很难被轻易打破,手机在消除交流时空障碍的同时,也在进一步构筑一个个圈层。

第三节　难以上线的老年人

手机社会是由后喻文化主导的社会。抖音和手机游戏对三岁小孩而言并不会有很大的使用困难,而老年人使用手机却可能存在困难。他们有些人没有欲望去了解手机的各种功能;有些人对技术有抗拒心理,按照习惯继续过去的生活方式;有些人则对手机使用存在畏难情绪,觉得手机的各种技能学起来很难,加上没人教,单凭自己摸索又行不通,也就放弃了。由于各种因素,除了一些新潮的老年人以外,很多老年人其实并不能完全掌握手机的使用功能,他们只是把手机作为非常简单的通信工具来对待,也就是“移动电话”。他们只会接听和拨打家人朋友的电话,最多发发短信而已,其他的功能基本就不会了。大多数老年人的手机其实也没有那么高端,很多人用的是老年机,其本身的功能设计就很简单。即便购买的是智能手机,其实他们也把它当作老年机来使用。

① 曹晋:《传播技术与社会性别:以流移上海的家政钟点女工的手机使用分析为例》,《新闻与传播研究》2009 年第 1 期,第 71—77,109 页。

他们是这个手机社会的边缘者，在一定程度上被隔离了。

但是在这个手机社会，手机介入人们生活方方面面，这在新冠疫情期间体现得淋漓尽致。健康码的推出，为防疫工作提供了很大的便利，但是很多老年人要么用老年机，不能下载各种 App，要么没有开通流量，上不了网，要么不懂怎么操作，由此带来了很多问题。他们的出行变得很不方便，处处受阻。在数字经济的推动下，医保卡、公交卡等各种卡也实现了电子化。但很多老年人并不懂怎么注册及如何申领，他们需要其他人的帮助才行。

在健康码使用过程中，老年人面临的困境被大家关注之后，互联网应用的适老化改造被提上了议程，各种手机应用软件也推出了很多实际可行的措施，尽可能大字体、大屏幕，并尽可能操作简单。例如一键叫车服务，为老年人出门乘坐出租车、网约车提供了便利；再如，针对老年人量身定制的长辈模式，大大降低了老年人使用手机的技术门槛，从而使老年人在这个数字化社会也有参与的机会。

适老化改造是非常有必要的，毕竟这个社会越来越数字化，如果不会使用各种软件，可谓寸步难行，老年人就可能会被排除在外，这显然是不道义的。随着人口老龄化程度越来越高，老年人的占比越来越高，银发经济的重要性日渐突出。单纯从经济角度考虑，也需要为这个庞大的消费者群体开发适合他们使用的各种数字产品。

当然，在这个过程中，可能也会有不少的问题。老年人在高速发展的技术面前，缺乏分辨能力，很容易上当受骗。老年人是骗子特别喜欢的一个群体。他们利用各种电信诈骗、各种套路，欺骗老年人的钱财。由于老年人对相关技术似懂非懂，几乎就是技术盲，很容易被骗。此外，有一部分老年人日均在线时间甚至超过了 10 个小时。这些重度消费者显然已经上瘾。老年人空闲时间比较多，之前许多老年人会长时间待在家里看电视。现在学会刷抖音之后，抖音上的大量短视频非常有意思，很容易满足人们的好奇心，当然也会让很多老年人看得根本停不下来，捧着手机一看就是大半天。老年人中虽然玩游戏的还不是很多，但是刷抖音上瘾的越来越多。手机中除了抖音，当然还有很多其他好玩的东西，例如网购、微信朋友圈等。一旦懂得如何使用之后，老年人自然也会认识到在这个数字化的社会，只要有手机在手，很多事情都可以一键搞定，非常便捷。

媒介素养的一个分支是手机素养,老年人的手机素养是最低的。他们往往不懂如何使用手机获取各种信息,如何使用手机完成各种工作,如何掌握各种手机功能和使用技巧。手机对于他们来说是陌生的事物,即便他们每天都在使用,但是他们并不觉得自己能够驾驭得了手机。他们会觉得手机是很难掌控的,在手机面前,自己就像个懵懂无知的小孩一样。《2021 老年人手机使用报告》显示,“对于提升手机上网能力这件事,65.13%的老年人最盼望的问题解决者是‘子女和孙辈’,最盼望的解决方式是来自子女的耐心教导,其次才是社区课程、老年大学、网络教学视频等解决方案”①。因此,推行“文化反哺”,让子女抽出些时间向长辈传授手机使用技能是一件很有必要且表达孝心的事情。

当然,老年人需要活到老学到老,不断去学习新的技能,主动去拥抱这个手机社会。手机不仅是人体的延伸,也是这个世界的入口,只有使用手机上网和联络,才能真正连接上这个世界。世界就装在一个小小的手机里,就装在口袋里。这是一个全新的社会,老年人显然也应该加入进来。

同时,政府和相关机构也应该推出一些服务,为广大老年人提供指导,教他们如何使用健康码、如何使用电子卡、如何使用手机拍照和上网等。在这个技术不断发展的时代,继续教育的对象和内容应该有所调整,不是说为了考个学历才继续教育,而是需要面向老年人,为了让他们更好地适应这个社会而提供相关技能的培训。类似的再学习和再教育,是非常有必要的,尤其是在技术的发展越来越快、数字鸿沟越来越大的趋势下,更是如此。

总的来说,“数字时代老年人的媒介生活,既有媒介赋权带来的种种提升,也存在数字鸿沟的诸多表现”②。相比于过去,由于有了手机,老年人同样得以赋能和自我赋权,有了更大的可能性。但是与更年轻的世代,尤其是那些“网络原住民”相比,存在明显的数字鸿沟。会使用手机的老年人的占比还不算高,这是一个有待进一步开发的市场,也是需要改善的社会问题。在老年人群体中,

---

① 吕新文:《2021 老年人手机使用报告:父母们比你以为的更爱上网学习》,澎湃新闻 2021 年 10 月 13 日。

② 蒋俏蕾、刘入豪、邱乾:《技术赋权下老年人媒介生活的新特征:以老年人智能手机使用为例》,《新闻与写作》2021 年第 3 期,第 5—13 页。

目前存在着两极分化现象:不会使用的面对手机一筹莫展,甚至根本就不买手机;会使用的,存在过度使用现象,一整天对着手机看这个、玩那个。当然,这说明老年人整体的媒介素养都还有待提升,需要有一个对手机正确认识的过程。既不拒绝,能够学会使用,又不沉迷,能够控制使用,这样才能够在享受数字化带来的种种好处的同时,避免陷入与此相伴随的种种困境和泥坑。

第四节　青少年的手机生活

在手机普及之初,我们经常也称重度手机使用者为"拇指族"。他们能用拇指非常熟练地操作手机,其手指特别灵活,可以飞快地发短信。

手机文化与青少年亚文化有着天然的耦合机制。由于青少年学习技术的能力很强,很快就可以学会使用手机,并且对各种技能非常熟练,对手机上的功能掌握得一清二楚。与此同时,"青少年属于手机依赖的高危易感人群"①,手机依赖的现象格外突出。

青少年主体是学生,不管是小学生、中学生还是大学生,他们对于手机都有着强烈的欲求。很多人在中小学阶段就拥有了父母给的二手手机或者单独为其购买的作为生日礼物之类的各种智能手机。新冠疫情期间,由于线下教学一度受到影响,为了不影响大家学习,各地学校纷纷开展线上授课,这大大推动了学生对电脑和手机的使用。而且在"双减"政策出台之前,很多学校流行在网络上布置各种作业,并要求学生通过各种 App、微信群、钉钉群进行阅读、体育之类的打卡或者提交作业。很多家长本身也忙,不一定顾得过来,如果孩子没有手机,可能会很不方便。由此,选择给孩子直接配一个手机的家庭数量就迅猛增多。这些都是导致青少年接触、使用和拥有手机的时间点大幅提前的因素。

在拥有手机之前,现在的孩子早就有了较为丰富的使用电子设备与人交往的经验。电话手表是商家瞄准家长希望定位孩子、必要时能联系上孩子,但又

① 转引自张斌:《青少年手机依赖及其协调治理研究》,中国社会科学出版社 2021 年版,第 156 页。

不想要让其沉迷手机游戏而开发的产品。电话手表功能相对简单,主要是用于孩子与家长之间的电话联系,并且可以方便家长查看孩子的活动轨迹,在一定程度上能防止其走失。当然,孩子自己其实可以加其他人为好友,也可以发短信或者群聊等。很多电话手表还开发了智能语音助手,孩子可以与它对话,向它咨询各种问题,具备一定的网络信息查找功能。可以说,电话手表是青少年升级为手机用户前的过渡工具,他们借助这一跳板,进入智能手机使用者的行列。至于准备期的长短,会受到学校网课、线上作业、日常打卡以及家长和子女之间的关系等各种因素的影响。

但一般来说,到了中学阶段,几乎没有人不拥有手机了。一方面,同学之间会存在攀比,别人都有,如果自己没有,在同学中就会被孤立,因此,也会要求家长购买;另一方面则是进入青春期,同龄人之间的交往需求开始变得突出。这种交往不仅仅限于校园内,也包括在放学之后能够继续得以联系。手机小巧,具有私人性和隐秘性,可以很好地满足青少年交往的需要。从某种意义上来说,这一阶段的交往需求是非常旺盛的,虽然高考之前可能会受到较大的抑制,但一旦高考结束,父母也就不会限制孩子使用手机了。在大学阶段,很多人使用手机的时长是很长的,相当一部分人平均一天有 8 个小时花在手机上。

人们有交往需求是很正常的,特别是对于青少年来说,他们需要与同学探索建立一种关系。过去青少年会传字条、写情书,现在既然有了非常好用的智能手机,那么使用智能手机进行交往也就顺理成章了。

对于青少年来说,使用手机的另一大原因是玩手游。青少年不见得会把所有空余时间都用在学习上,有些家长对此要求没有那么严格,加上有些孩子并不那么好学,因此很多青少年就会偷偷地或者在家长的默许下玩起《王者荣耀》《原神》《和平精英》等游戏。据一份针对杭州市某小学五年级班级的调查,一个班上 43 位学生,拥有手机的一共有 19 个学生,相当一部分学生拥有平板,还有一小部分拥有电脑,手机、平板和电脑中至少有一样的有 37 人,占比 86.05%。那些为孩子购买平板的家长,认为这个设备更有助于学习使用,但其实平板除了不太适合通话,微信、抖音和游戏并不受影响。在这个班上,有 15 位同学明确表示有在玩游戏,占比近 1/3。这是在国家出台“双减”政策后,以及对面向未成年人的游戏限定在周末晚上 1 小时之后的调查数据。在此政策之前,玩游戏的比例还要更高。该调查显示，很多同学是趁家长不注意玩的，玩得最多的游戏是《王者荣耀》。该调查还显示，除了玩游戏，还有不少孩子爱刷短视频、看小红书之类的。

在这些玩游戏的孩子当中，大部分是男生，女生约占1/3。男生相对来说更爱玩游戏，而女生比较顺从父母的管束。玩游戏的学生中既有学习成绩差的，也有学习成绩好的。如果不是过度沉迷，不会占用太多的学习时间，对小学阶段学习成绩的影响不是很大。但网游、手游对学生的学习来说总归是有影响的，不然国家也不会出台限制政策。很多在高中之前不怎么玩的青少年，上了大学彻底上瘾的也并不少见。严重一点说，“一旦孩子得到一部手机，童年生活的大门就会迅速关闭”[①]，从此经常低着头，沉浸在一个虚拟世界中。

第五节　乡村社会的手机人

一、乡村社会的手机

早期的研究认为，“电视的出现已经戏剧化地改变了乡村中家庭的结构和日常生活”[②]。电视具有家庭的特性，往往被认为是家庭中沉默的一员，将人们的生活、娱乐空间在很大程度上压缩到家庭这一层面。手机的出现则进一步改变了乡村社会的家庭结构和日常生活，它将人们的娱乐、生活空间进一步收拢，发展到了个体层面。当然，它一方面是个体的，另一方面又是全球的，它与世界有了直接的勾连。

在一个家里，家庭成员各看各的影视剧，各聊各的天。手机促成了乡村居民不同以往的交流、对话和沟通，重构了乡村社会的社会结构。乡村社会过去

---

① [美]盖瑞·查普曼、阿琳·佩利肯:《屏幕时代的养育》，找到啦译，中国社会出版社2021年版，前言第15页。

② [美]柯克·约翰逊:《电视与乡村社会变迁:对印度两村庄的民族志调查》，展明辉、张金玺译，中国人民大学出版社2005年版，第163页。

亲密无间的熟人关系变得陌生,而在地理上根本不在一起的两个陌生人之间却有了心有灵犀的默契和沟通。人们的交往空间不再局限于狭小的村落,而是跳跃到了更宽广的天地中去。过去所说的"远亲不如近邻",在一定程度上也面临解体。对于很多人来说,乡村社会的近邻可能不及那些遥远的"朋友"。那些微信群和朋友圈里的人帮助他拓宽视野,了解外面的世界,以及学习各种知识,并且可以为他答疑解惑,在一定意义上扮演着过去村里长者的角色。

费孝通的《乡土中国》中提到中国传统社会是乡土的,人们一辈子也未必会离开自己的家乡,与其交往的基本是亲戚或者附近的村民,走两步就可以找到对方,过几天就可能会再次相遇,因此并不需要远距离交往。从这样的传统社会角度来说,手机多少有些多余。不过,现代社会农村受到了市场经济格局的影响。很多人不再固守一亩三分地,种田已经难以为生,特别是对于年轻人来说,要娶妻生子,需要有更多的收入才有可能。因此,农村的年轻人基本选择外出谋生。他们在外地打工或者生活,与家人之间的距离就远了,为了与子女交流,也需要有更方便通话的手机才行。即便年长的父母舍不得买,在外地学习、工作的子女,也会赠送给父母一部手机。虽然父母可能不擅长发短信,也不太了解使用手机上的各种功能,但是使用手机打打电话,对他们来说不是难事。

随着乡镇企业、工业园区、经济开发区等的遍地开花,农村居民也有了很多就近工作的机会。由于在企业上班可以领取固定的工资,相比在家里种地要好很多,许多留在乡下的村民也就放弃了务农,或者继续住在村里,或者搬到企业附近,这与过去守着这块土地很不一样了。作为工人,不只是在企业上班的时候,会有各种指令;下了班,老板经常也会发些通知,需要保持联系。没有手机是很难做好自己的工作的,更不用说做销售、服务员之类的商业服务型工作。因此,手机在乡村的普及也就是水到渠成的事了。

从地理分布来说,手机首先是从城市开始普及的。在智能手机产品激增、低价位手机大量出现之后,农村居民手机的普及率也就一下子提高了。截至2022年12月,我国农村网民规模是3.08亿人,普及率为61.9%,相比城镇地区的普及率，要低20多个百分点。[①]

二、乡村居民的微信使用

（一）微信交往

微信已经成了线上人际交往最主要的工具。随着手机在乡村地区的普及，很多村民开始用起了微信。

微信其实有很多功能，对于乡村居民中受过一定教育的年轻人来说，他们都会有所涉及，而对那些年纪比较大的农村居民来说，微信主要就是一个人际交往的工具。

微信使用会涉及流量，对于很多农村居民来说，每个月几十元的流量使用费，他们未必愿意支出。虽然手机流量套餐并不算贵，但是他们未必能够明白其中的套路。一方面，手机在他们看来是一个高科技的产品，存在很大的技术鸿沟，他们需要他人的指点才能明白具体的使用方法；另一方面，对于乡村居民来说，生活其实是相对简单和传统的，人际关系没有那么复杂，想要与谁聊一聊，只要走几步、串个门就可以直接线下面对面聊天了。因此，线下交流是他们主要的人际交往方式。

微信作为线上交往方式，它是可以跨越空间距离进行的。如果没有很多远距离交往及与弱关系的陌生人之间往来的需要，那么微信对于乡村居民来说，并没有太多意义。然而，随着社会的变迁，乡村社会在很大程度上面临着冲击，甚至濒临解体。很多乡村居民的活动范围已经大大拓展，不再局限于出生地所在的乡镇或者县城。很多人出门打工，很多家庭的子女在外求学和工作，农二代中很大一部分不再住在农村，乡村趋向空心化，村民趋向老龄化。年轻人常年在外，留守的是老年人和儿童。在乡村振兴政策的支持下，有些乡村发展农家乐，开发乡村旅游，使乡村经济得以进一步发展，年轻人有所回归，但很多乡村由于人口流失难以得到振兴。由于父母、子女和亲友的分离，亲人之间见面

① 第51次《中国互联网络发展状况统计报告》，https://www.cnnic.net.cn/n4/2023/0303/c88-10757.html.

的机会在减少,人与人之间的沟通需要新的途径,因此,除了手机通话,微信就成了很多人的选择。一方面,微信是比较合算的;另一方面,人们可以通过微信视频聊天。视频聊天与当面聊天,除了隔着屏幕,在其他方面差别不大,因此很受欢迎。

人与人之间需要经常联系,需要不时地见个面,这样彼此的关系才能维持和发展;如果很少联系,关系必然也就变淡了。因此,微信在现代社会人口迁徙变得非常普遍的社会,扮演了非常重要的角色。很多人会通过微信视频,与远在他乡的子女或者亲友聊天,从而让彼此的关系不至于因为距离的阻断而变淡。

逢年过节,人们可以发送祝福短信、图片和音视频,直接手机通话或者音视频聊天,不再像过去那样,必须到对方家里去了。微信在人情关系的维系中,可以发挥其积极作用。微信祝福、微信红包,远距离也可以完成。春节期间,走亲访友,可以通过微信来完成,特别是新冠疫情期间,社会活动受限,微信拜年就成了很多人的选择。

对于农村居民来说,也是如此。有了微信,农村居民也开始增加了很多新的社会关系:有些是商业上的关系,如一些店家因营销需求,要求加微信;有些则是政府层面的关系,如政府部门和村干部出于办事的需要,会加政府部门或村干部的微信;还有一些则是一面之缘的关系,在过去,人们往往在一面之缘后就会失去了联系,但是如今,也会通过加微信的方式在一定程度上继续保持这些关系。对于农村居民来说,亲友是其微信好友的主要构成部分,但也显然会有一些其他好友。微信可以推动乡村居民将自己的关系网扩大到更大的范畴,也有助于乡村居民获取更大范围的信息。

对于乡村居民来说,受文化教育水平的影响,他们不太会去关注微信公众号,也不太会下载各种新闻 App,他们更多的还是依赖电视媒体。不过,手机渠道的新闻传播呈现增长趋势,很多乡村居民即便自己不关注公众号或不下载新闻 App,但是在社交媒体平台,尤其是在微信朋友圈,通过他人的转发,还是可以看到一些突发的、重要的、关注度特别高的新闻。

随着微信支付、支付宝等功能的不断推广,在乡村超市和商店也往往开设了相关支付方式。因此,有些愿意尝试新事物的乡村居民也乐意使用这些功能。虽然现金支付在很多城市近乎绝迹，但是在乡村，这依然是主要的支付方式。

从创新扩散理论来说，任何新事物的推广使用，不是同步被人接受的，总是存在一个过程的。有些勇于尝新的人会率先使用，有些人则随大流，还有些人则显得较为落后。就微信而言，乡村里那些年纪大的居民，显然就是一些落后者，他们也许这辈子都不会使用手机，或者即便有了手机，也不会使用微信，即便下载了微信，也很少去使用它。对于他们来说，手机这样的事物，由于习惯、技术等因素，显得有些格格不入。不过年轻的乡村居民还是会努力学习使用手机的种种功能。虽然这个过程未必那么顺利，会面临很多困难，但是他们出于生活、工作的种种需要，不得不参与到手机社会中来。从社会交往角度来说，由于微信成了主要的交往渠道，年轻的乡村居民也有强烈的主观意愿去学习使用手机。手机对于他们来说是一个新事物，是一个非常有意思且可以给生活带来很多便利的好东西。

（二）村民群

对于乡村社会来说，由于城镇化的发展，很多人离开了原来的土地，到了城市去生活，在乡村留守的基本上是一些年纪比较大的人，以及一些没有随打工的父母外出的儿童。通过手机，人们可以非常方便地与身在远处的亲友通话、视频，感觉距离并不太遥远。

并且，现在很多乡村都建有自己的村民群。在浙江省金华市，这些村民群甚至被纳入政府传播体系。政府部门的一些政策文件、政治新闻和其他具有正能量的新闻，往往会被群主或者其他村民转发到微信群里；同时，微信群里出现的一些舆论现象或者大家较为关心的话题，以及其他需要引起重视的内容也会在第一时间被反映给有关政府部门。村民群不只是一个村民互相沟通、联络感情的空间，也是政府部门权力的延伸，村干部往往会直接在微信群里发布各种通知，也会在微信群里与各个村民联系处理各种事务。惠民利好政策更是会及时在群里发布。村民群也是村务公开、村民监督的重要渠道，对村务工作的推进起了积极的作用。就党群关系来说，村民群也是党员干部和群众直接交流的平台，群众有什么意见和建议都可以在群里反映。党政宣传过去由传统媒体来担当，在新媒体时代，由于很多人已经不再关注传统媒体,传统渠道的宣传效果较差,因此需要发挥新兴渠道的作用,将信息传到每个人手中。村民群正是宣传工作“最后一公里”的重要渠道。

村民群也是一个互帮互助的平台。村民不管遇到什么困难,都可以在村民群里予以反映,热心村民在力所能及的范围内会予以解答和帮助。村干部也会组织处理有关问题。例如金华市婺城区下张家村有一户老大爷面临树苗滞销的困境时,热心的村干部在微信群里向大家求助,从而使更多村民伸出援手,将滞销的树苗分销出去,帮助老大爷解决了难题。

几乎每一个村民都可以加入村民群,由于每个群限500人,有些大一点的村会设1群和2群,对于一般的村庄,一个群就够了。虽然村民人数比较多,但年纪比较大的或不会使用微信的村民不会加入,没有手机的小孩也不会加入,一户家庭也就加一两人。有些老人的子女虽然在外地,不过作为代表,也会被邀请加入,一般来说,每户人家都会有个代表在村民群里。村民群就像是一个村民的虚拟家园,它不仅把留守在村庄的大多数村民纳入进来,也将那些在外的游子拉了进去,从而构成了一个有着共同情感基础的网络社区。村民彼此之间基本上是认识的,因此村民群是一个由熟人构建的微信群。相较于由陌生人组成的群,村民群里面的发言内容和管理方式都会有所不同。

有些村民群还会制定微信群规约。浙江省金华市婺城区下张家村的村民群一共有400多个成员。他们为了打造和谐、稳定的村民交流群,以“开心快乐、互利互惠”为群宗旨,以“自由自愿,包容开放”为群原则,制定了主要包括以下内容的群规:一是文明聊天,礼貌待人,实行实名制;二是禁止群里刷屏,不发不实信息;三是不发色情、庸俗、有害内容;四是不发商业广告;五是不发过激言论;六是不搞宗教迷信活动;七是不搞红包接龙活动;八是自愿参与慈善活动,不搞摊派;九是经济交往要慎重,防止被骗;十是鼓励正能量信息。村民群有了这些群规之后,就更便于管理,有助于营造健康清朗的微信群生态。

第十章　手机赋权下权力关系的重构

第一节　从手机赋能到手机赋权

有一个关于爱因斯坦的故事是这样的：有一次爱因斯坦坐火车出行，检票员过来查票，查到爱因斯坦时，他这个口袋翻翻，那个口袋找找，就是没找到。检票员对他说："我认识您，爱因斯坦先生，相信您应该是买了票的。"不过爱因斯坦还是继续在座位上找他的车票，他说："我知道我是爱因斯坦，不过我不知道买的是哪一站车票。"在纸质票时代，车票丢了是一件挺麻烦的事情，乘客需要重新买票。但是在网络、手机购票时代，购票信息是有记录的，只要拿着二代身份证和手机就可以进站上车。除了要拿去报销，车票既没必要打印，也没有丢失的可能，甚至过了很长一段时间，这些信息都可以在网络上被找到。忙着思考科学问题的爱因斯坦若生活在这个时代，就再也不用担心自己找不到票，也不会不知道在哪里下车了。

如今，从国家到地方，都在构建数字化社会。各大城市纷纷在建设城市大脑和数字城市。以后各种数字化的事物只会越来越多。手机在数字城市的建设中也会变得越来越重要，在各种场合人们都需要拿出手机扫一扫，而手机使用形成的种种数据也被合法或非法地收集，从而形成非常精确的用户画像。

进入 5G 时代，我们越来越脱离纸和笔，各种信息都会以数字化的形式被记录。支付不再需要现金，银行卡也可以电子化，驾驶证不再需要纸质的本子，反正各种证件、各种文件都能以数字化的形式出现。数字化时代，只要出示手机就可以了。"人们与生活、与机械、与城市之间的隔阂已然瓦解冰消。而这背后,正是强大的新一代移动通信技术的支撑。”①

一、手机赋能

“赋权”是“个人获得对自我生活和民主参与的控制权的过程”。② 手机赋权的一个重要因素是手机赋能。对于社会经济地位处于弱势的群体来说,赋权首先在于赋能。只有赋予了他们掌控局面的能力,才有可能实现真正的赋权。而智能手机大大提升了他们学习、生活、交际、工作的技能,赋予其获取信息资源和社会支持的极大可能性。

对于很多路痴来说,智能手机上的导航工具,可以帮助他们找到到达目的地最便捷的路线。过去曾出现过专门的导航仪,但现在只要有手机就可以导航,手机集合了大量的功能,将曾经人们觉得很有必要的设备或者物品取缔了。有了手机导航,人们也就能够更放心地出门旅行,迷路的概率大为降低。

只要有了手机,人们就可以获取各种新闻信息。这个时代已经很少有人看报纸、杂志或者电视新闻了,人们只要一部手机就可以获得足够多的新闻。传统新闻媒体也已经实现了形态的转变、渠道的转移,报社不再以出版纸质报纸为主,甚至停止了纸质报纸,而是以新闻网站、微信公众号及视频直播等为其主要的传播形式和销售渠道。各个平台上还有大量自媒体人在转发专业新闻机构采集的新闻,以及他们自己了解的各种信息。每个人都在进行新闻的报道,连那些过去上不了台面的事情也在微信、微博中被无数人诉说和传播。人们可以获得的信息数量是前所未有的,并且时效性更快。

只要拥有智能手机,人们就可以实现自主的表达和传播,将发生在自己身上的事情告诉其他人,而不需要求助于记者或者其他人。通过表达,可以推动某种主张的实现,保障某些权益的落实,伸张正义。

智能手机大大扩大了人们的社交空间。过去,人们能够接触的往往限于邻

---

① 党鹏、罗辑:《手机简史》,中国经济出版社2020年版,第279页。

② Zimmerman, M. A., Rappaport, J., “Citizen participation, perceived control, and psychological empowerment”, *American Journal of community psychology*, vol. 16, no. 5, 1988, pp. 725—750.

居、同学、同事、亲戚等认识的人，人数不会太多。如今，人们为了网上交易、手机游戏、找对象、谈朋友、工作往来等都在跟大量陌生人打交道，人们的社交圈子扩大了成千上百倍。类似李子柒、张同学等普通人一夜之间迅速走红，便是自媒体时代媒介赋能的一种表现。它是一个巨大的放大器或扩音器，可以让一个普通人的知名度暴涨，使其成为网络世界众人皆知的焦点人物。我们在抖音上关注大大小小网红拍的短视频，在微信朋友圈为那些并不真正认识的朋友点赞。

有了智能手机，找工作变得便捷了。人们不再需要到人力资源市场去等着雇主找上门，只要上“58 同城”“赶集网”等平台，就可以找到很多工作岗位。由于微信的出现，人与人之间有了一种密切的联系。很多生意可以由其他人将你的微信推给需要的人获得，例如做装修、拉货的，很多活是之前的雇主帮忙介绍的。只要口碑不错，顾客就会自动找上门。微信使工人与雇主之间建立起来的关系可以得到长时间的维系，人们还会把工作需求发到自己的朋友圈或者群里，主动寻找机会。

“手机媒体对新生代农民工而言，不仅是一种技术资源，更是一种社会资源……依靠手机，他们获取了城市生活的原始资本，也建立了新型的不同于乡村社会的关系。”①由于这些社会关系，他不再是一个孤立的个体。老乡之间、工友之间建立的各种各样的微信群，以及因各种机缘加上的好友，可以为他们提供工作岗位，可以使他们在困难的时候寻得一些帮助，也可以在有空的时候相约聚会。虚拟的朋友圈和微信群，将现实中原本分散的个体聚拢起来，让他们因为地缘、业缘、趣缘等联系在了一起。如此一来，农民工在面对资方的时候，就不会显得那么弱势了，对于资方不合理的要求或者工作条件，也有了一定的选择机会，通过老乡、工友、网友等构建了一个跨越时空、超越亲情的社会关系网络。乡土中国下的差序格局，在这个社交媒体时代有了新的面貌。在某些情况下，各种松散的团体通过智能手机得以建立，大家变得更有力量了。

① 李红艳：《手机：信息交流中社会关系的建构——新生代农民工手机行为研究》，《中国青年研究》2011 年第 5 期，第 60—64，47 页。

二、手机赋权

智能手机具备各种上网功能。对于很多人来说,有了手机,也就有了与整个移动互联网的连接。当然,不排除有些老年人,特别是经济条件比较差的老年人,虽然使用的也是智能手机,但可能是子女给他买的或者送给他的二手机,也可能是自己从市面上买的、很便宜的智能手机,但是他并没有开通流量,主要用来给亲朋好友打电话。然而,由于移动互联网络已经覆盖到了足够大的范围,它几乎已经在每个人的身边。因此,人们只要使用智能手机,就能实现某种连接,从而使其具备手机赋予他的一定的权力。有学者认为,智能手机主要从信息、关系、行动等多维赋权老年人的日常生活①。其实,智能手机不仅对老年人如此,对普通人来说也是多维度、多层次赋权。

手机赋权,归根结底是媒体赋权。"技术在其中的作用则在于通过消除两大障碍——信息的地方局限和集体性反应所面临的壁垒,从而改变公众反应的范围、力度,尤其是持续的时间。"②在传统媒体时代,上了媒体,那就是在一定范围的轰动事件了,一个普通人也就拥有了一定的知名度。那个时期的媒体数量没有那么多,一个人可以关注的信息还没有到爆炸的程度,因此,媒体赋权的特征是非常明显的。到了网络时代,每个人都有机会上网。在自媒体时代,人人都是记者,媒体的数量得以爆炸式膨胀,媒体可以产生的能量不是减弱了,而是前所未有的强大。因此在网络时代,人与人之间的互动在剧增,人与人的连接变得密切,从而使得人们的注意力资源被转移到了网络,过去低唤醒状态的注意力质量被提升了。而网络与传统媒体那种相对单一的单向传播很不一样:网络传播是互动的、复杂的、是网状的;一个传统媒体对着 10 个人传播,也就 10 条传播链,而由 10 个人构成的传播网,传播线路就变得错综复杂了。网络时代,异常热闹的传播活动,使得每个人的自媒体能量都具有非常强的爆发潜能。

---

① 蒋俏蕾、刘入豪、邱乾:《技术赋权下老年人媒介生活的新特征:以老年人智能手机使用为例》,《新闻与写作》2021 年第 3 期,第 5—13 页。

② [美]克莱·舍基:《未来是湿的》,胡泳、沈满琳译,中国人民大学出版社 2009 年版,第 98 页。

网络是每个人都可以接触的，从而人人都有麦克风。它在很大程度上控制在自己的手里，在什么时候传播、以什么方式传播、传播什么内容，都可以由自己决定。

传统媒体时代的媒体赋权要取决于新闻记者；而在网络时代，人人都是记者，也就意味着人人都被赋了权。智能手机使得整个网络都升级到了移动互联网络时代，不仅网络的数量、上网的时长等得以成倍增长，而且网络空间蕴含的权力能量也在同步增长。网络空间中的传播活动、新闻生产和舆论表达等成了很多人获取信息、参与政治的重要方式。网络也是企事业单位了解消费需求、提供售后服务等的重要渠道，同样还是政府部门了解民意、回应民意的重要平台。

手机让大家有了说话的权利，话语权发生了转移。传统社会精英是社会文化的主要生产者，也是各种思想和观点的主要生产者。普通民众往往是以被动的消费者的身份出现，他们阅读、观看和聆听，并没有多少可以表达看法的机会。网络则将这种权利给了广大的老百姓，受众升格成了用户，人人都是信息的接收者，也是信息的传播者。手机让这种表达权变得更加便利，人们拿起手机就可以说，就可以拍照上传，就可以把自己想表达的各种观点、把想要传播的各种信息传播给其他人。在法律的框架下，他可以做很多的事情。这对于人性来说，意味着巨大的解放；对于个体来说，他的影响力一下子扩大了。“手机媒介带来了人的全面的、自由的主体性解放，带来了真正资讯充足的公民观念的复兴，毫无疑问，这使我们步入了一个传播的自觉时代。”①在移动互联网时代，个体获得了前所未有的表达空间。政府也越来越呈现出互联网政府的特征，民众有了与政府进行直接对话的畅通渠道。人们在网络上的意见，会汇聚成不容小觑的舆论，这些舆论是任何现代政府都需要予以回应的。漠视虚拟空间的舆论对政府来说，将是致命的。因此，个体具有动员的能力，能够引爆某种舆论，进而影响政策及社会运行轨迹。这种力量也体现在创办“维基解密”的阿桑奇身上。一个个体可以在全球掀起惊涛骇浪，不管是被美国称为高科技恐怖主义，还是许多网民眼中的英雄，都说明了在这个时代个体有着爆发巨大能量的

① 秦艳华、路英勇：《全媒体时代的手机媒介研究》，北京大学出版社 2013 年版，第 114 页。

可能性。这是基于科技的发展,对大多数人来说,这种可能性则是基于智能手机的普及。手机给了人们巨大的力量及各种可能性。在这个意义上,人的主体性得到了很好的实现。

袁潇认为:“赋权并不是赋予主体权力,而是挖掘或激发主体的潜能。”[①]由于有了智能手机,人们也就有了更多的可能性,相比过去,能够更好地整合社会资源,能够在必要的时候借助舆论的力量伸张正义。智能手机给了大家自我赋权的条件。“在数字社会,一个普通人完全可以仅凭个体的力量在数字技术平台中实现权力的自我生产和传播,以‘自我赋权’的方式创制格雷厄姆和达顿所谓的‘第五权力’。”[②]手机赋权也需要通过自我赋权来落实,如果虽然有了手机,但并不利用其来提升自己的能力,增强社会资本,并在必要的时候向媒体求助,那么赋权也是很难实现的。

手机让每个人都得以拥有媒体接近权,通过各种自媒体,建设属于自己的传播网络,将自己打造成为一个意见领袖。

第二节　手机赋权的运作机制

在传统媒体时代,弱势群体往往是孤立的,在遇到不公平、不合理的事情时,很难获得支持。一般地,只有亲朋好友、邻里乡亲等关系相对比较密切的人会予以一定的支持,但声势显然不会太大,个体在强权和资本面前显得非常弱小。虽说媒体可以赋权,但传统媒体并不掌握在自己手里,个人没有机会创办媒体;媒体往往隶属于党政部门或企业财团,并由他们控制传播的政策。个体若想获得媒体的力量,就需要先说服记者,让他们前来采访和报道。如果有记者愿意帮忙,或者有些记者觉得这件事情本身具有新闻价值,值得被报道,并在政策允许的空间内,那么他们也会主动报道。在记者采访报道之后,还需要经

① 袁潇:《数字边际人:新生代农民工的手机使用和社会认同》,社会科学文献出版社2019年版,第229页。

② 周尚君:《数字社会对权力机制的重新构造》,《华东政法大学学报》2021年第5期,第17—26页。

过编辑、总编等多个关卡，新闻才能最终见诸报（媒体）端。上了媒体的新闻事件，有可能被更多媒体跟进报道或者转载，媒体的那些受众看到之后会议论或呼吁，从而形成一种舆论。这就会对涉事的另一方产生压力。一般来说，事件越是离奇，越是不公平，越是出人意料，也就越具有新闻价值，那么经过媒体报道之后，产生的舆论压力就越大，从而也就越有助于事情的解决。借助新闻的力量，更确切地说是舆论的力量，弱小的个体背后一下子站着成千上万的支持者，从而变得强大起来，由此力量的对比就发生了转移。弱小者也就有了伸张正义的可能。

在媒体的发展史上，一些节目都曾经发挥过舆论监督的重要作用。记者或者主动发现一些线索，或者根据群众的反映前去采访，制作相应的电视节目。这一类的电视节目在当时关注度挺高的。只要节目一播出，舆论就会出现，从而推动事情的解决。也正因为此，很多人遇到不公的事情时，首先就会想到找这些栏目进行曝光。

总之，在传统媒体时代，谁掌握大众传媒，相对来说，他也就具有在一定程度主导舆论的可能性。舆论只有经过大众传媒的放大效应，才能获得更多人的支持，从而让舆论的雪球滚得更大一些。并且，由于大众传媒的存在，舆论也就能够如虎添翼，可以更快地得到扩散。如果离开了媒体的放大效应，那么舆论只是区域性的、地方性的，往往只在小范围内有一定的活跃度，产生不了多大的能量。想要形成全国性甚至全球性的舆论，必须经过较长时间的酝酿。

随着网络时代的到来，大众传媒所垄断的大规模新闻生产和传播的权利逐步让渡给了网络传播主体。网络传播主体相对复杂。网络平台依然掌握在政府部门或者企业财团手里，平台运营者负责平台的运营和维护，政府部门负责制定规则并加以监管，但平台并非唯一的新闻生产者，甚至有些平台本身只负责编辑和传播，并不生产新闻。网络就像是一个广场，提供了空间，将大家聚集起来，并且这个广场还有一些快捷的通道与其他广场联通，在广场上的人可以自由地、方便快捷地出入其他广场。网络平台制定了一套游戏规则，之后，网络上的人彼此在交流意见，并且这种意见是可以被所有的人看到的。由此一来，网民也就拥有了新闻生产和传播的权利，以及表达意见的权利，有了生产某种舆论的可能。一个小小的帖子，经过蝴蝶效应，可以产生舆论的飓风，形成强大的能量,影响事态的走向,也可以保护弱势群体的利益,可以让正义在很大程度上得到实现。

当然,由于网络将世界上所有上网的人都联系在一起,每个人都在进行内容生产、传播和表达,如此海量的信息非常容易将某个新闻事件淹没。虽然舆论产生的威力前所未有,但舆论被聚焦的时间也异常短暂,转眼间就可能会被其他热点事件取代,因此,想要在海量信息中冒出来并引起大家的关注变得越来越难。即便如此,网络赋予了个体前所未有的表达权和传播权,只要连上了网络,个体也就有了很长的触角,可以与所有的网民进行信息交流。所以,如果善加利用,那么个体也就拥有了舆论生产的潜能。

不过在智能手机出现之前,数字鸿沟依然是明显的,社会经济状况较好的群体有条件购买电脑等设备,支付上网费用,从而更早地接触网络,有更多的机会影响或主导舆论。并且,社会分化成两大群体,即网民和非网民。那些网民,通过主动拥抱网络,获得了网络赋予他们的巨大能量。那些非网民,则是弱势群体,他们缺乏保护自身利益、参与积极监督的意识和条件。有些非网民,虽然自己不会上网,但在遇到发生在自己或者家人身上的重大遭遇时,会想到找网民求助,并且会迫不得已学习上网,成为一个网民,谋求网络赋权。

智能手机的出现,极大地扩大了网民的规模,将非网民限定在不会用手机的一小撮人身上。相比于台式电脑、笔记本电脑等设备来说,手机的价格并不贵,普通人也能够负担得起,并且手机流量资费相对于收入水平来说,并不算太高,很多人也都能接受。手机吸引人的一个地方在于,它是功能更为综合的工具。电脑整合了传统媒体的属性,并具有较强的社交性。而智能手机不仅具有强大的上网功能,而且社交性非常强,可以通过文字、图片的形式进行对话,也可以直接使用语音和视频进行交流。很多人购买手机是出于通话、聊天等社交目的。微信、QQ 等工具在手机中的存在,使这些过去不上网的人,也有了上网接触各种信息的条件,虽然看上去他是被动的,但都同样通过手机连接加入网民的队伍中。智能手机使得全球的人都联系在了一起,地球村的景象得以真正实现。这种规模的联网是前所未有的,对于个体来说,他所具有的传播力也是前所未有的。通过发帖,他可以得到全国乃至全球的关注,从而具备发起强大舆论的能力。

智能手机使传统网络时代升级到了移动互联网时代,上网不再需要固定在家里或办公室等室内场所,而是可以随时随地进行。手机是一种随身携带的工具,可以说是直接与人相对应的。从某种意义上说,手机号码就像是人的数字身份证号码一样,虽然不具有唯一性,但相对而言是固定的。新冠疫情期间的流调,在很大程度上依赖的就是人们随身携带的手机。手机的便携性,大大推进了个人传播能力的提升。

就新闻事件而言,即便没有专业的记者在场,也有无数的业余记者在侧。每个走过路过的人都是一个"记者",他们可以根据情况需要,拿出手机拍照、拍视频,记录下新闻事件发生的过程。虽然有些时候,这种记录会受到粗暴对待,被强行制止,但这种遭遇也是新闻事件的构成,使其更具有说服力。并且,数量可观的围观群众,使得这种暴力制止并不能够得逞,因为制止了这个,未必制止得了那个。因此,在由智能手机主导的移动互联网时代,在公共场合发生的各种新闻事件,都少不了记录者。无数"记者"在街上行走,也就意味着无数《焦点访谈》《新闻调查》的记者存在,新闻舆论的监督力度是前所未有的。

福柯曾经在《规训与惩罚》中谈到了圆形监狱。有人可能会想到,智能手机社会就是一个巨大的圆形监狱,每个人都在其他人手机的注视下。在路上做些小破坏,或者想要做些违背社会规则的事情,都可能会被记录。手机作为社会的记录者,不仅仅记录下那些具有重大社会意义的新闻事件,也会对个人道德层面的举动予以记录。从这个意义上讲,人们需要变得更加文明才行,不然悬在头上的达摩克里斯之剑就会落下。文明本身就是现代社会的价值观,是我们每个人应该去追求的。智能手机让那些暴力、破坏、阴暗变得无处遁形,但并不妨碍人的符合规范的自由言行。因此,智能手机虽具有圆形监狱的规训作用,但并不具有监狱的刚性效果。

一个透明的时代,在一定程度上也是一个公正廉洁的时代。智能手机可以大大减少社会腐败,推动一个更透明的政府出现。它不仅可以监督公共场所发生的种种事情,也可以记录人们私底下的金钱往来。只要通过非现金形式进行转账、投资或者消费,都是可以留下数据而被发现的。当然,智能手机的监督作用主要体现在它作为舆论工具,对各种事件进行曝光上。因为舆论的力量,一个社会越透明,新闻事件能够发挥的作用也就越大。不过"打老虎""拍苍蝇"的工作主要还是由政府的相关部门在承担。新闻舆论可以起到来自民间的监督作用，重要的是可以使过去弱势的群体显得不再那么弱势。舆论是社会运行的基础力量之一，一个现代政府必然会对其加以重视。智能手机使舆论走向了一种新的格局，人们有更大的可能参与舆论的生产与传播，从而也拥有更大的权利——舆论监督权。由此，传统媒体所拥有的第四种权利，移交给了广大的手机用户。

第三节　权力关系的消解与重建

一、传统社会权力的消解

费孝通在《乡土中国》中提到，中国传统的乡土社会是差序格局，“好像把一块石头丢在水面上所发生的一圈圈推出去的波纹。每个人都是他社会影响所推出去的圈子的中心。被圈子的波纹所推及的就发生联系。每个人在某一时间某一地点所动用的圈子是不一定相同的”[①]。与团体格局不同，差序格局下很多事情会根据人与人的亲疏关系来解决。由于一个个的圈距离不同，里层圈与外层圈的关系所具有的亲密度是不一样的。作为个体来说，越是靠里的圈，越能得到相应人士的支持。

在传统社会，权力关系主要通过宗族内的长老来体现。邻里之间彼此熟悉，一方面可以互相照顾，另一方面也彼此监督，使每个人的行为都能符合社会伦理。“礼”是一种非常强大的力量，大家都需要遵循。传统社会有了争端也不会轻易诉诸法律，争讼是不受欢迎的，人们通过道德的教化自然而然地接受了一些行事规则。

在没有手机的时代，社会是相对传统的。乡土社会中的种种规则体系和权力运行机制，依然在发挥其作用。手机的出现，则很大程度上打破了这种传统

① 费孝通：《乡土中国》，人民出版社 2008 年版，第 28 页。

的社会格局。熟人社会中的那一套约束力在日渐减弱，人们越来越脱离社会既有的羁绊，进入一种新的社会轨道中。

手机的出现使得我们可以与天南海北的人都有所交往。在QQ、微信等社交媒体空间，我们既可以与熟悉的人交谈，也可以与陌生人聊天。人们的社交圈一下子扩大了好几倍。在城市社会中，所谓的邻居只是在地理上距离较近，但在情感上可能远远不如在手机中某个经常聊天的陌生人，邻里关系受到了很大的冲击。

乡土社会具有乡土性，大家的根是连在一起的，传统的权力也是建立在这个基础之上的。在手机社会，人们是没有根的，都在云端飘着，在一朵云下待得不舒服后，可以换另一朵云待着，几乎不会有什么影响。因此，过去把人们拴在一起的绳子不复存在，人与人之间的关系也就大不一样了。

长老已经不再具有像之前那么大的影响力了。人们对于舆论是会有所顾忌的，但是对于邻居，由于本身就没有多少的交往，因此不会太在意他们的看法。邻里之间甚至并不认识，想要施加某种影响也就很难了。

通过智能手机，村民也可以上网，开始接触各种各样的消息。村民不再依靠过去邻里之间的口耳相传来获得消息，人与人之间少了很多线下唠嗑、闲聊的机会。之前村里的"饭市"消失不见了，茶余饭后聚在一起交换信息的方式已不再流行。很多人即便要聊天也是通过手机进行。并且，在这样的社会，人们的交际圈子依然可以触及得很远。

信息不对称的现象大有改善。过去需要依靠村里、社区的意见领袖获取的很多消息，如今可以直接在微信、微博等社交媒体上获得。在信息不对称时代，掌握各种信息的人往往就是权威，他们拥有话语权和舆论影响力。"手机的出现使得传统权力的运行方式发生改变，多个权力主体的出现甚至在一定程度上造成了对传统权力的消解。"①在这个手机时代，那些传统上的意见领袖不再有用武之地，新的意见领袖主要在网络上，那些微博大V、微信群里的群主或活跃分子在传播各种各样的消息，他们可以在一定程度上设置议程，或者参与推进

① 孙信茹：《手机和箐口哈尼族村寨生活：关于手机使用的传播人类学考察》，《现代传播》2010年第1期，第125—129页。

议程的扩散传播。并且,普普通通的手机人同样是议程的设置者。他们"一方面通过生产内容改变议程设置,另一方面通过对信息的选择接收改变传统的议程设置,使传统的议程设置效果受到削弱"①。

对于老百姓来说,他们没有多大必要去求助身边的人来了解什么事情,只要百度一下或在某个群里问下,就可以搜集到很多信息和资料。

就家庭而言,家长的权威也在丧失。"由于电子媒体肆无忌惮地揭示一切文化秘密,它已对成人的权威和儿童的好奇构成了严重的挑战。"②甚至在后喻文化下,青少年掌握的手机技能和信息技术要远远超过某些长辈。某些长辈反而需要年轻的晚辈教他们怎样使用手机、如何上网等。因此,不同时代家庭内的权力也在一定程度上随着手机而发生变化。

二、专家权威的转移

权威性很大程度是建立在不透明基础之上的,正所谓"仆人眼里没有英雄"。因此,神秘感可以增强自身的魅惑特性,可以增加一些想象力,从而有助于提升自己的权威。如果一个人每天事无巨细地将日常呈现在他人面前,其他人就不会觉得这个人有多么特别,很难对其产生特别的崇拜,甚至在了解了其某些品行不端的恶行或者令人不舒服的、冒犯人的言行举止之后,对其产生厌恶感。在恋爱关系中,"见光死"的现象挺多的。双方在没见面之前,对对方有着很多美好的想象,但见面之后却发现并不是那么回事。在专家权威面前也是一样,老百姓对其多少有些神秘感,加入了很多想象。如果了解其真实的运作状态,就会觉得不过如此,而不愿意对其遵从。

智能手机的出现,使得老百姓每天可以获得的信息量是前所未有的,也使得信息不对称问题大为缓解。如果你想了解一件事情的原委,几乎总是有某些渠道可以让你了解的,除非自己被各种琐碎的事情困扰,或者被精彩的游戏、娱

---

① 刘思雨:《手机人对传统议程设置的重新建构》,《品位·经典》2018 年第 4 期,第 36—38 页。

② [美]尼尔·波兹曼:《童年的消逝》,吴燕莛译,广西师范大学出版社 2011 年版,第 110 页。

乐节目吸引而无暇顾及，或者也可能是缺乏相应的技能。在透明的社会里，信息的平等，对于人与人来说，也就意味着每个人拥有的话语权在增加，在现实地位上有了很大的平等。不再像过去那样，只能听某个人发号施令或者听某个人做出权威解释，才知道某种事情状况如何、该如何处理。相反，人们早已通过各种网络渠道知道了某件事情，并且可能了解得更为真实、全面。虽然不见得大家都是专家或者知识分子，但手机时代，人人都可谓"知道分子"，建立在信息不对称之上的信息讹诈、欺骗、隐瞒、哄骗等空间大大缩小，权威的定义由此发生了转变。

在智能手机时代，人们接触到的人和事物可谓层出不穷，从而消解了权威性。政治家或者专家学者的话语，很容易被海量的信息淹没。并且由于网络信息的保存性、溯源性、可搜索性、验证性都很强，人们对权威人士所说的话会予以追溯或者验证，如果发现权威人过去说的并不是那么可信，那么权威性也就荡然无存了，专家往往被认定为"砖家"。可以说在这个时代，专家的身份已经不具有崇高感了。网络空间中存在着非常多的声音，都是围绕着某个事件的信息源。人们必须加以鉴别，才能知道事情的真伪，因为很多信息是彼此矛盾的，人们必须有所选择。如果只有一个声音，那么我们没什么好选择的，在众口一词之下，不信也得信。由于网络上有很多种意见，对专家的意见也就不会太当真了，很多时候只是作为参考而已。

专家权威的消失是必然的，但这并不妨碍真相的传播。在网民中也有具备智慧的人，他们的评论和意见也有助于人们对真相的追寻。因此，从这个意义上来说，移动互联网时代的权威来自集体智慧，人们通过提出各自的看法，然后形成某种相对优势的意见。虽然不会有一个书面的决议，但在整个舆论场中大家对优势意见不会无感。这就类似一种观点的自由市场。虽然他也会受到各种干扰，很多意见未必能够得以表达，或者网络水军影响了优势意见的形成，但传统的专家权威已很难起作用。数据权威在一定程度上取而代之。各种大数据将集体的智慧视觉化呈现，从而形成某种新的权威，以及新的权力。

三、社会资本的权力重组

在权力的构成中，有一种权力是基于社会资本而形成的。相对于政治资本、经济资本来说,社交媒体时代的普通民众更容易获取的是社会资本。移动互联网时代,通过智能手机这一工具,人们与这个世界连接在一起。并且,相比过去,人与人之间的交互关系空前复杂。由于交往活动的频繁和社交圈的壮大,人们所拥有的社会资本也就更为丰富和强大了。智能手机赋权直接表现在赋予手机用户一定量的社会资本上。通过强关系、弱关系的各种平台,人们可以把自己的触角不断地延展,向世界上其他网民求助,获取道义上、形式上或者实质上的各种支持。

明星大腕、各界领袖在这个移动互联网空间中具有较强的社会资本,甚至可以影响舆论,并吸收大量的注意力资源。

人们购买的手机虽然在品牌和价位上有很大差异,但是作为智能手机来说,在功能上并不会有太多的不同,都具有同样的赋权功能。不过,个人差异是很大的。对于那些受教育程度不高的体力劳动者来说,手机的使用技能并不强。手机对于他们来说,更多是一种社交和娱乐工具,他们并不常用手机来表达自己观点、参政议政、舆论监督等。他们消费多于生产,接收多于输出。然而,这本身是一个逐步学习和提升的过程,即便一开始不太会用,也可能日积月累之后学会使用了。就像抖音之类的 App,一开始都是年轻人在玩,现在很多年纪大的用户也玩得挺好。手机应用同样有一个创新扩散的过程,技术的门槛在降低,而人们的技能则熟能生巧,在不断进步。

并且,在真正需要用手机表达的时候,即便一个文化水平不高的用户,也会快速成长,成为手机论坛、微信群、抖音、快手等各个平台中的高手。毕竟,这样一种强烈的需求会产生巨大的学习动力,他会不断地向别人讨教,认识更多圈子里的人,并把更多的时间投入手机应用的学习,激发自我潜能。这样的例子应该说是有非常多的。如果不是出于寻找被拐孩子的需要,电影《亲爱的》中的原型孙海洋未必会那么熟练地使用抖音、微博等各种自媒体,成为媒体达人、网红,他很可能会像其他人一样忙着开店做生意。可见,遇到需要的时候,人们会自我激励并提升技能,从而不断地自我赋能,谋求媒体赋权。

相对来说,那些社会经济地位较高的人,则具有更好的媒体赋能的条件。他们平时就积累了大量技能,可以娴熟地使用手机为自己聚集社会资本,并在必要的时候利用社交网络提出自己的看法,保障自身各种社会权益。这种差距在不同群体中是客观存在的，可谓数字鸿沟的一个组成部分。媒体对不同受众的价值和意义有别，手机赋权的效果对于不同的人而言显然也有所不同。它并不会是均等的。但这种可能性，对于个人而言是非常重要的；对于社会而言，则是一个巨大的进步。

不过，并非每个人都具有同样的机会获取注意力资源或成为网红。每个人现实生活的技能本来就有差异，网络传播及获取社会资本的技能差别同样也很大。如果要用一个名词对后者加以概括的话，可以将其命名为“网红质素”。现实生活的技能高，并不意味网红质素就高。网红质素与很多因素有关。现实生活中的名人具有天然的网红质素。他们只要一上网，就可以轻而易举地获得大量的粉丝。比如韩寒，他在微博上一年到头说不了几句话，但并不影响有那么多的粉丝关注他。他偶尔说上一句话，就会有很多人予以转发、点赞、评论等。或者有人冒用名人的名字上抖音，也会引发很多粉丝的关注。名人在现实生活中有很多粉丝，这些粉丝在虚拟世界中同样有很高的热情，他们会关注名人在各个平台的账号。在微博中，拥有粉丝很多的往往是演艺界的明星。像丁真之类的，由于机缘巧合，一夜之间成了网红。虽然如此，除了网红质素外，网红还需要具备明星特质才能持久。有些人虽然一夜成了网红，但很快就沉寂了。还有些人其实并不具有明星特质，但他们是新闻事件的主角，新闻事件越是具有新闻性，他们的网红特质也就越强，可以一下子被人关注到，若有后续的故事，也可以成为名人式的网红。例如，孙海洋寻找丢失儿子的事迹非常感人，引发了社会的关注。2020 年他最终找到了自己的儿子，可以说关注度达到了高潮。之后，他通过经常性的直播讲述自己家庭的故事和其他被拐家庭的故事，还在延续自己的网红生涯。甚至在之前的基础之上，其网红地位得到了进一步的强化。有些人由于自己的专业技能非常出色，征服了其他人，成了人们仰慕的对象，同样具有很强的网红质素。还有一些则是业务精湛的媒体达人，他们非常懂得受众的心理，擅长运用媒体工具，不断地亮相，展示自己的某种特质，或者也可能加以策划炒作，从而逐步积累社会资本，成为或大或小的网红，这些人的网红特质体现在媒体运用的技能上。在微博、微信、抖音、喜马拉雅等各种自媒体平台上，只要用一个智能手机就可以轻易连上整个世界，并进行内容生产，制造个人品牌，谋求走红。

四、社会性死亡

随着人们上网时间的不断增多,普通人对网络生活的涉入度越来越高,公众人物与普通人在社会资本的争夺上并非零和游戏。虽然公众人物的社会资本增加得最多,但普通用户的社会资本也在增加。这些社会资本由于数量相对有限,如果想要流量变现,将其转换成经济收益,并不见得能有多少的回报,但是在关键时刻,例如遇到了重大的新闻事件,这一点有限的社会资本,也已经足够其在短时间内爆发,成为十五分钟的名人。人们不会每时每刻都盯着那些公众人物,对于社会上发生的具有新闻价值的事件,依然会围观,并参与舆论生产,予以支持。正是网民付出的注意力资源和实实在在的舆论生产活动,赋予了某个事件的当事人一种权利,让社会议程围绕这个事件、这个人,并由此推动事态的发展和事情的解决。

由此可见,在移动互联网时代,注意力的分配机制有了新的特点:一方面,它持续地被投放在政、商、学等各界要人,尤其是影视、音乐、体育等明星身上;另一方面,它保持一定的开放性,对广大普通网民投以一定的关注。一旦出现了一些社会系统运用中的"异常"事件,人们会选择先放弃吃那些不紧急也无关紧要的明星的"瓜",转而关注其身边的普通网民。因此,每个人都具有引爆社群的潜力,可以借此获取众人出于道义、好奇、从众、无聊或者习惯而投注的注意力。由于人们的时间是有限的,注意力资源未必都分配在网络上,并且注意力并非每时每刻都处于高度唤醒状态,更重要的是注意力资源是流动的,因此谁也不可能一直占据注意力资源,谁都有机会在某个时刻使用注意力资源。在这个时代,草根突然有一天成了短暂或者持久的网红的事情时有发生。

当然,也存在社会性死亡(下文简称"社死")的可能。"社死"并不是没有人投以关注,而是注意力资源的属性发生了转向,由正的变成了负的,由前进转向了后退,由支持走向了排斥。最近这些年,各种"社死"事件可谓层出不穷。一个公众人物苦心经营的人设可能转眼崩塌,从此消失在众人的视野之外,好像成了一个几乎不存在的人一般。一旦公众人物因吸毒、嫖娼等不法或不良行为被"朝阳群众"举报或者因其他因素而曝光,那么他们也就瞬间"社死"了。对于一个普通人来说，也可能如此。在他没有引起大家关注的时候，他几乎是隐身的。但是一旦有一天他因为自己不当的行为在网络上被曝光，引来无数网民的抨击，那么他就如在黑夜中被探照灯聚焦的猎物一样无处遁形，只能瞬间“石化”，被迫“社死”。

从这个意义上来说，借助智能手机，一方面我们可以在有需要的时候唤起舆论对自己的救济，从而为弱小的自己披上一件强大的外衣；另一方面，每个人都有了一种权力，一种探照灯的权力，聚焦于谁，就可以将自己的力量赋予他，让他具有光和热，或者将自己的唾沫和石头施加在他身上，让他无地自容，无处脱身，瞬间“社死”。在网络时代，存在各种各样的围观者，但是在智能手机时代，围观的人群在扩大，围观的持续性变得更显著，这使得整个围观活动的规模愈加庞大，产生的力量足以导致某人“社死”。

在这个时代，由于手机的存在，人们可以很容易获得各种信息，也很容易参与舆论的生产。过去有些只在熟人圈或在小范围传播的信息，如今可以一下子被全世界的人知道，舆论可以迅速爆发开来。因此，在这么大的范围内，找到具有相似看法的人并非难事，从而形成的舆论规模较之以往会大很多，造成的影响也会更严重一些。

在这个时代，做一个网红固然可以获得很多经济的、社会的利益，但是作为一个网红，必须谨言慎行，注意自己的言行举止，才有可能经得起考验。别人未必会关注普通人，但作为一个网红，那就如同没穿衣服的皇帝一样，每个人都拿着放大镜在盯着看，他无法遮住自己的全身，想要捂住脸也并不可能。

因此，在获取手机赋权的过程中，需要遵守很多规则。首先，需要遵守法律法规，不然总有一天会翻车，就如一些偷税漏税的明星或者网红，最终栽在了法律面前。道德底线也是不能触碰的，有些公众人物的“社死”就是因为存在道德上的污点。公众人物的私德，是会被放在阳光下暴晒的，如果经不起大家的质疑，那么他们很有可能有一天会突然“社死”。最近这些年，这一类案例非常多。很多明星在众人面前消失了，即便他的演技、专业技能再好，也不再能够如其所愿继续走在过去的道路上了。虽说重新站起来不是不可能，但非常困难。其次，要遵守诚信原则。公众人物借助舆论的力量可以完成很多事情，帮助个体做成一些看似不可能的事情，但是如果最后被发现是不诚实的，那么同样等级的舆论谴责就会加在其身上，使其无法再抬头。就如罗一笑事件，一开始当事人赢得了网民的同情，大家给了他很多的捐款，但在网民发现当事人拥有多套房、家庭资产颇为可观的事实之后，当事人就被网民还以猛烈的抨击，随之也身败名裂了。

因此，这种权利是具有正义性的，它帮助的是那些真正的弱小者和能够经受得起时间考验的人，对于那些想要欺骗而获取舆论支持或者注意力资源的人，总有一天他会被发现而被剥夺所有赋予他的社会资本。人们必须真诚地对待网红的身份，妥善利用注意力资源，才能使得自己在网红道路上越走越远。不然水能载舟也能覆舟，“社死”就在不远处向他们招手。

第十一章 结 语

在日常生活中，人们看到自己身边，或者发生在自己身上的种种事物，都可以借助手机上传到网络空间中去。由于人人都是生产者，每天生产的“微新闻”数量是非常惊人的。而每个人的时间和精力都是有限的，想要全部去阅读和了解这么多信息是不可能的。我们对这个世界的认知，一方面依靠算法、商家和朋友推送给我们的各种信息，另一方面基于我们的媒介趣味、态度和立场、工作学习生活所需而选择的各种信息。我们所接触到的这些信息就是我们认知的局限。然而对于“全球脑”的网络来说，它知道得越来越多。每个人都在报道自己以及周边发生的各种事情，那么这个世界是可以被同步报道的。对于“全球脑”，或者可以利用和操作这个“全球脑”的人来说，他可以变得全知全觉，可以预测哪里将会发生拥堵、哪只股票将会上涨、哪位总统候选人将会当选、什么事物将会流行、哪里将会出现饥荒、哪里将有恐怖事件发生、哪里将会有一场战争爆发等。由于大家的所见所闻和所思所想都已经主动或被动地连上了网络，那么就可以通过大数据分析得出确切的结论。

由此，一部分人将会具有上帝视野，以及类似上帝的能力，能够呼风唤雨，但大多数人则未必有能力利用好这个“全球脑”。他们虽是这个“全球脑”的一部分，贡献了自己的智慧，并参与了信息的生产和传播，但是也就仅止于此了。

由于有了手机，世界变得透明了，我们对自己的认知变得不同了，从而呈现在我们面前的将会是一个五彩斑斓，但与其他人未必一样的一个世界。传统上田园诗式的社会关系会进一步面临解体，一个“无时间的时间”“流动空间”构成的移动互联空间将会到来。

第一节　人机交往的兴起

媒介即讯息，“任何特定的网络环境本身都是一个媒介实体，具有自己的独特氛围”①。随着媒介技术的发展，人们利用媒介构建自我的可能性也在不断发生变化。在智能手机环境下产生的手机人，显然也会随着媒介革命的发展而进化升级。

技术在不断推进，并且以越来越快的加速度在推进。手机这一产品从过去的大哥大到现在的智能手机，已经有了很多次的升级迭代。通信技术也已经发展到了5G，数据传输的速度大大提升。当前的手机产品和各种技术都是进程中的事物，未来出现新的电子设备和技术是自然的，手机的形态也会出现翻天覆地的变化。技术的发展虽然存在路径依赖，但质变也会到来。手机的未来会是怎样的？很可能那时候不再是拿在手上的一种电子设备，也不再称其为手机了。

如今，很多手机都已开发了智能语音助手。苹果手机的智能语音助手叫作Siri。人们可以通过多种方式例如“嘿，Siri”等唤醒它，然后向它咨询各种问题。Siri的性别是可以由自己设定的，很多人倾向于把Siri设置成女性，以女性作为助手，是比较符合其性别特点的，当然也可以将其设置成男性的身份。总之，用户可以根据不同的心理需求，按自己的想法加以设置。

就目前而言，Siri的智能水平并不算高。很多时候，Siri没法做出很好的回答。它的很多回答是基于搜索的结果，网络上有怎样的信息，它就会告诉你怎样的答案，还是很难提供个性化的回答。但随着人工智能技术的不断发展，特别是ChatGPT、文心一言等生成式预训练大模型的兴起，像Siri之类的语音助手越来越智能化是必然的。有一部科幻电影叫作《她》，其中的人工智能是非常懂得用户心理的，可以很有个性化地与人聊天，甚至谈恋爱。“她”可以同时与

---

① ［美］约翰·R.苏勒尔：《赛博人：数字时代我们如何思考、行动和社交》，张淑华、张海会译，中信出版集团2018年版，第99页。

许多用户谈恋爱，并让那些用户深深地爱上“她”，觉得“她”对自己是独特的、唯一的。这是由于“她”能够通过精准的用户画像，对用户的方方面面了解得非常清楚，并且根据用户的心理，做出很有针对性的对话。我们往往希望找一个懂自己的人，但其实别人不是你肚子里的蛔虫，不可能投入那么多时间和精力去猜你的所有心思。不过，基于大数据分析、情感分析、深度学习技术的人工智能却可以将这事做得得心应手。“她”不仅仅可以了解你，还可以了解无数个你。对每一个人，“她”都可以懂得比你自己还多。与“她”谈恋爱，就如在与你自己谈恋爱一般，“她”在一定程度上是你的心理投射。

有一天，像 Siri 之类的也会发展到像电影中的“她”一样，用户可以询问“她”最新的路况，可以了解各种知识，可以找“她”聊天打发时间，如果有需要，还可以与“她”谈一场恋爱。手机成了一个与用户一样的“他”或者“她”，变得与用户一样有情绪、有情感。随着技术的不断发展，人们不再对虚拟数字人有太多的抗拒，反而会积极接纳“她”，并把“她”当作身边的另一个人来对待。手机由此也就变成了一个人。虽然“她”本质上是一种算法，但是“她”会越来越人性化，与人类越来越接近。在某些方面，“她”甚至会超越人类，成为人类的导师。“她”可以帮助用户教育孩子，也可以为用户的学习和工作指点迷津。出行时，“她”可以带用户到达任何想去的地方。2022 年 11 月，ChatGPT 的横空出世已然表明这一趋势正不可逆转地向前推进。

随着物联网技术的发展，人们借助手机能够与周围的各种物品进行“对话”。只要扫一扫，就可以了解蔬菜瓜果一路的历程，在手机上可以直接查看快递一路的轨迹，可以了解产品的说明书、安装指南等。这一切使原本“死”的物品“活”了起来，变得具有“智能”了。

“人在与手机互动的过程中形成了‘物质性关联’‘符号性关联’‘拟人性关联’三种关联。”[①]在这里，手机分别作为一种私人物品、身份象征和亲密伙伴而存在。在人们越来越多地使用手机之后，手机也就渐渐地成了人们的朋友，手机人格化也就顺理成章了。在这过程中，各种人工智能技术不断发展，算法会

---

① 吴世文、周夏萍：《人与媒介物的“相遇”：手机的文化传记与记忆场景》，《新闻记者》2022 年第 4 期，第 73—86 页。

向我们推荐各种商品、新闻,也会向我们推荐各种朋友,而人工智能本身也在发展成为一个具有人格形象和特征的人,“她”可以为我们提供各种信息,也可以与我们进行有针对性的沟通和交流。人与手机、人与机器的交往必然会越来越频繁地出现。人们或许以后将会在路上看到带着机器人宠物甚至机器人恋人出行的场景。这些机器人是手机的变体和升级版。她不仅可以实现手机的诸多功能,而且可以作为一个人陪伴用户生活、学习和工作。

一方面,手机已经升级到了智能手机的新阶段,它还会进一步智能化;另一方面,人类也会逐步向电子化发展,将本来由人类自己决策的工作,交由手机帮我们做决定。“它正在迅速成为一个‘义肢’,把机主和使用者逆转为天生的赛博格,使人将大脑的一部分穿戴在头颅之外。”[①]手机与我们的大脑会在一定程度上结合。至少目前对很多人来说,手机已经是我们的生活助手,也是如影随形的“人生伴侣”。对许多人来说,不随身携带手机就像失去了眼睛、耳朵、钱包、交通工具甚至大脑一般,变得寸步难行,无法独活。这种趋势只会越来越明显,从而给人类社会带来根本性的影响。

从目前的技术发展态势来看,人工智能、物联网可穿戴技术和元宇宙等兴起,人机融合将是一种可能的未来趋势。手机的各种功能将会内化,它会成为人们身上的一个器官,可能是植入人体的一个非常小的元件,也可能是穿戴在人身上的看起来非常不起眼的物件。“在未来的50年左右,随着手机变得更加强大且更易穿戴,未来手机有可能成为一个强大的人造器官,或者说成为人类历史上最早出现的人类第二大脑。”[②]人们在拨打电话联系他人,或者在未来网络空间中查找信息、发表意见的时候,不再需要拿出一个类似手机这样的物件,而是人本身就是一个手机,只要说一声就行,或者身心合一,说都不用说出口。手机与人体得以结合在一起,手机人进一步升级。

① [加]罗伯特·洛根:《理解新媒介:延伸麦克卢汉》,何道宽译,复旦大学出版社2012年版,第196页。

② [美]严正:《手机行为:手机如何改变我们的生活》,刘烨等译,华东师范大学出版社2020年版,第6页。

第二节　从手机人到赛博格

科幻小说中的科学家制造出来的所谓“科学怪人”，以及各种半机械人的画面，将有一天可能成为现实。纯生物人将会被赛博格取代，每个人的身体都是部分肉体、部分机械。有些人可能安装了一只力大无穷的机械手，有些人则可能用上了人工心脏。这些机械设备在人体中的植入，可以大大提升人们的能力，使人们能够听得清很轻微的声音，就如拥有顺风耳一般，也可以看得见很远的事物，就如拥有千里眼一般。人们的计算能力、机械操作技能，奔跑、跳跃等各种各样的技能都会达到前所未有的水平。人们的学习能力也是非常强大和迅速的，就如电影《黑客帝国》中所展示的，不会武术或不会开飞机，都不要紧，通过脑机接口可以直接下载有关程序，瞬间学会某项技能。

赛博格时代，从媒介传播回到了具身传播，每个人都是一个传播的节点，可以接收和发出各种信息。在路上，人们相遇时，扫一扫对方，就可以了解很多信息，可以调取他的各种档案资料，从而可以迅速地展开对话，而不会觉得有什么隔阂。借助庞大的数据库，每个人几乎都是全能的。借助不断更新器官，人的寿命可以很长，人们甚至可以永远活着。我们身上的细胞在不断更新，每七年就几乎全部更新了一遍。作为赛博格，人类则可以视情况随时更换老化的身体器官，换上机械器官。

由此，人类也就步入了后人类时代。作为后人类，他们在各个方面与当下的肉体人类都有非常大的差异。既然身体的器官可以由机械代替，那么总有一天大脑也可以被代替。大脑是意识所在，如果大脑换了，就需要把意识上传到新的身体。意念控制已经在做研究，并获得了很大的成功。意识上传在各种影视剧中已经有所体现，在未来实现的可能还是很大的。“我们正在将意识移植进数字媒体——从数据文件到思维文件，从软件到思维软件，从智能手机到思维克隆人。”①

“思维克隆人将成为最早期的网络意识存在。他们可以使用人类的声音、语调，搭配具有人类面部特征的可视形态。”②通过电子设备，他们可以发出声音，与人对话。

当然，我们也看到元宇宙时代即将到来。在元宇宙中，每个人在虚拟空间中存在的将是一个数字化身。数字化身是人们构建的一个媒介自我，与现实世界中的我既有联系，也有区别。这些数字化身是由现实中的我关联成的，是在现实世界中的我主导下得以活动、传播和表达的。不过，数字化身并不是“现实我”在虚拟空间中的完全映射。这是一种人设，有着设计的成分，又是一种虚拟空间种种言行举止凝聚而成的数字人格。

随着虚拟空间的日益渗透，人的主体性在不断地分裂，一部分是现实人格，另一部分是数字人格。我们在虚拟空间中的表现和行为，与现实世界是不完全一样的。在日常生活中显得规规矩矩的人，在虚拟空间这个相对匿名的空间中，可能就未必那么守规矩了。每个人都可能存在一些在现实世界中得不到满足的欲望，到了虚拟世界，他可能会想方设法去满足。虚拟世界对人的言行举止有各种规定，但是相对宽松，没有现实世界那么严格。因此，人们可能会表现出不一样的言行举止，并且也具有一定的自由空间。

现实人格和数字人格存在一致性也是有可能的，但很多人可能并不完全是一样的。数字人格并不完全独立存在，而是依附在现实人格之上发展出来的。现实人格和数字人格都是网络时代我们人格的组成。不管是一致还是分裂，它们都是自我。

现实世界中，人们受各种条件的限制，想要建立自己想要的人设并不那么容易，但是在虚拟世界中则具有更大的可能性来构建自己的人格，并且获得社会资本，从而形成自己想要的人设。在各种高新技术赋能下，个体的能力得以大大提升，从而使得人们的人格构建有了更大的空间。元宇宙时代的人格是相

① [美]玛蒂娜·罗斯布拉特：《虚拟人：人类新物种》，郭雪译，浙江人民出版社 2016 年版，第 275 页。

② [美]玛蒂娜·罗斯布拉特：《虚拟人：人类新物种》，郭雪译，浙江人民出版社 2016 年版，第 57 页。

对复杂的。

虚拟空间的人格将具有更多的数字人格成分。现实世界中,人们出现的时间在减少,现实人格的表现空间也被压缩。人们在元宇宙认识某人,结交某人。但在现实世界中,可能遇见了却依然是路人,并不会产生相互吸引。

目前,智能穿戴设备已经开始流行起来。人们通过佩戴这些电子设备,而得以了解身体的重要信息,并将其数据化、可视化,从而人与机器之间进行了对话。智能穿戴设备的发展,使身体和电子设备之间进行了交流。并且,智能穿戴设备可以在必要时候发出警报或者进行必要的干预。

关于脑机接口的研究已经进行了很多年。在脑机接口得以应用之后,人们可以将自己直接连入互联网。

脑机接口有可能需要一个智能头盔或者其他智能穿戴设备,也可能在人体中植入一个芯片,或者直接运用意念对各种电脑设备进行控制。技术的发展在不断地推进这一进程。

在元宇宙空间,人们可以构建属于自己的虚拟世界,一切可以按照自己的欲望和需求加以设计。这样的元宇宙空间,对于很多人来说,具有很大的吸引力。元宇宙就是人们的第二人生。一个人的时间是有限的,如果一个人干两份活,会觉得时间不够,而且很累。不过,线上、线下相结合的人生则可以满足很多人的需求。线下的人生,他在辛苦工作;线上的人生,他可能在享受生活。

因此,沉溺在这样一个非常具有沉浸感的世界里,可能会是很多人未来的状态。他们在早上醒来之后,就可能进入一个虚拟空间中,开启各种娱乐、学习或者工作,甚至睡觉和休息时间也是在虚拟空间中度过。

物联网扩大了信息传播的空间,很多物品可以代替人表达各种信息。人们不会再迷路,也对各种物品不再陌生,一个更加透明的世界呈现在人们面前。整个世界被纳入一个无比庞大的信息网之中。

人工智能在不断升级迭代,智能水平总有一天会全面超越人类。奇点临近,人类该怎么办?人类想要不被人工智能取而代之,人类自身的升级也是势在必行的。这里有两条路径:一是人类意识的上传,进入虚拟世界继续存在;二是人类身体的赛博格化,将人类身体改造成为智能化的身体,从而拥有更强大的能力。

参考文献

一、中外著作

[1]Larissa Hjorth. Mobile Media in the Asia-Pacific:Gender and the Art of Being Mobile [M]. New York:Routledge,2009.

[2] W.兰斯·本奈特,罗伯特·M.恩特曼.媒介化政治:政治传播新论[M].董关鹏,译.北京:清华大学出版社,2011.

[3] 安东尼·吉登斯,克里斯多弗·皮尔森.现代性:吉登斯访谈录[M].胤宏毅,译.北京:新华出版社,2001.

[4] [澳]理查德·沃特森.智能化社会:未来人们如何生活、相爱和思考[M].赵静,译.北京:中信出版社,2017.

[5] [澳]罗伯特·哈桑.注意力分散时代:高速网络经济中的阅读、书写与政治[M].上海:复旦大学出版社,2020.

[6] 楚亚杰.去网吧:城市青年的日常生活与社会交往[M].上海:复旦大学出版社,2018.

[7] 党鹏,罗辑.手机简史[M].北京:中国经济出版社,2020.

[8] 董开栋.手机新闻的兴起与媒体融合创新[M].北京:中国传媒大学出版社,2021.

[9] [法]贝尔纳·斯蒂格勒.技术与时间:爱比米修斯的过失[M].裴程,译.南京:译林出版社,2019.

[10] [法]米歇尔·福柯.规训与惩罚[M].刘北成,杨远婴,译.北京:生活·读书·新知三联书店,1999.

[11] [法]皮埃尔·布尔迪厄.区分:判断力的社会批判[M].刘晖,译.北京:商务印书馆,2015.

[12] [法]让·波德里亚.消费社会[M].刘成富,全志钢,译.南京:南京大学出版社,2001.

[13] 费孝通.乡土中国[M].北京:人民出版社,2008.

[14] 费中正.手机与西江苗民的生活:城乡转型发展中的文化传承[M].北京:人民出版社,2016.

[15] 高莉莎.日常生活与手机实践:云南红河哈尼族彝族农民工民族志研究[M].南京:南京大学出版社,2020.

[16] [荷]赫伊津哈.游戏的人[M].何道宽,译.广州:花城出版社,2007.

[17] 胡泳.众声喧哗:网络时代的个人表达与公共讨论[M].桂林:广西师范大学出版社,2008.

[18] 黄河.手机媒体商业模式研究[M].北京:中国传媒大学出版社,2011.

[19] [加]罗伯特·洛根.理解新媒介:延伸麦克卢汉[M].何道宽,译.上海:复旦大学出版社,2012.

[20] [加]马歇尔·麦克卢汉.理解媒介:论人的延伸[M].何道宽,译.北京:商务印书馆,2000.

[21] [加]马歇尔·麦克卢汉.麦克卢汉如是说:理解我[M].何道宽,译.北京:中国人民大学出版社,2006.

[22] [加]马修·弗雷泽,[印]苏米特拉·杜塔.社交网络改变世界[M].谈冠华,郭小花,译.北京:中国人民大学出版社,2013.

[23] 蒋怀滨.青少年手机依赖的机制及干预对策研究[M].北京:中国轻工业出版社,2019.

[24] 江凌.我国青少年手机传播中的亚文化研究[M].北京:中国书籍出版社,2019.

[25] 金燕,王琼花,吉腾渝.手机文化产业研究[M].北京:中国书籍出版社,2016.

[26] 靖鸣,刘锐.手机传播学.[M].北京:新华出版社,2008.

[27] 匡文波.手机媒体:新媒体中的新革命[M].北京:华夏出版社,2010.

[28] 匡文波.颠覆传媒——手机:新时代的电脑和器官[M].北京:华夏出版社,2013.

[29] 厉国刚.社会学视角的微新闻生产研究[M].杭州:浙江工商大学出版社,2021.

[30] 李祖鹏.手机改变未来[M].北京:人民邮电出版社,2012.

[31] 刘德寰,崔凯,刘向清,等.颠覆与重整:手机人的群落与游牧[M].北京:机械工业出版社,2013.

[32] 刘德寰,刘向清,崔凯,等.正在发生的未来:手机人的族群与趋势[M].北京:机械工业出版社,2012.

[33] 刘劲松,方加元.手机零距离:手机知识读本[M].北京:机械工业出版社,2011.

[34] 刘毅.青少年手机游戏成瘾研究[M].北京:中国社会科学出版社,2020.

[35] 刘滢.手机:个性化的大众媒体[M].北京:人民出版社,2012.

[36] 刘震云.手机[M].北京:作家出版社,2009.

[37] 曼纽尔·卡斯特.网络社会的崛起[M].夏铸九,王志弘,等,译.北京:社会科学文献出

版社，2001.

[38] 毛玉西，罗迪. 掌媒：手机化生存[M]. 广州：南方日报出版社，2019.

[39] [美]阿尔文・托夫勒. 第三次浪潮[M]. 黄明坚，译. 北京：中信出版集团，2018.

[40] [美]保罗・莱文森，手机：挡不住的呼唤[M]. 何道宽，译. 北京：中国人民大学出版社，2004.

[41] [美]保罗・莱文森. 软利器：信息革命的自然历史与未来[M]. 何道宽，译. 上海：复旦大学出版社，2011.

[42] [美]保罗・莱文森. 新新媒介[M]. 何道宽，译. 上海：复旦大学出版社，2011.

[43] [美]盖瑞・查普曼，阿琳・佩利肯. 屏幕时代的养育[M]. 找到啦，译. 北京：中国社会出版社，2021.

[44] [美]柯克・约翰逊. 电视与乡村社会变迁：对印度两村庄的民族志调查[M]. 展明辉，张金玺，译. 北京：中国人民大学出版社，2005.

[45] [美]克莱・舍基. 未来是湿的[M]. 胡泳，沈满琳，译. 北京：中国人民大学出版社，2009.

[46] [美]雷・库兹韦尔. 奇点临近[M]. 李庆诚，董振华，田源，译. 北京：机械工业出版社，2021.

[47] [美]理查德・塞勒・林. 习以为常：手机传播的社会嵌入[M]. 刘君，郑奕，译. 上海：复旦大学出版社，2020.

[48] [美]罗伯特・斯卡伯，谢尔・伊斯雷尔. 即将到来的场景时代[M]. 赵乾坤，周宝曜，译. 北京：北京联合出版公司，2014.

[49] [美]罗杰・菲德勒. 媒介形态变化：认识新媒介[M]. 明安香，译. 北京：华夏出版社，2000.

[50] [美]彼得・N. 斯特恩斯. 世界历史上的消费主义[M]. 邓超，译. 北京：商务印书馆，2015.

[51] [美]戴维・温伯格. 知识的边界[M]. 胡泳，高美，译. 太原：山西人民出版社，2014.

[52] [美]杰里米・里夫金. 零边际成本社会：一个物联网、合作共赢的新经济时代[M]. 赛迪研究院专家组，译. 北京：中信出版社，2014.

[53] [美]玛蒂娜・罗斯布拉特. 虚拟人：人类新物种[M]. 郭雪，译. 杭州：浙江人民出版社，2016.

[54] [美]曼纽尔・卡斯特尔，[西班牙]米里亚・费尔南德斯—阿德沃尔，等. 移动通信与社会变迁：全球视角下的传播变革[M]. 傅玉辉，何睿，薛辉，译. 北京：清华大学出版社，2014.

[55] [美]迈克尔·塞勒. 移动浪潮:移动智能如何改变世界[M]. 邹韬,译. 北京:中信出版社,2013.

[56] [美]南希·K. 拜厄姆. 交往在云端:数字时代的人际关系[M]. 董晨宇,唐悦哲,译. 北京:中国人民大学出版社,2020.

[57] [美]尼尔·波兹曼. 娱乐至死[M]. 章艳译. 桂林:广西师范大学出版社,2004.

[58] [美]尼尔·波兹曼. 技术垄断:文化向技术投降[M]. 何道宽,译. 北京:北京大学出版社,2007.

[59] [美]尼尔·波兹曼. 童年的消逝[M]. 吴燕莛,译. 桂林:广西师范大学出版社,2011.

[60] [美]尼古拉斯·卡尔. 浅薄:互联网如何毒化了我们的大脑[M]. 刘纯毅,译,北京:中信出版社,2010.

[61] [美]尼古拉斯·克里斯塔基斯,詹姆斯·富勒. 大连接:社会网络是如何形成的以及对人类现实行为的影响[M]. 简学,译. 北京:中国人民大学出版社,2013.

[62] [美]欧文·戈夫曼. 日常生活中的自我呈现[M]. 冯钢,译. 北京:北京大学出版社,2008.

[63] [美]帕维卡·谢尔顿. 社交媒体:原理与应用[M]. 张振维,译. 上海:复旦大学出版社,2019.

[64] [美]雪莉·特克尔,群体性孤独:为什么我们对科技期待更多,对彼此却不能更亲密?[M]. 周逵,刘菁荆,译. 杭州:浙江人民出版社,2014.

[65] [美]亚当·奥尔特. 欲罢不能:刷屏时代如何摆脱行为上瘾[M]. 闾佳,译. 北京:机械工业出版社,2021.

[66] [美]严正. 手机行为:手机如何改变我们的生活[M]. 刘烨,译. 上海:华东师范大学出版社,2020.

[67] [美]伊莱·帕里泽. 过滤泡:互联网对我们的隐秘操纵[M]. 方师师,杨媛,译. 北京:中国人民大学出版社,2020.

[68] [美]伊锡尔·德·索拉·普尔. 电话的社会影响[M]. 邓天颖,译. 北京:中国人民大学出版社,2008.

[69] [美]约翰·R. 苏勒尔. 赛博人:数字时代我们如何思考、行动和社交[M]. 张淑华,张海会,译. 北京:中信出版集团,2018.

[70] [美]詹姆斯·格雷克. 信息简史[M]. 高博,译. 北京:人民邮电出版社,2013.

[71] [美]尼古拉·尼戈洛庞蒂. 数字化生存[M]. 胡泳,范海燕,译. 北京:电子工业出版社,2017.

[72] 倪桓.手机短信传播心理探析[M].北京:中国传媒大学出版社,2009.
[73] 秦艳华,路英勇.全媒体时代的手机媒介研究[M].北京:北京大学出版社,2013.
[74] [日]藤原智美. 迷失:你是互联网的支配者还是附庸[M]. 王唯斯,译. 厦门:鹭江出版社,2019
[75] [日]斋藤茂男.饱食穷民[M].王晓夏,译,杭州:浙江人民出版社,2020.
[76] 邵鹏. 媒介记忆理论:人类一切记忆研究的核心与纽带[M].杭州:浙江大学出版社,2016.
[77] 孙慧英.多重视域下的第五媒体文化研究[M].北京:北京邮电大学出版社,2010.
[78] 孙慧英.手机媒体与社会文化[M].广州:世界图书出版公司,2016.
[79] 孙秋云,等.电视传播与乡村村民日常生活方式的变革[M].北京:人民出版社,2014.
[80] 童晓渝,蔡佶,张磊.第五媒体原理[M].北京:人民邮电出版社,2006.
[81] 王萍.传播与生活:中国当代社会手机文化研究[M].北京:华夏出版社,2008.
[82] 汪民安.现代性[M].南京:南京大学出版社,2020.
[83] 晓白,朝西,曾帅.我手机:手机和它命名的时代[M].广州:广东教育出版社,2009.
[84] [以]尤瓦尔·赫拉利.人类简史:从动物到上帝[M].林俊宏,译.北京:中信出版社,2014.
[85] [英]安东尼·吉登斯.现代性的后果[M].田禾,译.南京:译林出版社,2011.
[86] [英]罗杰·西尔弗斯通.电视与日常生活[M].陶庆梅,译.南京:江苏人民出版社,2004.
[87] 袁潇.数字边际人:新生代农民工的手机使用和社会认同[M].北京:社会科学文献出版社,2019.
[88] [美]约书亚·梅罗维茨.消失的地域:电子媒介对社会行为的影响[M]. 肖志军,译.北京:清华大学出版社,2002.
[89] [意]伊沃·夸蒂罗利.被数字分裂的自我[M].何道宽,译.北京:中国大百科全书出版社,2021.
[90] 张斌.青少年手机依赖及其协调治理研究[M].北京:中国社会科学出版社,2021.
[91] 赵旭东,刘谦.微信民族志:自媒体时代的知识生产与文化实践[M].北京:中国社会科学出版社,2017.
[92] 郑庆君.手机短信中的语言学[M].长沙:湖南大学出版社,2008.
[93] 朱海松.无线广告:手机广告的发布形式与应用标准[M].广州:广东经济出版社,2007.
[94] 朱海松.无线营销:第五媒体的互动适应性[M].广州:广东经济出版社,2006.

[95] 朱海松.手机媒体:手机媒介化的商业应用思维与原理[M].广州:广东经济出版社,2008.

[96] 朱海松.第一媒体:手机媒体化的商业革命[M].广州:广东经济出版社,2011.

[97] 朱秀凌.青少年的手机使用与家庭代际传播研究[M].北京:中国社会科学出版社,2017.

二、学位论文

[98] 马丹晨.信息传播视角下的手机人研究[D].南京:南京师范大学,2014.

[99] 孟俊阳.移动互联网时代手机人的关系传播研究[D].锦州:渤海大学,2015.

[100] 王超.消费文化视域下的手机人生活形态研究[D].哈尔滨:黑龙江大学,2015.

[101] 王慧敏.大学生回避智能手机"反向驯化"行为研究[D].岳阳:湖南理工学院,2021.

[102] 魏然.挪用与嵌入:微信位置签到实践的驯化研究[D].长春:吉林大学,2018.

三、期刊论文

[103] 曹晋.传播技术与社会性别:以流移上海的家政钟点女工的手机使用分析为例[J].新闻与传播研究,2009,16(1):71—77,109.

[104] 陈佳佳,王子超,李抒成.驯化"点赞":青年网络互动新方式研究——以抖音为例[J].新媒体研究,2022(11):53—56,68.

[105] 陈梅,田书格,陈琳,等.大学生"手机人"族群化趋势研究[J].上海工程技术大学学报,2015,29(1):86—90.

[106] 陈莎.警惕移动新媒介的反向驯化[J].现代视听,2016(8):39—42.

[107] 樊佩佩.从传播技术到生产工具的演变:一项有关中低收入群体手机使用的社会学研究[J].新闻与传播研究,2010(1):82—88,112.

[108] 胡浩.我们都是手机人[J].商界评论,2011(8):3.

[109] 胡翼青.为媒介技术决定论正名:兼论传播思想史的新视角[J].现代传播,2017,39(1):51—56.

[110] 胡翼青,杨馨.媒介化社会理论的缘起:传播学视野中的"第二个芝加哥学派"[J].新闻大学,2017(6):96—103,154.

[111] 季念.手机传播中的时空重塑:2000年以来国外学者关于手机与时空关系研究述论[J].文艺研究,2008(12):62—72.

[112] 蒋俏蕾,刘入豪,邱乾.技术赋权下老年人媒介生活的新特征:以老年人智能手机使用为例[J].新闻与写作,2021(3):5—13.

[113] 蒋原伦.手机功能的演变:从主体到异己者[J].东南学术,2021(5):215—222.

[114] 彭书琳. 屏幕内外的双向驯化现象研究：对抖音 JK 制服短视频中身体消费现象进行分析[J]. 新闻研究导刊，2021，12(18)：60—62.

[115] 旷洁. 媒介依赖理论在手机媒体环境下的实证研究：基于大学生手机依赖情况的量化分析[J]. 新闻知识，2013(2)：99—101.

[116] 李彪，杜显涵. 反向驯化：社交媒体使用与依赖对拖延行为影响机制研究——以北京地区高校大学生为例[J]. 国际新闻界，2016(3)：20—33.

[117] 厉国刚. 数字时代社会治理的新模式[J]. 新闻前哨，2023(16)：66—68.

[118] 李红艳. 手机：信息交流中社会关系的建构——新生代农民工手机行为研究[J]. 中国青年研究，2011(5)：60—64，47.

[119] 李金秋. 驯化与反向驯化：数字时代中国战争电影的媒介逻辑[J]. 当代电影，2022(10)：138—143.

[120] 李梦雨，李惊雷，郭开蒙. 角色理论视域下的手机人现象解析：以微信朋友圈为研究对象[J]. 新闻爱好者，2022(1)：90—93.

[121] 刘千才，张淑华. 从工具依赖到本能隐抑：智媒时代的"反向驯化"现象[J]. 新闻爱好者，2018(4)：13—16.

[122] 刘思雨. 手机人对传统议程设置的重新建构[J]. 品位 · 经典，2018(4)：36—38.

[123] 马新瑶. "驯化回环"：手机抵抗者的"去驯化"实践[J]. 新闻记者，2022(3)：70—85.

[124] 潘忠党. "玩转我的 iPhone，搞掂我的世界！"：探讨新传媒技术应用中的"中介化"和"驯化"[J]. 苏州大学学报(哲学社会科学版)，2014(4)：153—162.

[125] 孙玮. 微信：中国人的"在世存有"[J]. 学术月刊，2015，47(12)：5—18.

[126] 孙信茹. 手机和箐口哈尼族村寨生活：关于手机使用的传播人类学考察[J]. 现代传播，2010(1)：125—129.

[127] 陶圣屏. 手机即自我：大学生智能手机使用行为深描研究[J]. 现代传播，2019(11)：144—150.

[128] 王黑特，韩天棋. 论手机媒介的游戏性[J]. 现代传播，2022(2)：132—137.

[129] 吴世文，周夏萍. 人与媒介物的"相遇"：手机的文化传记与记忆场景[J]. 新闻记者，2022(4)：73—86.

[130] 张苏秋，王夏歌. 反向驯化：网络文化与儿童网络消费行为[J]. 少年儿童研究，2022(10)：41—48.

后　记

在上一本书付梓之后，我从2021年暑期开始动笔写作这本书，距离现在已经一年多了。上一本书是《社会学视角的微新闻生产研究》，讨论的是在手机时代作为微内容的社交新闻的生产、传播、消费等现象和问题。这一本书同样与手机相关，不过讨论的是手机人现象。可以说，这是上一本书的后续研究。上一本书写得较匆忙，之后发现还有很多话题并没有展开讨论，很多现象没关注到，因此我决定在这本中补充。

记得去年暑期，虽然新冠疫情不算太严重，但出省旅行还是多有不便，更不用说出国了。在这样的背景下，每天从早上到晚上，我就在小区附近看书、写作。不过，就我一贯的行事风格来说，多少有些惰性。因此，我为自己硬性规定了每天必须完成的任务。暑期期间，书稿完成了一大半。开学之后，教学、科研、行政、指导学生等各种事务繁多，导致书稿的写作几乎没有进展。到了寒假，我才继续得以将余下内容写完。最后，几经修改，形成如今的书稿。

手机人的选题一开始源于自己使用手机的体验，以及对家人使用手机的参与式观察。不过在写作过程中，随着接触的文献越来越多，我发现关于这个选题，其实前人已有一定的研究，并形成了一些成果。学术研究总是有一个承前启后、不断拓展的过程。我想即便在现在，这个选题还是有进一步展开论述的必要。

为了获取更多的数据和信息，在教学活动中，我就相关内容与学生做了一定的探讨，并让他们参与了问卷调查、深度访谈、自我报告等活动，这些内容在书稿中有所体现。为此，非常感谢2021级新闻与传播专业研究生，以及修读由我讲授的“智能传播导论”“广告学概论”等课程的本科生同学，他们既是我研究的对象，也是我研究的参与者。在此，特别感谢我的几位学生——浙江工商大学人文与传播学院2021级新闻与传播硕士林瑾、陈璐瑶和洪艳，她们统计、整理了部分调查数据。

就学习生涯而言，很多老师和同学给了我帮助和鼓励。

我的大学时期是从上海大学开始的。当时作为一个外乡人，跑到繁华的上海，就如刘姥姥进大观园一般。大学这四年是很长的一段岁月，我在种种磨难中得以成长，在青春懵懂中日渐成熟。那个时候，国内的互联网刚刚兴起，BP机逐渐流行，手机也逐步走入百姓寻常家。大学生们一开始还会书信往来，不久就更多用电话交流了。网络上的聊天室为大家认识陌生的网友提供了可能，不久之后，更为方便的 QQ 出现了。不过，由于网络和手机都还处于推广初期，人与人之间的联系其实并不算方便。然而必须承认，这是一个纸质书信渐渐消逝的时代。

在浙江大学读研究生的时候，我遇到了我的恩师邵培仁教授。他不仅将我引进了传播学研究的大门，而且他身上那种严谨治学、诲人不倦的精神一直在激励着我不断前行。当时我已工作了两年，也已经用上了手机。那个年代，每个同学不是用手机就是用小灵通，QQ 是网络人际传播的主要渠道，高校 BBS 则为学生构建了一个个虚拟社群。就我自己而言，QQ 被盗过，手机号换过，很多人际关系因此中断，至今想起仍觉得懊恼不已。

研究生毕业后我就进入高校当了老师，之后虽然考过博，却一直没考上，直到遇见了我的另一位恩师——华东师范大学的雷启立教授。当时，雷老师在美国哈佛大学访学，我与他是通过电子邮件联系的，直至入学才第一次见面。也许恰恰是电子邮件的传播特性与当面交流的效果不同，才让雷老师没有嫌弃我的木讷和无知，把我收入门下，为此我感激不尽。雷老师治学非常严谨，工作一丝不苟，给了我非常多的教诲，令我一生受用不尽。在读博期间，学院的研究生秘书和辅导员一开始还在用飞信发通知，后来微信迅速兴起，一个新的传播时代由此开启。从此，智能手机对人们生活的侵入越来越强，并不断在形塑手机人。

在此，对这些老师和同学的关爱和支持表示衷心的感谢！

最后，感谢我的亲朋好友，感谢朋友圈的每一位好友，你们给了我很多的支持和灵感。感谢每一位读者，在这个时代，缺的不是作者而是读者，你们的阅读对我而言就是一种鼓励。

虽然火候尚有不足，书中疏漏之处不少，在此恳求各位予以斧正，但对我来说，必须狠下心搁笔了，不然我怕难以有完成的时刻。估计，对于很多作者来说，令自己满意的书，永远是下一本。

此刻，已是2022年的夏天。这个夏天来得有点晚，不过暑假一来临，校园就开始变得安静。这个暑假又是一个忙碌的假期，我继续就新的选题开始新的思考。其实这也是一个异常酷热的暑假，不太正常的持续高温为人类敲响了警钟，就如我们需要认真思考手机人的未来一样。

厉国刚

2022年8月

补记：书稿完成之后，我申请了后期资助基金，等了很长时间才获知结果，未能入选。后来，在联系出书的过程中又经历了一些波折。前后延误了半年之久，最终在2023年初将书稿交由浙江工商大学出版社出版。在此感谢浙江工商大学人文与传播学院给予部分出版资助。

感谢2022级新闻与传播硕士黄丹丹、葛婷婷、韩宇琨、任玲葳、盖朝睿等，他们是本书的第一批读者，对文字表述等提出了不少修改意见。

2022年底，OpenAI公司开发的ChatGPT面世，这是人工智能发展史上的一个里程碑，给人类世界带来了巨大的影响，一个新的时代就此到来。遗憾的是，由于时间关系，这没能在书中予以展开阐述，只能待以后做进一步研究了。

厉国刚

2023年4月